기독교와 마르크스주의

지은이	자끄 엘륄 Jacques Ellul
옮긴이	곽노경
초판발행	2012년 12월 17일
펴낸이	배용하
책임편집	박민서
등록	제364-2008-000013호
펴낸곳	도서출판 대장간
	www.daejanggan.org
	대전광역시 동구 삼성동 285-16
	전화 (042) 673-7424 전송 (042) 623-1424
ISBN	978-89-7071-238-3

 값 12,000원

기독교와 마르크스주의

우리는 복음을 무엇으로 만들어 버렸는가?

자끄 엘륄 지음
곽 노 경 옮김

L'idéologie marxiste chrétienne

Que fait-on de l'Évangile?

Jacques Ellul

세 부 목 차 _ 독자들의 이해를 돕고자 추가한 것임.

역자의 글 · 13

책을 열며
　　1)기독교와 이데올로기(관념학) · 15 _ 2)질의 문답 · 21

1. 기독교인과 사회주의
　　순응주의 _ 1)마르크스주의적 기독교의 기원 · 29 _ 2)가장 적합한 예 · 50

2. 추가문
　　1)초기 마르크스주의적 기독교인의 교류 · 62 _ 2)"하나님의 죽음"과 마르크
　　스주의 · 65 _ 3)섬김의 신학, 빈곤의 신학, 수평적 신학 · 69 _ 4)해방신학과
　　마르크스주의적 기독교 · 81

3. 무엇보다 특별한 텍스트
　　마태복음 9장 2-13 _ 1)죄와 설교 · 97_ 2)인애와 경건함 · 106 _ 3)전제와 주
　　해 · 113

4. 복음서의 유물론적 독서
　　1)심사숙고와 동의점 · 123 _ 2)방법 · 129 _ 3)유물론 · 137 _ 4)마르크스주
　　의 · 140 _ 5)사회계급과 국가 · 146 _ 6)역사 · 148 _ 7)함축적 영향 · 156 _
　　8)결론 · 160

5. 귀납적 신학
　　유물론적 신학탐구 _ 1)연역적 신학과 귀납적 신학 · 165 _ 2)믿음의 독특함 ·
　　185 _ 3)카잘리스 저서에 대한 부연 설명 · 202

6. 무정부주의와 기독교
　　1)기독교의 잠재적 동맹자 : 무정부주의와 사회주의 206 _ 2)기독교와 무정부
　　주의의 갈등 211 _ 3)성서에 담긴 정치적 힘 218 _ 4)무정부주의자로서의 그
　　리스도인 227

내용 요약 · 237

엘륄의 저서-연대기순 · 286

차 례,

역자의 글 • 9

책을 열며 • 15

1. 기독교인과 사회주의 • 29

2. 추가문 • 62

3. 무엇보다 특별한 텍스트 • 97

4. 복음서의 유물론적 독서 • 123

5. 귀납적 신학 • 165

6. 무정부주의와 기독교 • 206

내용 요약 • 237

엘륄의 저서-연대기순 • 286

자신이 살아가던 시기의 세상을 그 누구보다 정확히 파악했고 그런 세상 속에서 그리스도인의 역할을 고민하던 엘륄은 이미 이데올로기로 변형된, 그리고 더욱더 그런 방향으로 나아가는 기독교를 향해 기독교적 이데올로기를 철저히 파악해야 함을, 그리고 순응주의에 대해 거부하며 반 이데올로기화해야 함을 강조한다. 또한, 엘륄은 기독교인들의 현존과 신앙 확장의 주된 관권은 시대에 뒤처진 잘못된 문제들을 이데올로기의 폐지를 통해 공식적으로 알리고 이 시대의 진정한 문제가 무엇인지를 밝히는 일임도 강조했다. 그래서 엘륄은 그리스도인들이 어떤 부분에서 취약한지, 마르크스주의적 기독교인들의 모순이 무엇인지를 체계적으로 일깨워주며 아직도 순응주의에 물들어 있다는 사실을 인식하지 못한 채 자신의 신학을 정당화하기 위해 끊임없이 성서를 왜곡시키는 그리스도인들에게 바른 신앙의 길로 들어서도록 길잡이의 역할을 한다.

엘륄이 행동하는 그리스도인의 문제로 고민하며 활동하던 시기의 프랑스는 마르크스주의와 공산주의 사상이 만연해있었다. 이런 시기에

그리스도인으로서 시대의 흐름을 무조건 거부하거나 맹목적으로 따르
는 순응주의로 들어서지 않으려면 마르크스주의적 기독교인들이 가져
다준 긍정적인 도전과 부정적인 측면을 객관적으로 살펴보아야 했다.
그래서 마르크스주의적 기독교가 생겨나게 된 기원을 열거해주며 이들
이 어떻게 이런 흐름에 현혹되었는지를 보여주고, 그들이 마르크스 사
상에 힘입어 기독교를 재해석하는 과정을 상세히 설명해준다. 나아가
이들의 주된 이론인 '유물론'과 '귀납적 신학'이 이성적으로 용납될 수
있을지라도 그러한 이론이 예수 그리스도에 대한 믿음의 관점에서 이
해될 수 없으며 궁극적으로 이러한 이론이 오해에 근거한다는 사실을
논리 정연하게 보여준다. 엘륄이 단언했듯이 신학은 그리스도인으로서
짊어져야 할 계시, 하나님의 말씀에 의한 계시라는 요인에 근거하기 때
문이다.

　엘륄은 기독교인들이 세상의 흐름 속에 휩쓸려 기독교적 사상이나
행위에서 독창적이고 특별한 반론을 제기하지 못한 점을 안타까워했
다. 특히 마르크스주의적 기독교인들이 유물론에 근거해 성서를 재해
석하며 예수 그리스도를 왜곡시키고 그들의 행위를 정당화하기 위한

이론들을 성서에서 취하는 광경에 놀라워하며 그들의 행위를 질책하고 균형 있는 신앙인의 모습을 되찾아야 함을 역설했다. 엘륄은 이들이 스스로 재해석한 성서로 자신들의 이론을 정당화하며 부각시켰던 섬김의 신학, 빈곤의 신학, 수평적 신학이 결국에는 예수를 기준으로 삼는 일이 항상 필요하다는 점을 일깨워줬다. 또 그들의 왜곡된 신학이 성서 텍스트를 마르크스주의적 기독교인의 세계에서 재해석함으로써 예수가 구약에서 하나님을 향했던 것을 땅 위로 불러들여 인간만을 목표로 하는 분으로 잘못 해석하여 일반인들에게 유물론자처럼 비치도록 했고, 예수를 정치적 모델로 세워 예수를 왜곡하고 복음을 축소했다는 점도 보여주었다.

나아가 엘륄은 무정부주의자들이 기독교, 종교, 교회에서 행한 것들의 과정을 밝혀준다. 무정부주의자가 겨냥하는 하나님은 전지전능한 분, 왕, 독재자 등 냉혹한 자의 개념이다. 그래서 그들에게 하나님은 인간의 자유를 배제하고는 존재 가능성이 없는 자이다. 이처럼 예수 그리스도의 성서적 하나님이 그들에게서 변형된다. 그러나 성서적 하나님은 유일한 정의가 '사랑'인 분이고 그의 행위는 출애굽부터 자유화라서 해방자이다. 엘륄은 하나님의 죽음을 신학화하려는 의도가 아닌 고전적, 신학적 변형 너머로 하나님을 재구성한다. 나아가 구약이든 신약이든 성서에서 정치력은 그 유효성이 거부되는데 그 이유는 이 왕국들이 하나님의 뜻과 일치하지 않기 때문이라는 점을 상기시킨다. 엘륄은 권력이 명칭을 바꾸더라도 정신적 특성을 변화시키지 못함을 일깨워주며 성서에서 권위에 대한 텍스트들이 사랑에 대한 가르침 안에서 이해된다는 사실도 보여준다. 따라서 이와 같은 환경에 처한 기독교인들의 역할은 국가가 부르주아적인 측면에서만 수용되지 않도록 유일한 무정부주의자들 편에 있는 것이다. 마지막으로 엘륄은 인간이 무정부주의자가 될 수 없다는 점을 받아들여야 하며 이런 현실에서 출발해 기독교인들이 철저한 현실주의자가 되어야 한다고 역설한다. 그래서 기독교-마르크스주의가 진정한 순응주의라는 점을 인정해야 하며 마르크스주의자가 행했던 똑같은 오류를 무정부주의자가 행해서는 안 된다는 점도 일깨워준다.

평범한 평신도인 번역가가 손을 대기에는 엘륄의 사상은 이해의 폭이 너무 넓은 저서였다. 더구나 공산주의 이론에 대해 박식하지 못한 역자에게 엘륄의 저서는 소화하기에 무척 힘이 들었다. 그래서 엘륄이 보여 주려 한 사상의 깊이를 오역하지는 않을지 두렵기도 했다. 그러면서 마음속에서는 끊임없이 왜 엘륄은 남들이 아무런 의식 없이 지나쳐버리는 흐름과 이론들에 기독교적 세계관을 대입하여 항상 깨어 있으려 노력했을까, 왜 평범한 신앙인으로 적당히 살아갈 수는 없었을까? 라는 의문이 꼬리에 꼬리를 물었다. 그런데 번역을 해나가면서 그가 품고 씨름했던 고민을 함께 나눌 수 있었고 한 발 나아가 그의 사명도 어렴풋이 느낄 수 있었다. 엘륄은 자신이 깨닫고 인식한 이 세상의 위기를 그리스도인들이 직시해야 한다는 예언자적 마음과 사명을 그의 저서에서 순간순간 전하고 있다. 평범한 그리스도인들은 파악하지도 못한 세상 학문의 오류들을 조목조목 지적하고 드러내어 그리스도인들이 잘못된 세상을 벗어나 온전한 그리스도의 세계로 들어서기를 바라는 작가 엘륄의 마음과 열정이 고스란히 이 책에 담겨 있다. 이 책을 통해 엘륄의 진심이 전달될 수 있기를 바란다.

번역이 멈추어 설 때마다 성령의 도우심을 구했고 엘륄의 관점에서 그와 함께 고민하려 애썼다. 평신도가 읽기에는 조금 무거울 수 있는 주제를 다루고 있지만, 평신도가 꼭 읽어야 할 책이기도 하다. 평범한 그리스도인들 안에 어느새 스며 들어와 자리 잡는 마르크스주의적·공산주의적 사상들을 철저히 구별하고 진정 올바르고 온전한 기독교적 신앙을 회복할 수 있으려면 한 번쯤은 이 책을 들고 씨름해볼 만하리라 생각된다. 이 번역서가 온전한 신앙인이 되고자 몸부림치는 모든 이에게 기독교에 대한 새로운 시선을 던져줄 수 있기를 기도해본다.

이 책으로 또 다른 이데올로기가 생겨나지 않기를…. 엘륄의 바람처럼 진정한 그리스도인들이 많아지기를 기도해본다. 끝으로 힘든 작업을 묵묵히 함께 도와주신 대장간출판사의 식구들과 한국자끄엘륄협회 여러 선생님들께 감사한 마음을 전하고 싶다.

곽 노 경

책을 열며

1. 기독교와 이데올로기

요즘은 이데올로기라는 말을 흔히 하지만 너무 아무렇게나 남용되고 있다. 이데올로기는 단어 자체에 담긴 비방적 특성으로 말미암아 자신의 것과 상반되는 견해 모두를 규정하기도 한다. 그러나 이런 평범한 용법에서 벗어나면 사회학자마다 정의가 천차만별임을 알 수 있다. 그래서 나도 내 정의를 먼저 제시하고자 한다. 이는 많은 전문적 연구에서 중간 정도에 해당하며 내게는 정확히 사실과 연관되는 듯하다. 이데올로기는 정치적 학설이나 세계에 대한 포괄적 개념을 감정적으로 저속화시킨 가치절하이다. 그 결과 이데올로기는 거의 일관성 없는 지적 요소와 어쨌든 현실과 연관된 열정의 혼합으로 이루어진다. 현대 정치계는 선전으로 대중을 선동하려는 편한 정치와 정치가 담당할 이데올로기적 측면을 빼면 어떤 정책도 세울 수 없는 힘든 정치를 동시에 행사하는 이데올로기들로 가득하다. 무엇이나 이데올로기가 될 수 있듯이 무엇이든 이데올로기로 규정될 수 있다. 민족주의, 사회주의, 자유주의, 민주주의, 마르크스주의, 반인종차별주의, 여성해방운동 등등. 이데올로기는 주로 이데올로기화하지 않은 사실의 실제pratique와 대면할 때 생겨난다. 한 예로 자본주의는 실제이지만 명확히 공식화된 이데올로기는 없다. 하지만, 이에 맞서 사회주의적 이데올로기가 탄생한다. 또 남성우월도 이데올로기가 명확히 표명되지는 않지만 이에 대해 여성해방운동이 생겨난다. 때가 되면 자본주의도 '보호'라는 이데올로기를 낳을 것이다. 이데올로기는 종종 소멸한 옛 이데올로기와 충돌하기도 한다. 한 예로 인종차별주의는 변함없는 실제이지만 더는 진정한 이데올로기적 구현을 보이지 않는다. 하지만, 이에 맞서 이데올로기적 반인종차별주의가 생겨난다.

그런데 요즘 들어 다소 특이한 이데올로기의 확장 움직임으로 말미암아 기독교도 이데올로기가 될 수 있을 뿐 아니라 이미 그렇게 되었다. 기독교는 믿음Foi으로, 예수 그리스도 안에 있는 하나님의 계시로, 믿음과 계시를 명확히 설명해주는 신학으로, 하나님의 뜻에 신실한 실천으로서 이데올로기가 아니다. 하지만, 객관적으로 좋고 나쁜 행위나 선과 악에 대해 항상 명확하고 항구적인 정의가 있다는 도덕주의, 구원받은 자와 정죄 된 자처럼 옳고 그른 사람을 판단하는 방식, 삶의 행동 및 세상의 방향 설정 원리, 기독교적 정책 수립, 어느 교회든 소속시키려고 무슨 수를 쓰더라도 개종시키려는 의지, 사회 조직 체계가 되자마자 어느새 기독교는 이데올로기로 변형되었고 계속 그렇게 진행되고 있다. 따라서 엄밀히 따지자면 기독교는 이데올로기이다. 이 모두가 신학 교리를 단순화시키고, 신앙foi을 신심信心, croyance과 감정으로 하향화시키고, 자유의 실제를 종교로 변화시켰기 때문이다. 이 세 요소의 혼합은 이데올로기를 부른다. 그런데 가장 중요한 것은 기독교가 기독교의 기원 및 계시라는 개념 자체로 말미암아 반反이데올로기라는 점이다! 그러나 이미 이 '기독교'christianisme라는 단어에서 '주의'主義, isme라는 부분을 유지하기는 어렵다!* 이 점에 대해서는 항상 두 가지 요소가 대두한다. 우선 성서**에 따른 하

나님의 계시는 필연적으로 "성상파괴주의"를 초래하는데, 성상파괴주의
란 온갖 종교, 온갖 신심信心, 온갖 우상 제시, 온갖 열광exaltation에 대한
파괴를 의미한다. 그래서 "성상파괴주의"를 현대화시켜 현재 우리의 우상
인 돈, 국가Etat, 과학뿐만 아니라 공산주의나 혹은 모택동주의 같은 종교
들에 대해서도 이를 적용시키는 일이 필요하다. 그런데 이데올로기에 힘
입어 이 모두가 계시된 하나님을 대신하는 경향을 보인다. 다른 하나는
실제적 관점에서 성서는 모든 기독교적 행위가 하나님에 의한 인간의 해
방, 자유, 소외로부터의 탈피 등에 근거해 우리에게 자유인으로 살아가도
록 한다는 점을 부각시킨다. 그래서 성서는 온갖 이데올로기를 기피하도
록 한다. 그 이유는 이데올로기가 맹목적 실천인 순응주의로 우리를 몰아
넣어 개인적 선택과 결단력을 앗아가기 때문이다.

결과적으로 '이데올로기를 어떻게 파악할 것인가?' 라는 극히 어려운
문제에 봉착하게 된다. 기독교적 신앙이 이데올로기를 분별하도록 우리
를 인도한다면 대체 그 신앙은 어디에 있을까? 당연히 첫 단계는 기독교
적 이데올로기 자체, 즉 권위와 이데올로기로서의 기독교에 대한 문제제
기로 시작된다. 이제 우리는 마르크스나 니체의 비평을 예로 들 텐데 이
는 그들의 비평이 매우 정확하기 때문이다. 물론 시작은 기독교 이데올로
기에 대한 부분이다. 이 작업을 기독교인들 스스로 했더라면 훨씬 좋았을
것이다. 우리 자신의 생각과 확신, 우리 교회, 성서에 대해 엄격하지만 빗
나간 독서에서 비롯된 우리 행위에 비평을 가하는 일, 이는 우리 행동(혹

---

* [편집자주] 『뒤틀려진 기독교』(대장간 역간), 23~25쪽 참조.
** [편집자주] 엘륄은 프랑스에서 일반적으로 통용되는 두 단어인 Bible과 Ecriture(s)를
구별한다. Bible은 하나님의 뜻에 부합하며 성령에 의해서 깨달을 수 있는 하나님의
말씀, Ecriture(s)는 기록된 말씀을 문자적으로 해석하여 이해하는 측면을 강조하기
위해 사용하고 있다. 번역은 성서로 통일했으며 구별이 필요하면 원어를 병기했다

은 우리 그룹)에 대한 정당성이나 이유의 논거를 성서에서 찾고자 성서를 읽는 행위를 포기하는 것만으로도 충분하다. 논거나 정당성을 확보하려고 성서를 읽는 순간 우리는 기독교적 이데올로기 한복판에 서 있게 된다. 하지만, 내가 나의 생각, 나의 행동, 내 교회에 대해 하나님이 내게 묻는 바를 듣고자 성서를 읽는 순간 나는 이데올로기 해체의 길로 접어들게 된다. 다양한 이데올로기를 비평하는 최고의 방법은 기독교적 이데올로기에 대한 재검토이다. 그래야만 근원적이고 포괄적인 검토, 즉 세상에 대한 비순응주의적 가능성을 개발할 수 있기 때문이다. 다음 두 번째 단계는 "이 세대를 본받지 말고 오직 마음을 새롭게 함으로…"롬12:2라는 바울의 말을 이해하고 적용하는 일이다. 이 구절은 전형적인 반이데올로기적 행위이다. 이는 우리 사회의 사회적 흐름을 분별하는 일로서 이런 사회적 흐름이 사회학적 사실인 만큼 우리를 다른 모든 이들과 연합하도록 부추기며 이데올로기적 정당성을 제공해준다. 이런 이데올로기적 정당성은 세상에 대한 새로운 개념처럼 그리고 인류의 진보, 선, 정의, 진리 안에 있는 신념처럼 비춰진다. 따라서 무엇보다 이런 사회적 흐름의 특성을 파악하는 일이 시급하다. "이십 년 전에는 이런 행동에 관심도 없었다. 생각조차 하지 않았으니까. 그런데 요즘은 이런 행동이 아주 흥미진진하게 느껴진다. 굉장히 끌리기도 한다. 왜 이렇게 끌리는 걸까? 이런 행동이 진실해서일까? 옳은 행동이라서? 선해서일까? 아니다. 그랬으면 이십 년 전에 벌써 해봤으리라. 괜히 대중매체에서 떠들어대고 수많은 사람이 믿고 따르기 때문일 것이다."1) 일례로 나체주의는 사실 반세기 전에도 "금지되거

---

1) [역주] " "속에 있는 표현은 원문에서 《   》안에 들어 있던 부분이다. 주로 저자가 자신의 생각을 강조하고자 할 때 혹은 다른 저서에서 인용한 내용이다. 엘륄의 연구 방식의 특징은 인용된 내용의 출처를 각주에 표시하는 기존의 연구 방식을 탈피한다.

나 억제당하지!" 않았다. 단지 나체주의 자체가 존재하지 않았고 누구도 그 **필요성을 느끼지 못해** 생각조차 하지 않았을 뿐이다. 하지만, 요즘은 수천 명이 지나칠 정도로 나체주의를 요구하며 '억압' 한다고 분노하며 이런 행위를 자유의 승리로 여긴다. 물론 나체주의를 실천하는 이들이 많아 나체주의가 요구되고 나체주의에 합당한 이데올로기를 제시하는 건 사실이다. 하지만, 이는 자유에 대한 승리의 표시가 결코 아니며 사회적 흐름에 복종하는 것에 불과하다. 그저 일례일 뿐이다

어떤 담화가 사회집단corps social의 주류를 순수하고 단순하게 표현해서 스스로 행위를 정당화하려는 자들의 주된 성향을 대변하는 결과라면 우리는 이를 단지 이데올로기적 담화가 존재한다고 파악한다. 한마디로 그리스도 안에서의 해방과 관련하여 악惡은 '세상' 에 대한 순응주의이므로 맞서 싸워야 할 것은 이데올로기로 표현된 순응주의이다. 따라서 이런 이데올로기가 어떤 점에서 사회에 대한 순응주의를 보이며 나를 순응주의에 얽어매게 하는지 매번 따져보아야 한다. 이는 내가 관심 없는 거짓 문제들에서도 늘 이데올로기에 얽매이기 때문에 더욱 중요하다. 우리는 두 가지 관점에서 이데올로기를 살펴볼 수 있다. 우선 우리가 언급했듯이 이데올로기는 교리의 변질이다. 교리는 일반적으로 제시된 실재적 문제에 대해 저자가 체험한 실제적인 현실에 따라 인식되었다. 그러나 세월이 흐르면서 서서히 교리가 세속화, 보편화, 확산되며 열정과 신심이 뒤죽박죽 뒤섞여 진짜 현실과 연관되지 못했다. 급기야 교리는 뒤처지고 말았다. 마르크스의 사상을 예로 들어보자. 마르크스는 그 시대의 문제에 따라 사상을 세워나갔다. 마르크스는 시대를 완전히 이해했고 정확히 대응했다. 하지만, 한 세기가 지나자 마르크스주의는 당대 실제적인 문제와 전혀 상관없는 형식만 끊임없이 반복한다. 두 번째 관점은 이데올로기가

존재하려면 대다수의 지지가 필요하다는 점이다. 비록 기간을 따지지 않더라도 대다수 지지자를 확보하려면 시간이 필요하다. 어쩌다 지지자들이 생겨도 그들은 단지 **예전에는 진실했으나 이제는 존재하지 않는** 문제에만 초점을 맞춘다. 그래서 대다수는 오로지 모두가 믿고 문제를 일으키지 않는 순응주의에 동조한다. 문제 삼는 이들은 단지 영웅이나 성자뿐이다. 그런데 이데올로기에 전혀 변화가 없을 시 이것은 어김없이 모습을 드러낸다. 나치주의는 수백만 명의 독일인들이 이미 확신하고 열망했던 바를 구체화시키고 형식화한 예이다. 근본적인 변화는 전혀 없었다. 기독교도 인간 모두가 스스로 구상한 종교심에 심취하기 시작하자 지지자들이 수백만 명으로 늘어나 이데올로기가 된다. 그런데 이데올로기는 나를 거짓 문제들에 집중하게 하는데 이는 거짓 문제들이 예민하거나 극적이거나 까다롭지 않기 때문이다. 결과적으로 이데올로기는 내게 "터무니없는 착각을 하도록" 해준다. 이데올로기는 거짓 문제들을 극적으로 묘사해 나를 감동시켜 나로 하여금 이 문제들이 중요하다고 믿도록 해준다. 따라서 기독교인들의 현존과 신앙 확장의 주된 관권은 시대에 뒤처진 잘못된 문제들을 이데올로기의 고발을 통해 공식적으로 알리고 이 시대의 진정한 문제가 무엇인지를 밝히는 일이다. 이는 우리가 살아가는 사회와 정치를 위해 필요한 실제적인 서비스이다. 물론 영적 분별력 덕분에 이런 일이 가능하기는 하지만 우리는 철저히 선한 정치적, 경제적, 사회적, 독립적인 분석으로 실행해야만 한다! 이러한 분석이 실행화라면 정신의 분별력은 이를 위한 가능성이고 보장이며 통제이다. 따라서 다른 이데올로기적 관점과는 차별화시켜 분석이 이뤄져야 한다. 온갖 이데올로기가 스스로 유토피아인 체하지만, 그저 지나간 실제와 연관될 뿐이다. 이런 분별력은 그리스도의 재림에 대한 확신, 이미 와 있고 앞으로 도래할 왕국에 대한 확신에서 비롯된다. 말하자면 현 세계의 실제적, 구체적, 정치적, 사회적인 진짜 문제에 대한 분별력은 도래한 하나님 왕국의 관점에서만 가능하다. 이것은 정확한 예언이며 하나님의 변함없는 진실 속에서 현실을 단순히 이해하는 것이다. 따라서 기독교인은 이 시대의 예언자이며 예언은 정확히 이데올로기와 상반된다.

2. 질의 문답

마르크스주의적 기독교인들의 주목할 만한 현상을 비평하기에 앞서 상황의 긍정적 측면부터 짚고 넘어가도록 하자. 30년 전부터 상당수의 기독교인은 마르크스주의와 공산주의의 도전을 받았다. 대개는 사회주의에 비추어 기독교인이었던 것, 그들의 교회, 기독교 자체에 대해 나쁜 인상을 지닌 이들이 많았다. 그렇다면, 이 질의 문답은 무엇을 대상으로 했을까? 우선 당연히 정의에 대해서다. 우리 사회는 부정不正하다. 어느 영역에서나 불평등이 발생한다. 기회, 수입, 권력, 문화의 불평등…. 집단적이든 개인적이든 어떤 면으로든 사회는 정의에 대해 부정하다. 사회는 불의不義를 재현한다. 그러나 안타깝게도 이 사회는 기독교의 결과이다. 20년 동안 기독교가 사회를 최악의 상황으로 이끌었다. 그런데 교회도, 기독교인들도, 그 누구도 정의에 이르도록 일을 조정하려 들지 않는다. 이에 반해 공산주의는 정의 사회의 출현을 목표로 한다. 따라서 우리는 이 교훈을 경청할 필요가 있다.

뒤를 이은 두 번째 측면은 내게 근본적이라 생각되는데 빈곤과 빈곤한 자들에 대한 중요성이다. 빈곤한 자들은 사회의 온갖 양상이나 여러 면에서 버림받고, 학대당하고, 가난 속에 내동댕이쳐진다. 기독교는 이런 자들을 변호하고 더 나아가 그들을 품어야 했다. 하지만, 흘러간 역사 속에서 교회는 대부분 권력자에게 동조하며 착취자나 국가편을 들었다. 교회는 '권력'의 일부가 되었고 빈곤한 자들의 상황을 용인했다. 교회는 정치 체제를 신학적으로 정당화시켰고, 빈곤한 자들로 하여금 억압받는 상황을 받아들이도록, 착취를 정당화하는데 힘썼다. 교회는 진정 민중의 아편이었다. 그렇게 하면서, 교회는 인간에게 행해진 악에 관여했을 뿐 아니라 특히 예수의 가르침과 인격 자체를 저버렸다. 그러나 이에 비해 공산주의는 빈곤한 자들의 편에 선다. 그리고는 과감히 투쟁에 돌입한다. 심지어 투쟁만 일삼는다. 공산주의자들은 어떤 빈곤이든 그들 편에 선다. 공산주의자들만이 유일하게 그렇게 한다. 결국, 공산주의자들은 기독교가 말하지만 행하지 않는 바를 성취한다.

그래서 세 번째 질의 문답으로 나아간다. 기독교, 교회, 기독교인 개개인의 삶 속에서 말씀과 행위 혹은 말씀과 삶 사이에 불일치가 확연히 드러나자 기독교는 괴로워한다. 이웃에 대한 사랑을 가르치고는 이웃을 착취하며, 정의를 설교하고는 불의를 일삼는다. 우리는 앞서 우리가 도달한 세상은 그리스도가 선포한 세상과 정반대이며 안타깝게도 이것이 기독교의 결과라는 점을 언급했다. 그런데 우리는 공산주의자들에게서 완전히 다른 모델을 발견한다. 공산주의자들은 말한 대로 행동한다. 행위와 "이론과 실천"이란 사상 사이에 일관성을 보인다. 단, 자칭 공산주의자들이라 떠벌이는 사회에서 실현된 공산주의는 제쳐놓도록 하자. 요즘 들어 이들에 대한 반응이 시큰둥함을 알기 때문이다. "어쨌든 소련 연방을 필두로 이 사회들은 공산주의인 적도 없고 공산주의도 아니니까!" 어떻든 좋다. 선포된 자유와 공산주의적 용어가 아닌 정의의 '이상'과 스탈린주의의 실재 사이에는 일관성이 없지만, 예를 들어 레닌의 전략적 · 전술적 분석과 실행 사이에는 확실히 일관성이 있다. 마르크스를 필두로 '전략적 구상'에 대해 쓴 레닌의 글을 상세히 살펴본다면 프라하의 폭동, 1947년 폴란드에서 권리의 침해 등, 소련연방에서 실현된 것 모두가 전략적 계획과 딱 맞아떨어졌음을 알 수 있다. 지적인 면에서 이론과 완전히 만족스러운 실천 간에 변증법적 관계 안에서 실현된 놀라운 합의가 있듯이 이런 점에서 기독교인들을 유혹하는 일치가 있다.

질의 문답의 네 번째 요소는 "유물론"이다. 기독교는 점차 현실세계를 벗어난 유심론2)으로 변해갔다. 종교심, 내적인 삶, 감정과 의도, 나아가 전혀 행동으로 표출되지 않은 채 헛된 명상 수준에 머문 신앙은 감춰진 개개인의 문제로 머문다. 기독교인들은 신앙으로 살지 않고 신앙을 " 느낀다". 또 쉽게 사는 법도 알고 있다. 그래서 주일의 기독교인과 주중의 기독교인이 구별된다. 하지만, 이런 삶의 방식은 구약과 예수 그리스도의 현현顯現에 대한 부정이다. 구약 전체는 "유물론"적이다. 하나님은 인간 삶에 구체적으로 개입하며 세상에서 인간을 끌어내지 않는다. 하나님은 역사에 참여한다. 구약 전체는 내게 정치사이지 결코 종교사가 아니다. 하나님은 육체를 자극하고 육체적 체험 속에서 사랑을 일깨운다. 구약의 아가서를 보라! 그 무엇도 육체를 떠나서는 살 수 없음을 보여준다. 중요하다고 여겨지는 영혼과 낮고 천한 육체가 결코 서로 분리되지 않는다. 이는 바울도 마찬가지였다! 그래서 "육체"와 "육욕"을 구별해 의미를 바로 잡았다. 혹시 구약에서는 지상에서의 삶 "그 이상"을 경험하지 못해 개개인의 부활, 그러니까 불멸의 영혼과 천국에 대해 생각지 못했던 것은

---

2) [역주] 우주 만물의 참된 실재는 정신적이며 물질적인 것은 그 현상에 지나지 않는다고 주장하는 이론

아닐까?3) 그 결과 예수에 대해서도 그저 성육신의 단순한 언급rappel을 통해 영혼을 육체에서 분리시키는 기독교의 끔찍한 실수를 드러내지 않는가! 하지만, 우리는 복음을 되찾음으로써 복음에서 일상적인 체험의 중요성, 육체의 중요성, 존재와 분리되지 않는 한 몸의 중요성을 볼 수 있다. 이처럼 기독교는 계시의 원래 본질을 종교적 유심론과 기독교 행위로 변형시키고 개인적 회심으로 축소시키면서 이를 완전히 왜곡하고 변질시켰다.

그런데 마르크스주의는 우리가 이러한 왜곡에 관심을 갖도록 해준다. 마르크스주의는 구체적인 삶과 이승과 육체와 일상 활동의 결정적인 중요성을 일깨워줄 뿐 아니라, 성례聖禮의 물질주의적 경향의 중요성도 일깨워준다! 이는 다름 아닌 내 육체가 아닌가! 마르크스주의는 기독교가 감추었던 것의 회복으로서 등장한다. 그리고 이 신앙이 과연 체험될지 아닐지, 성서적 메시지에 비춰 신앙을 궁지로 몰아넣는다. 또한, 마르크스주의는 단순화된 포교의 거짓을 밝히고, '영적인 것spirituel' 안으로 도피하는 것이 결백함도 순수함에 대한 관심도 아니며, 오히려 기독교인들이 자행한 사건의 현실을 숨기는 방식임을 보여준다. 이 땅에서 행해지는 불의, 가난, 착취를 보지 않으려면 하늘에 머무르시라. 공산주의는 이처럼 기독교인들이 붙잡아야 했던 것들을 모두 취했다. 그래서 "유물론" 속에는 성서의 진리 자체를 근본적으로 떠올리게 하는 바가 있다. 유물론은 점점 사라지는 유심론의 영향력을 회복시킨다. 따라서 기독교인들은 이 교훈을 경청해야 하는데, 이 교훈은 '성스러운 역사' 4)의 재발견과 일치

---

3) 어쨌든 우리는 가톨릭 신자들처럼 지혜서를 구약정경에 넣지 않기 때문이다.
4) [역주] 엘륄은 책에서 성스러운 역사(Histoire)와 역사(histoire)를 구분해준다. 역자가 이해한 바로는 그리스도인들은 성서를 읽을 때 성서를 하나님과 그의 백성의 성스러

한다. 신학자들은 이스라엘의 하나님이 '성스러운 역사' 안에서의 하나님이며, 성서 전체는 철학책도 아니고 형이상학 책은 더욱 아닌 역사책이라는 점을 재확인했다. 성서에 인용된 것은 이야기이지 추론이 아니다. 하지만, 그리스도인들은 이를 완전히 망각한 채 형이상학 속으로 빠져들었다. 이 주된 진실을 재발견한 것은 마르크스 덕분이다. 이를 언급할 때마다 나는 진부한 담화로 빠져든다. 성스러운 이야기Histoire와 역사로서의 성서에 관해서는 어쨌든 헤겔이 마르크스보다 앞서기 때문이다. 마르크스는 역사학자들의 역사가 아닌, 성서의 이야기처럼 의미가 담긴 이야기, 계시자의 움직임이 있고 "신격화"에 이른, 그러나 이야기 속에 "위치한" 성스러운 이야기를 재조명해주었다. 마르크스는 기독교인들을 또다시 계시가 된 진실로 이끈다.

이외에도 마지막으로 전투적 태도와 공동체 정신을 덧붙여야 한다. 기독교인들은 투사였고 투사가 되어야 했다. 또한, 행위와 박애가 살아 숨쉬는 공동체를 형성하도록 부름 받았다. 하지만, 우리는 대체 무엇을 보는가? 나약하고 게으르고 무력감에 빠진 교회의 개인주의적인 성도들이다. 주일마다 서로 모른 체하며 나란히 앉아있다. 어떤 희생도 감수하려 들지 않고 새로운 일을 벌이지도 않는다. 하지만, 공산주의자들은 전투적인 태도, 적극적인 참여, 전투와 희생정신을 동시에 지니고 있다. 이런 모습을 보고 기독교인들이 어찌 당황하지 않겠는가? 또 "교회"가 해야 하지만, 기독교인들은 행하지 않는 일을 공산주의자들이 실현하는 모습을 보며 어찌 유혹되지 않겠는가?

내가 보기에는 기독교인들이 마르크스주의, 공산주의, 공산주의자들

운 역사로 이해하지만, 일반인들은 성서를 역사서나 역사 연대기로 이해하기 때문에 두 용어를 구별해주려고 대문자와 소문자로 표시한 듯하다.

에게서 찾아내고, 그들이 질의 문답으로 깨달은 다양한 양상들이 여기에 있다. 물론 이는 기독교인의 온전치 못한 양심의 증거이기도 하다. 결국, 마르크스와 공산주의자들이 우리에게 가르쳐준 것은 하나도 없다고 말할 수 있다. 그저 모두 기독교인이 이미 아는 것들뿐이다. 혁신은 없다. 하지만, 어쨌든 재발견을 이룬 것만은 확실하다. 이 질의 문답을 통해 우리는 성서와 계시와 질의 문답 자체에 대한 질의 문답을 이제 더는 피할 수 없으리라! 이는 피할 수 없는 도전이다. 또한, 놀라운 일치에 대한 인식이기도 하다. 부르주아적, 유심론적, 전통적, 돈과 권력으로 오염된 교회가 단언하고자 했던 모순은 없지만 대신 다른 두 차원에서 일치가 존재한다. 이를 통해 우리는 한 발짝 더 앞으로 나아간다. 우리는 이 질의 문답을 경청하며 기독교를 신중하게 재검토하여 기독교인 본연의 모습으로 돌아가려고 우리 자신을 스스로 다방면으로 살펴보았다. 그렇다면, 교회들, 기독교인들, 기독교는 성서Bible가 함축하고 있는 것과 성스러운 역사 안에서 체험된 계시의 의미와 가치로서 재발견된 것을 실현할 수 있을까? 의미의 발견은 아주 바람직하다. 허나 이보다 아는 바를 일상에서 실천하며 살아가는 일이 훨씬 중요하리라! 많은 기독교인은 교회와 기독교적 환경과 기독교가 개혁될 수 없음을 확신했고, 인간이 "기독교인"이 되기 위해서가 아니라 단지 인간답기 위해, 또한 성서의 문자적 해석이Ecriture 요구하는 최소한의 정의가 이 땅에 세워지고 빈곤한 자가 다시 그리스도의 표적이 되기 위해서 역사에서 해야 할 일을 결코 성취하지 못하리라 확신했다! 대체 교회가 이 일을 하지 않는다면 누가 할 것인가? 그런데 그 자리에 바로 공산주의가 있다. 결국, 질의 문답의 경청 단계에서 일치의 확인 단계로, 다시 행위 안에서의 화합으로 넘어가게 된다. 따라서 기독교인들은 더 나은 기독인이 되도록 부름을 받았기 때문에 기독교인이 되려면 공산주의자들과 협력하여 공산주의가 지닌 비밀인 실천을 받아들여야 함을 인정한다. 그래서 공산주의자들과 역사를 만든다. 이는 빈곤한 자들의 역사이기 때문이다. 그때부터 철학은 유물론이 되어야 하므로 성서 읽기의 새로운 필요성을 증명하기 위해 거슬러 올라간다. 그리하여 보편적 정치 실천의 발견에서부터 기독교에 대한 새로운 해석을 실행한다. 최근 30년 동안의 흐름은 긍정적으로 보았을 때 대략 이러하다. 하지만, 이제는 뒤돌아서서 무엇이 있는지 살펴봐야 할 때이다. 결국, 그렇게 하면서 나는 내 자신이 다른 사람들과 같은 선한 마르크스주의자라고 밝힌다. 왜냐하면, 바로 마르크스는 다음과 같은 필요성을 우리에게 알려주기 때문이다. 한편으로 그 무엇도 모호한 채로 남겨두지 말아야 한다는 필요성이고, 다른 한편으로 겉치레나 선언 뒤에 감춰진 것과 익명의 사회적 과정을 찾아야 하는 필요성인데, 익명의 사회적 과정에서 당사자는 자신의 입장표명만이 자신의 유일한 확신의 결과이자 결국 인정된 진리의 결과임을 표명한다.

1. 기독교인과 사회주의

순응주의

1) 마르크스주의적 기독교의 기원

　기독교적 환경5) 속에서 우리는 기독교 및 마르크스주의와 관련된, 보다 정확히 말해 기독교인 및 사회주의와 관련된 논문, 책, 시위, 단체, 운동의 홍수를 직면한다. "기독교적 사회주의자", 복음의 유물론적(마르크스적) 연구, 마르크스주의 정당에 호의적인 "기독교적 선거정책"électoralisme chrétien−계층이 아닌 이데올로기 차원에서 기독교인 유권자의 상당한 기여가 없다면 이탈리아나 프랑스에서도 좌파가 선거에 승리하지 못할 것이다−, "마르크스주의적 기독교인들"의 "교리" 표명 등. 이는 1944년에 행해진 탐구에 대한 성토를 떠올리지 않을 수 없게 한다. 당시 기독교인 레지스탕스들은 공산주의자들과 손잡고 정의와 평화를 위한 사회주의적 투쟁을 향해 열정을 쏟아내는 듯했다. 몽튀클라르 신부Père Montuclard, 6)의 기독청년회에 속한 진보주의 기독교인, 평화 유격대원, 평화 운동

---

5) 내 분석은 확실히 공산주의 국가가 아닌 지역의 기독교인들과 연관된다. 이 책에서 서술한 모든 것은 소련연방에 있는 사회−기독교연합(Igor ORGOUTSOV) 이라는 기관처럼 정당하고 주목할 만한 기관들을 비난하려는 의도는 아니다.

등…. 물론 선의로 이 투쟁에 참여한 용감한 이들도 잊어서는 안 된다. 대체 그들은 무엇을 지지했을까? 바로 스탈린과 스탈린주의이다. 엄밀히 말해 그 외에는 없다. 그들은 우리가 철저히 경험했던 독재와 강제수용소에 대해 경종을 울리는 데 완강히 반대했다. 그들은 자신들이 점잖게 옹호했던 소련강제노동수용소굴락의 존재에 막중한 책임이 있다. 하지만, 이제 더는 우리 문제가 아니다. 당시 기독교 공산주의자들이 무분별했듯이 요즘 그 후손들은 다른 면에서 또 똑같이 무분별하다.

평소 기독교인들은 한 가지나 혹은 여러 대책에 좀 뒤처진 관계로 주도적 이데올로기 흐름을 철저히 추종하는 것을 최고의 진보로 여긴다. 그래서 가장 탁월한 마르크스주의 지성인들이 공산주의, 나아가 마르크스 사상 자체를 완전히 포기하거나 혹은 그 사상을 철저히 재검토하여 이제까지 근본적으로 잘못되었다는 평가를 할 때에서야 비로소 기독교인들은 마르크스주의 사상에 열광하며 지지를 보내고 그로 말미암아 야기된 운동을 선택한다. 이 점은 굉장히 주목해볼 만하다. 그래서 나는 오래전 이미 비난을 받았던 르페브르H. Lefebvre, 7), 모랭E. Morin, 8) 그리고 드상띠D.

---

6) [역주] 전쟁 이후 기독교 진보주의 사상 연구소로 알려진 교회의 청년운동이다. 1936년 몽튀클라르 신부에 의해 프랑스 리옹에 기반을 둔 공동체적 시도에서 탄생했다. 몽튀클라르 신부는 1937년 여름 내내 공업사회의 비기독교화 된 매체 쪽으로 자신의 사도직분을 쏟는 일로 인해 상관과의 갈등을 겪자 프랑스 주교단은 이에 대해 고위직의 견해를 물었다. 주교단의 대답은 리옹에 있는 가톨릭 대학 도서관의 몽튀클라르 재단에 보관되어 있다. 결국, 1940년대의 급속한 도약으로 말미암아 이전 프랑스 교회 지도자들의 소명에 대한 태도를 점검하는 계기가 되었다.
7) [역주] 프랑스의 역사가이며 로베스피에르 연구회장과 파리 대학 교수를 지냈다. 『프랑스혁명경제사 미간사료집』의 일부인 프랑스혁명경제사 미간사료집 『혁명기에서의 베르그 지구의 식량사 관계 사료』를 간행하였다.
8) [역주] 프랑스 소르본 대학에서 역사, 사회학, 경제학, 철학, 법학을 공부한 프랑스의 대표적인 사회학자이자 문학비평가이다. 인류학, 생물학, 물리학, 생태학, 환경학에 이르기까지 다양한 학문 분야를 넘나들며 현대의 인간, 사회, 문화에 대해 연구하고

Desanti, 9), 카스토리아디스Castoriadis, 10), 데P. Daix, 11), 르포르Cl. Lefort, 12), 그뤽스만Glucksman, 13) 등의 이름을 거론하려고 한다. 기본적으로 두 개의 연구 축을 중심으로 진술하고 비평적인 시도가 행해진다. 한편으로 는 "어떻게 우리가 그토록 오랫동안 현혹될 수 있었을까? 스탈린 시기에 어떻게 그처럼 몽롱할 수 있었는지, 그렇다면 요즘은 조심할 필요가 없을 까?"라는 축이며 다른 한편으로 "스탈린은 역사적인 돌발일 수 없었다. 스탈린은 진정 레닌의 후계자이며 아마도 마르크스의 후계자 자체일 것 이다. 만일 공산주의의 스탈린주의적 운명이 혹 마르크스 자체에 포함되 었다면? "소련강제노동수용소굴락에 비추어 마르크스를 다시 읽어야 한 다"는 축이다. 카나파Kanapa, 14)의 사망 후, 그리고 알튀세르Althusser, 15)

많은 저서를 펴냈다. 현재 파리 국립과학연구소 석좌 연구부장이며, 유네스코 부설 유 럽 문화연구소 소장으로 있다. 『자연의 자연』, 『의식을 가진 과학』, 『방법론에 관한 논 거들』, 『영화 또는 상상적 인간』, 『잃어버린 패러다임: 인간의 본성』등이 있다

9) [역주] 프랑스 역사학자, 소설가, 기자로 일했고 레지스탕로도 활약했으며 1943년 사 르트르, 시몬 드 보브와르, 라캉과 연관된 공산당원이었다.

10) [역주] 코르넬리우스 카스토리아디스는 터키 태생의 정신분석학자이자 정치철학자이 며 68혁명의 지도자이다. 그는 마르크스의 전제로부터 생각하기 시작하지만, 곧 그 한계를 깨닫는다. 『사회의 상상적 제도』 등의 저서가 있다.

11) [역주] 기자이며 작가인 동시에 피카소의 친구인 데는 피가소에 대해 여러 저서와 다 른 예술가나 예술에 대해 저술했다. 또한, 자신의 공산주의와 강제수용소 경험을 바탕 으로 소설과 저서를 쓰기도 했다.

12) [역주] 프랑스의 저명한 철학자로 고등사회과학대의 연구 교수를 지냈다. 현재는 레 이몽 아론의 정치 연구센터 회원이기도 하다. 그는 60-70년대 권위주의 개념에서 출발하여 권력이 '빈 곳', 즉 미완성되어 끝없이 세워져 나가는 정치체제인 민주주 의 철학을 주장했다.

13) [역주] 프랑스의 철학자. 프랑스 고등사범학교를 졸업한 후 열렬한 공산당원으로 활 동하다가 1956년 소련의 부다페스트 침공을 비판하여 출당되었다. 이후 국립과학연 구소에서 전쟁전문가로 활동하였고 소련의 재야 세력을 지지하며 인권문제에 관여하 기도 했다. 『전쟁의 담론』, 『마르크스와 구조주의』등의 저서를 남겼다.

14) [역주] 프랑스 사회당 총수이며 지식인이다. 사르트르 제자로 10여 년 동안 『새로운 비평』이라는 잡지를 출판했고 쿠바와 모스크바에 체류하기도 했다.

와 엘랑스텡Ellenstein, 16)의 이론 이후로 오로지 쥐캥Juquin, 17)만이 온갖 비난을 무릅쓰고 마르크스와 공산당에 맹목적인 충성을 보인다. 이외에는 극히 드물다. 정말 극소수에 불과하다.

그런데 그때 기독교인들이 원군으로 등장한다! 초월적인 하나님의 확언과 마르크스 유물론의 양립성에 관한 핵심적인 옛 문제, 즉 완전히 흐지부지해진 교리문제는 전혀 문제 삼지 않는다. 이는 유치하고 시대에 뒤처진 이상주의적 철학과 연관된 것으로 비춰지기 때문이다. 이제 사건을 더 철저히 파헤쳐보도록 하자. 이런 판단은 기독교인들이 이미 마르크스 쪽으로 넘어갔음을 전제로 한다. 그들이 유물론적 철학에 동조하는 순간부터 이 문제를 구시대적이라고 선언할 수 있기 때문이다. 물론 이 문제는 해결되지 않았다. 실제로 마르크스가 제외했듯 이것은 열외의 문제이며 이는 다른 철학을 철저히 신봉하는 비이성적인 지지를 전제로 한다. 하지만, 실천의 문제를 제기하지 않는다는 점은 여전히 흥미롭다. 이제까지 마르크스주의는 마르크스주의가 적용된 나라에서는 어김없이 최악의 독재자와 철저한 절대체제를 탄생시켰다. 중국과 베트남이 이에 해당한다. 그런데 이를 깨닫지 못했다. 즉 기독교인들은 마르크스주의와 기독교의 양립성에 대한 이론적 문제제기도, 공산주의적 실천에 대한 분석도 하지 않는다. 그렇다면, 기독교인들은 무엇을 얘기할까? 사실상 그들의 문제는 마르크스적 사상에 힘입어 기독교를 재해석하고 공산주의로 말미암아 제한된 영토에서 자신들의 행위를 전환하는 일이다. 이것이 그들의 주

---

15) [역주] 알제리 태생이며 구조주의적 경향을 지닌 마르크스주의 이론가이다. 저서로는 『마르크스를 위하여』와 발리바르와 함께 저술한 『자본론 읽기』가 유명하다.
16) [역주] 프랑스의 공산주의 역사학자이다.
17) [역주] 고등사범학교 출신으로 고등학교 교사로 근무하다가 프랑스 공산당원에 가입하여 활동하고 있다. 열렬한 공산당원으로 여러 회의를 주도하고 있으며 저서로 『내 심장은 절대 두근거림을 멈추지 않는다』가 있다.

된 업적이다. 기독교인들이 문제에 대한 해결책이나 조건을 검토할 여유가 없을 때 한편으로 몰두했던 일이기도 하다. 즉 기독교인들은 이미 마르크스주의-공산주의 이데올로기로 들어가 변화를 살피지도 않은 채 주류의 일원이 된다. 이처럼 확고부동한 합법성을 지지하며 1944년 공산당에 접근했던 기독교인들보다 한 발짝 더 가까이 다가선다. 그러면서 이들은 자신들이 사회적 주류와 지배적인 사상에 기독교를 어떻게 적용할지 끊임없이 추구해오던 습관, 확실히 전통적이지만 엉뚱한 습관에 물들었다는 사실을 깨닫지 못했다. 오늘날 기독교인들의 처지에서 본 "사회주의-공산주의-마르크스주의"18)를 위한 교육은 이 흐름이 우리 사회의 지배적인 이데올로기가 되었다는 사실을 단적으로 증명해준다. 그 이유는 기독교인들이 언제나 주어진 사회에서 반체제적 이데올로기를 드러내는 방식으로 작용해왔기 때문이다. 하지만, 기독교인들은 이를 인식하지 못한다. 이러한 이데올로기가 확장되면 기독교인들은 이에 관심을 둬도 선뜻 다가서지는 않는다. 그러다가 만일 이 이데올로기가-확고한 현실에 대해 여전히 반체제적이지만!-지배적인 이데올로기가 되고, 전통적 이데올로기가 쇠퇴로 접어들면-이 흐름의 승리가 확실할 때-기독교인들은 새로운 흐름을 향해 돌진하여 그 순간 용기와 과격주의로 똘똘 뭉친 새신자처럼 극단론자로 돌변한다. 그리고는 자신들의 극단론으로 두각을 나타내려 애쓴다. 하지만, 지배적 이데올로기도 때론 스스로 위기에 처하기 때문에 실제로는 사회적 흐름에 그저 복종할 뿐이다. 물론 상당수의 기독교인이 과거의 이데올로기를 충실히 붙들고 있어 교회 안에서는 진보주의자들과 보수주의자들 간에 치열한 공방전이 벌어진다. 이 모두는

---

18) 내가 이 세 용어를 구별하지 않는다는 의미는 아니다. 하지만, 기독교인들의 태도가 매우 모호하고 그리 준엄하지 않아서 이들 동맹을 설명하려면 세 용어를 연결할 수밖에 없다.

기독교인들이 존재하는 사회현실과 맞아떨어지는 동시에 특별한 하나님의 계시에 대한 표현을 개발하는 기독교인들의 무능력을 대변하기도 한다. 그래서 그들은 시간을 초월한 형식을 반복하거나-그들은 이 현상으로 형식이 영원하다고 믿는다- 혹은 성서Bible에 대해 "거짓- 재독"을 실행하여 실제로 성서적 내용을 지배적 이데올로기와 동일시하기도 한다. 결과적으로 그들은 곧 통솔하게 될 흐름을 내버려두지 않는 사회-정치적 견제 세력을 구축함으로서 새로운 사회 질서 안에서 별 볼일 없는 2인자의 자리를 차지한다. 정확히 1,500년 전부터 매번 사회적 전환이 일어날 때마다 공의회에 상정되는 법령의 초안은 이렇게 되풀이된다. '콘스탄티니즘'의 사건은 안중에도 없다! 어떤 사회적 모델이 유력한 대다수에게 진실-물론 막연하고 희미한 진실이다!-로 비치면, 그 순간부터 기독교인들은 이에 동조하는데, 확고한 정치력에 반대하는 흐름들을 전폭적으로 지지하는 자들을 잊지 말아야 하기 때문에 왕이나 공화정, 마기교19)나 합리성, 과학만능주의나 종교, 권력이나 반권력과 연관될지라도 이를 지지한다. 기독교적 사상이나 행실의 독창적이고 특별한 발굴은 극히 드물었다. 이런 발굴은 최근 이데올로기에 집단적으로 동조함으로써 대개는 한시적이었으며 은폐되었다. 우리 마르크스주의적 기독교인들과 다른 이들의 흐름은 삶 속에서 보여주는 기독교적 태도 역사에 대한 일반적인 경향의 기조 변형에 불과하다.

이제 가장 논란의 여지가 있는 점에 대해 자문해보아야 한다. 과연 마르크스주의가 우리 사회의 지배적인 이데올로기가 될 수 있을까? 이 점은 매우 중요한 문제를 제기한다. 지배적인 이데올로기가 지배계급을 창출

---

19) [역주] 고대 페르시아의 마기(mage)의 교의

한다는 교리로 본다면 어떻게 이런 일이 가능할까? 어쨌든 알튀세르 이후 속칭 국가의 이데올로기 기계 (한편으로 새롭고, 다른 한편으로 무엇이든 설명해주듯, 모든 '신조'가 즐거워하는 형식!)에 속한, 그 가운데에서 특히 대학이나 학교를 통해 실제로 사회주의 이데올로기의 확산을 어떻게 설명할 수 있을까? 이제 두 단계로 실행해야만 한다. 마르크스주의가 내용과 전문성을 모조리 상실함으로써 이론도 심지어 교리도 아닌, 가장 저속한 의미의 이데올로기가 되었다는 점부터 지적하며 시작하도록 하자. 그로 말미암아 잔존해 있는 확산이 우리 모두가 빠져드는 전반적인 분위기라는 점도 지적하고 싶다. 대체 마르크스로부터 오늘날 무엇이 남아 있을까? 아무것도 없다. 나는 마르크스주의자들을 떠올리며 없다고 말한다. 그렇다면, 칼 마르크스의 정치 경제는? 은근슬쩍 뒤꽁무니를 뺀다. 수많은 실수, 정치 경제에 대해 존재하지도 않던 장황한 설명, 여러 잘못된 예측들로 말미암아 마르크스 세계에서는 일반적으로 마르크스의 구체적인 정치 경제에 대해 더는 언급하지 않는다. 그럼 철학은? 유물론과 일치하는 체계가 되고자 했다는 점에서 전반적으로 철학도 포기한다. 더구나 유물론은 전혀 본질적인 자료로 여겨지지 않는다. 이 유물론은 19세기 일반적 사상과 밀접히 연관되어 있었다. 전략은? 공산주의는 자본주의 가능성이 최고조에 달한, 경제적으로 가장 발달한 국가에서 탄생했어야 했다. 계속 깊이 파고들지 말자. 카우츠키Kautsky, 20)와 레닌 간의 분쟁 이후로 이런 토론은 이미 널리 알려진 상태이다. 그런데 오늘날 우리가 이 모두를 바꾸어놓았다. 공산주의가 탄생할 수 있는 곳은 가장 비천한 국가들이다. 기본적으로 공산주의는 반–마르크스주의자들이라서 아무리 이상하

---

20) [역주] 독일의 사회사상가로 마르크스주의 옹호론을 전개하였다. 저서에 『프롤레타리아트독재』, 『유물사관』등이 있다

게 설명하더라도 두 가지 예측을 조정할 수는 없다. 계급투쟁, 지배적인 이데올로기, 생산관계 같은 마르크스 사상 일부가 남아있는데 우리는 마치 생략된 의미작용에 매달리듯 이들에 의지한다. 특히 인용문들, 우리가 어디에나 적용하는 감탄스러운 문장…. 나아가 온갖 해석을 가능케 해주는 문장들이 남아있지 않는가! 게다가 몇몇 문장들은 감탄을 자아내기도 한다. "스탈린 종말 이후, 기적을 보십시오. 가능성을 지닌 마르크스주의가 십여 가지는 됩니다." 하지만, 알튀세르의 기적은 데의 것과는 다르다. 겉으로 드러난 그람시Gramsci, 21)는 마오저뚱모택동이 아니기 때문이다. 여러분은 자신의 역량, 사상, 사회 여건에 따라 선택한 마르크스주의 보따리를 통째로 취한다. 우리가 자유롭게 얻었다는 점은 정말 감탄할 만하다. 하지만, 불행히도 마르크스 사상은 완전 텅 비어 시들해지고 일관성도 없다.

이처럼 공산주의가 근본에서 벗어남을 확인하는 일은 별로 놀랍지 않다. 프랑스 공산당은 프롤레타리아 독재를 포기했다. 단순히 전략상의 선언이 아니다. 이미 1946년 폴란드에서 그리고 1947년 체코슬로바키아에서 프롤레타리아 독재를 공식적으로 포기했음을 잊어서는 안 된다. 이는 공산당이 끊임없이 가르쳐온 모든 것에 대한 현상적 재검토이다. 공산주의는 독재자 없이 설립될 수 있을까? 현재까지는 아니라는 쪽에 의심의 여지가 없다. 실제로 프랑스 공산당이 보여준 대체의 길은 불확실, 막연함, 전적으로 불만족스러운 취약점을 드러낸다. 더구나 계급투쟁 이론을 지지하는데 어떻게 독재자를 피할 수 있단 말인가? 따라서 우리는 의문을

---

21) [역주] 이탈리아 공산당 창설자. 변증법적 유물론과 사적 유물론의 통일을 주장했으며 상부구조의 이론을 발전시키고 자본주의가 발달한 시민사회에서 사회혁명이 일어나는 조건인 프롤레타리아트의 지도성의 논리와 그 실천적 기구에 대해 참신한 이론을 전개했다.

제기하지도 않는다. 이런 불일치는 이데올로기의 가장 표면적 수준에서 나타나는 변화의 전형적인 특징이기 때문이다.

마찬가지로 공산주의의 기본 축도 국제화였다. 그래서 요즘은 국가주의적 공산주의가 출현한다. 한 국가에 가능한 공산주의에 대한 구태의연한 토론이 아니다. 실제로 공산주의 출현은 국가적, 나아가 민족주의적 특수성을 지니기 때문에 국가별로 천차만별이다. 국가가 악, 파괴해야 할 부르주아 집단임을 선언하는 대신 여기에서는 국가적 통치권과 국가 독립을 보호하고 피해를 주려는 자들에 대항해 전쟁을 준비한다. 놀랄만한 부인否認이 아닌가! 한발 더 나가면 빈곤화이기도 하다. 그래서 우리는 1954년 이 문제에 대한 명예로운 투쟁을 끝으로 결국 노동자 세계에는 빈곤화가 없으며 마르크스에 의해 제시된 유명한 법도 존재하지 않는다는 점을 깨닫는다. 이는 잠정적으로 혁명적인 계급의 무한한 확장과 일맥상통한다. 노동자 계급이 더 이상 한 부류가 아니며, 대다수가 비천하지도 않아서 급기야 프롤레타리아의 개념을 뛰어넘어 샐러리맨 모두를 포함하기에 이른다. 그래서 여러 담화와 선언에서만 사용되는 프롤레타리아에서 점차 샐러리맨으로 변화되어간다. 지위, 생활수준, 기능에 관계없이 그저 샐러리맨이기 때문에 "생산방식의 사적인 소유와 관련된 상황"의 묘한 덕행 때문에 프롤레타리아이다. 하지만, 이런 프롤레타리아의 전체화는 정말 터무니없는 변절이다. 결국, 이는 여기서 기성 제도를 맹목적으로 따르는 자들과 피착취 자들의 연합과 보호에 대한 사명을 포기하도록 한다! 우리는 공산주의 내에서 여러 가치의 회복을 기이히 여기며 이 짧은 호소문을 마무리하려 한다. 마르크스는 여러 가치, 정의, 자유, 평등 등에 대해 격렬한 비난을 퍼부었다. 물론 공산당은 현재 가치의 가장 훌륭한 완성자이다. 공산당은 될 수 있으면 정의를 적게 제시하는 경이로운 단어들의 수호자임을 여전히 자처하지만, 이 단어들은 공산주의 안에서 유난히 민주주의의 재도입을 불러온다. 오늘날 공산당이 형식적인 자유와 부르주아적 민주주의에 대해 마르크스주의적 공산주의가 늘 단언해오던 것과 정확히 반대로 말한다는 사실을 확인하는 일은 무척 흥미롭다. 형식적 자유나 투표권 등은 일말의 가치가 없어서 가차 없이 폐지될 수 있었을 뿐 아니라 프롤레타리아를 배반하고 반항하지 못하도록 하므로 전적으로 악하고 부정적이었기 때문이다. 그래서 이들을 철저히 반박해야만 했다. 그런데 모든 것이 바뀌어버린다! 이들을 철저히 옹호하며 나아가 형식적 자유를 확장하고 사회주의에 접근하기 위해 가장 탁월한 체제에 집착하며 자유주의적, 합헌적, 의회 민주주의 안에서 원칙을 철저히 따른다. 결국, 우리는 최근 몇 년 전부터 확실히 다방면으로, 여러 정치적 방향과 상관없이, 공산주의의 온갖 핵심적 표명 안에서 공산당에 거슬리는 비타협적 특성을 드러내는 모든 걸 추출하는데 참여한다. 전략? 글쎄, 나는 전략을 믿지 않는다. 나는 일반적으로 온갖 형태의 공산주의가 우리 사회로 깊숙이 파고들어 엄청나게 확산되어 현 세계에 철저히 동화되고, 주변의 온갖 이데올로기들이 깊이 스며들어, 지지자의 이데올로기와 일치하기만 하면 무분별하게 받아들이는 희미해진 이데올로기 속에서 효력과 특성을 모두 상실했다고 생각한다.

결과적으로 이 지지자의 범위는 엄청나게 확장된다. 지지자는 가장 엄격하고 가장 비타협적인 사회주의의 순수하고 완고한 개념뿐만 아니라 신앙, 욕망, 필요, 가장 평범하고 가장 일반적인 경향의 흐름까지 끌어들인다. 그리하여 더는 활동가들이 아닌 지지 투표자들과 연관된다. 결국, 상호적 역할이 발생한다. 공산당은 더욱 폭넓은 지지자를 얻고자 교리의 가장 근본적인 요지를 포기하지만 지지자는 공산주의와 완전히 상반된 일련의 감정과 사상을 내세운다. 이런 지지자는 민족주의자로서 안정, 행복, 생활수준의 향상을 기대하며, 민주주의, 자유, 평등 등을 신뢰한다. 그러다 공산주의나 마르크스주의 안에 아무것도 없음이 확실해지면 그때부터 고민이나 고통도 없이 공산당을 지지한다. 최근 내 문 앞에는 멋진 포스터 한 장이 붙어 있다. 포스터의 문구는 이렇다. "이제 프랑스 공산당을 지지하는 것은 **당연하다!**" 물론 그렇다! 50년 전만 해도 전혀 **당연하지** 않았고 오히려 영웅적인 행동이었으며 가장 고된 길, 헌신, 갈등의 연속으로 들어서는 일이었다. 하지만, 지금은 너무나 당연하다. 사실 아무 강요도, 어떤 강요된 사상의 전환도 없으며 고민도 문제도 없이 누구나 공산주의적 진실로 방향을 180도 전환해 동조할 수 있기 때문이다. 우리는 공산주의가 우리 사회의 야망으로 끌고 가는 모든 것을 다시 붙잡는다는 점에서 이제는 공산주의가 저속하고, 가장 천한, 가장 무의미한 이데올로기이며, 무가치한 확신의 창고이고, 뒤죽박죽 된 혼합이라 말할 수 있다. 공산주의는 우리 사회의 이데올로기적 파노라마를 형성하는 것을 모두 확실히 사용한다는 점에서 가장 완벽한 이데올로기이다. 공산주의는 우리가 몸담고 있는 주변 분위기를 대변하며 곳곳에 퍼져있다. 이는 공산주의가 공산주의자들을 어디로든 인도하는 확산 된 "감정-신앙-일반상식-사상"으로 통칭되기 때문이다. 공산주의는 가장 저속한 수준에 있는 프랑스인 모두의 공통점을 교리로 삼았다. 따라서 이런 환경에서는 공산주의로 공포된 것이나 나아가 공산주의를 대표하는 기관(프랑스 공산당)을 지지하는 평범한 프랑스인에게 장애물은 결코 없다. 그 결과 자발적인 가입의 확산에서 확산을 가장 구체화 시키는 형식적 동조로 나아간다.

그런데 이는 프랑스 공산당에 의한 기존 신자들의 결연이라는 지시된 의미가 아닌 상호적인 의미로 작용한다. 전통적으로 마르크스주의적이고 공산주의적인 상당수의 개념은 누구나 비평 없이 자발적으로 믿고, 그럴 권리가 있는 방식으로 사회 전반에 퍼져 있다. 예를 들면 모든 사회적 현상에 대한 경제적 설명, 현상의 물질론, 일반화된 역사론, 주체 이동, 도덕적 금기의 해방, 지배적 도덕의 재검토, 무엇이든 '변증법'을 적용하기 등이 이에 해당한다. 이는 누구에게나 공통된 경험처럼 인식되며, 확산한 마르크스적 자료에 대한 몇몇 예들이기도 하다. 그리고 이것이 실제로 부르주아 계급의 **전제된** 이데올로기와 일치한다는 점은 굉장히 주목해볼 만하다. 부르주아 계급은 언제나 현상의 유물론자들이었다. 그래서 마르크스의 변증법적 유물론에 대한 비타협적이고 탄탄한 구성이 사라지자 순조롭게 일치가 이루어진다. 사회에 대한 경제적 설명에서도 마찬가지이다. 부르주아 계급은 마르크스 훨씬 이전부터 모든 것을 이상주의적 베일로 가린 경제로 설명해오던 경제 계급이었다. 그런데 공산당도 (같은!) 이상주의적 베일을 뒤집어쓴 채 경제적 설명에 대한 정확성을 내던졌기 때문에 일치와 확산이 순조롭게 진행된다. 이처럼 우리는 공산주의가 여러 갈래로 순수한 이데올로기와 지배적인 이데올로기가 된다는 사실을 분명히 인식한다. 결과적으로 우리는 우리 견해가 어떠하든 주변 환경이 되어버린 이런 소용돌이 속으로 빠져든다. 마지막 유일한 장애물은 공산주의라는 '단어'이다. 프랑스 공산당P.C.F.의 약자만이 문제시된다. 그런데 공산당이 예를 들어 보장된 민주주의당P.D.G.으로 불린다면 프랑스인의 99%가 망설이지 않고 공산당을 지지할 것이다.

　한 발짝 더 나아가 생각해 보자. 나는 공산주의 이데올로기가 지배적이라고 말한다. 나는 공산주의 이데올로기가 공동성취 이데올로기가 되고, 세 가지 새로운 요인으로 말미암아 설명된다는 사실을 믿기 때문이다. 무엇보다 공산주의는 구체적인 상황들실업, 인플레이션 등과 더불어 역사, 경제 개혁을 전반적잠재적으로 유일하게 설명해준다. 그런데 우리는 전반적인 설명 없이는 절대 살아갈 수 없다. 우리에게는 전체적인 참조 틀이 꼭 필요하고, 우리 생활을 이해시켜주는 만족할 만한 체계도 필요하다. 헌데 다양한 여러 설명특히 기독교은 사라져버렸다. 공산주의는 이데올로기적 공헌이 모두 결합한 전통적 설명 체계와 함께 이 세상에서 일어난 것을 마치 대중매체를 통해 알 수 있듯이 순전히 가상적이고 환상적으로 설명해줌으로써 이해를 도와준다. 공산주의는 놀랄만한 마니교이며 이로 말미암아 사람들은 선하고 악한 것, 좋은 것과 나쁜 것, 그리고 선이 승리하기 위해 해야 할 것을 단번에 명확히 알게 된다. 사람들이 광란의 세상에서 헤매지 않으려고 붙잡는 참조 틀이 공산주의라는 사실은 놀라운 일이 아니다.

그런데 공산주의는 두 가지 근본적인 요인을 지닌다. 나는 이미 발표했던 연구만을 참조하고 어떤 부연설명도 덧붙이지 않으려 한다. 한편으로 공산주의는 우리 사회에서 성취된 일반적인 논거의 가장 탁월한 제공자이다. 공산주의는 정말로 1970년의 **부바르와 페퀴쉐22)**이다. 이들 각자는 일반적인 논거를 만나, 자신이 항상 생각해오던 바를 혁명 기관에 의한 진실로 여겨 받아들인다. 이점에 대해서는 『새로운 일반적인 논거에 대한 주석』 참조 또 다른 하나는 이 이데올로기의 열렬한 지지는 지도 계급에 대한 지지이다. 영화인, 예술가, 자본가, 교수, 고위급 중역 등 누구나 차츰 영향권 안으로 들어서기 때문에 나는 일정한 시기의 주목할 만한 ―사회 지도계급에서 죽음의 취향과 자살에 대한 연모 같은― 현상을 고려해야 한다고

---

22) [역주] 플로베르가 1881년에 쓴 미완성 소설이다. 카피라이터인 부바르와 페퀴쉐는 파리에서 만나 직업도 생각도 같다는 점을 확인한다. 그래서 둘은 칼바도스에 농장을 얻어 농업을 시작하지만 계속 실패를 맛본다. 이후 다른 여러 영역에 손을 대지만 결과는 마찬가지였다. 결국, 둘은 다시 원래의 직업으로 복귀한다는 내용의 소설이다.

생각한다. 마치 구체제 말의 귀족계급처럼. 그래서 혐오감과 동시에 뿌리칠 수 없는 이끌림으로 여러분을 죽음으로 몰아가야만 하는 일에 집착하게 된다. 파리의 살롱들이 특징을 보여준다. 이 점에 대해서는 『부르주아의 변신』참조 지배적 사상들은 지배적인 계급의 사상이다.

그렇다, 나도 그러기를 간절히 바란다. 그런데 이 계급이 자살에 대한 강박관념으로 말미암아 자신과 정반대인 것, 자신을 비난해야 하는 것, 죽음으로 몰아가는 것을 지배적 이데올로기로 부추기는 일이 발생한다. 이런 일이 어김없이 일어난다. 이런 이데올로기를 어느 정도 확산시키고, 집단화하고, 지배이데올로기로 만드는 건 당연히 지배계급이지만 계급을 인도하는 것은 더는 이익도 지배력도 아닌 그 계급의 '죽음의 본능'이다. 프랑스 공산당은 아주 기본적이며 복잡한 이 개혁을 철저히 신봉했다. 다행히 사람들은 "역사권"–다소 변형된 그람시의 개념–이론에 힘입어 마르크스주의적 관점에서 표면적으로 증명되는 것들을 모두 파헤쳤다. 그러자 전혀 프롤레타리아적이지 않아도 공산주의 혁명 운동에 깊이 참여할 수 있게 되었다. 보완적 방식으로, 상층구조와 하층구조, 상층구조 요소와 연관된 독립, 다원결성의 상호적 영향에 대한 새로운 해석 덕분에, 심지어 완전히 상반된 지배 계급에 속해도 순전히 이데올로기적이고 혁명적인 방법으로 공산주의가 될 수 있다. 그럼에도, 교리적 순수성은 지켜진다. 하지만, 실제로 좌파의 흐름, 특히 공산주의와의 실제적 동조는 바람 부는 대로, 흐름을 타고, 물결 치는 요란한 파도에 불과하다. 이런 흐름은 아무런 가치도, 중요성도 없는, 그저 단순한 사회적 사건이다. 오늘날 공산주의라고 떠들어대는 자는 1914년 프랑스 민족주의자, 1830년 왕정주의자, 1804년 나폴레옹주의자들일지 모른다. 이때부터 기독교인들은 현상에 대한 연구를 엄숙하게 실행할 때마다 교리 바람을 타고 사방팔

방으로 날아다니는 휴짓조각과 흡사했다. 그러다 공산주의 내용이 완전히 빠져나간 뒤로 기독교인은 공산주의를 지지할 때 아무런 거리낌도 느끼지 못한다.

그리하여 기독교인들은 대세를 따르며 더는 나쁜 인식도 지니지 않고 이론적 조심성도 보이질 않는다. 결국, 사회 전체의 정신, 문화적 순응주의로 빠져든다. 그들은 이미 '지배적인 계급'의 이데올로기를 대신했으므로 공산주의를 지지하며 같은 방향으로 나아간다. 하지만, 기독교는 이런 움직임으로 말미암아 내용을 상실한다. 더구나 문화적인 거짓-과학적 단언 때문에 모든 작용도 용이해진다. 그리하여 예수그리스도를 통한 하나님의 계시에 대한 내용이 본래부터 문화적이라며 이 구시대적 구절을 제거하는 데 아무런 가책도 느끼지 못한다.

그렇다면, 대체 무엇이 남아있을까? 이는 자명하다. 우리가 빈곤한 자들의 대변자이며 억압받는 자들의 발현인 공산주의를 지지했기 때문에 기독교는 당연히 무장된 방어, 정치적 투쟁 등이 포함된 빈곤의 옹호 안에 있는 온전한 내용이다. 내가 여기에서 묘사하려는 바는 결코 추측이 아니다. 이는 내가 많은 기독교인에게서 정확히 확인한 바이며 변화의 유형이기도 하다. 뭔가를 위한… 계시의 내용이 아니다. 나는 진정 의심하지 않는데 우리는 이 세상의 빈곤한 자들의 불행 때문에 심한 충격을 받는다. 그래서 사회주의에 현혹된다. 쉬운 설명과 적절한 투쟁방법도 발견한다. 그리하여 공산주의에 동조한다. 그리고는 이 결정에 일치하는 기독교 해석을 빌린다. 이는 내가 잘 아는 다섯 단계다. 이런 신마르크스주의적 기독교인들은 천부적으로 정직성, 행동파적 정신, 새 신자의 열성-절대 비아냥거리려는 뜻이 아니다-을 갖고 있어 극도로 완고하게 교리를 아주 철저히 탐구하고 사회적 순응주의로 말미암아 깨닫지도 못한 채 그들이 지지하는 운동의 양극단에 서게 된다.

그런데 이런 경향 속에 머물면 필연적으로 테러리즘과 현혹에 빠져든다. 오늘날 마르크스주의는 서양의 지적 환경 속에 존재하는 유일한 테러리스트 사상이다. 스스로 유일하게 학문적이라 우기며 여타의 길 자체를 체계적으로 파괴한다. 또 결함이 없는 완벽한 설명이라고 주장한다. 그래서 온갖 현상들을 마르크스주의에 종속시킨다. 물론 믿음도, 예수의 설교도, 성서의 집필도, 교회의 변화도 마르크스주의적 과정으로 설명한다. 마르크스주의에 의한 '축소'로 배제된 기독교 자체보다 훨씬 총괄적이고 훨씬 방대한 마르크스주의적 과정에 포함된 마르크스주의로 모든 것을 설명한다. 그래서 기독교는 진리나 단일성이란 취향을 지니지 못한 채 여러 다른 것에 종속된 현상이 된다. 마르크스주의적 교리는 대립을 강요하기 때문에 침략은 마르크스주의와 연관된 태도를 보이지 않는다면 그 누구도 생각할 수 없다.

그런데 포괄적인 동시에 편협한 이 독재사상은 그저 하나의 사상으로만 머무르지 않는다. 이것은 행정적, 조직적, 정치적 기구, 진정한 과시, 전쟁 기계, 권력 정복과 사회 파괴 기계에 의지한다. 동정심 없고, 독재적인, 엄격한 기구는 내적 테러리즘숙청, 자가비판과 꼭 승리하고 제거해야 할 적에 대한 위협인 외적 테러리즘을 실행한다. 이런 두 테러리즘은 당연히 서로 연합한다. 또한, 주목할 만한 사실은 공산주의가 이해의 폭을 넓히며 호의를 나타내고 유럽 공산주의Euro-Communisme와 더불어 인간적인 모습을 보이지만 —정말 선한 신 같은 스탈린의 모습보다 더 온정적이고 인간적인 모습이 과연 있을까?— 테러리즘의 결과는 그치지 않고 인간적 모습도 총체성totalité의 온정적 영상일 뿐이라는 점이다. 규율의 외양도 권력의 절대적인 정복 의지도 수그러들지 않는다. 비슷한 방식으로 지적 테러리즘도 스탈린주의와 함께 사라지지 않는다. 오히려 정반대이다! 마르크스 사상이 일종의 교리 문답 강의처럼 축소되기를 멈추는 바로 그 순간 테러리즘의 규모는 더욱 커진다. "그러니 보십시오. 모든 것이 존재하고, 모든 것이 설명되는 우리 변증법으로 들어오지 않으려면 악한 믿음을 지낸 채 지적으로 무능해져야 합니다. 권위적이거나 지나치게 단순한 방식도 아닙니다. 루카치를 받아들이고, 그람시를 받아들이고, 알튀세르를 받아들이십시오. 다양성, 신중함, 풍성함을 보십시오…." 하지만, 이는 가장 강력한 당, 가장 막강한 군대, 가장 의기양양한 제국주의 세력, 세계의 절대다수가 이 교리에 동의하는 것에 의존한다. 의존한다고? 그야, 물론 직접적이지는 않다! 여러분 앞에서 권총에 의존하는 사람은 한 명도 없을 것이다. 하지만, 마르크스주의와 공산주의를 얘기할 때 이 사소한 사실들을 어떻게 무시할 수 있겠는가? 어떻게 이런 일들을 잊을 수 있겠는가? 어떻게 무의식 속에 남아있지 않겠는가? 물론 비난받고, 버려졌지만 굴락23)도 마찬가지이다. 그렇다. 하지만, 여전히 존재한다. 언제든 되살아날 수 있기 때문이다. 오늘, 내일, 권력에 온정이 넘치는 이 공산주의가 다시 굴락과 리우블리앙카Lioublianka, 24)의 공산주의가 되지 않으리라고 누구 장담하겠는가? 레닌주의조차 그럴 수 있다고 우리에게 경고하고 있다. 레닌을 버렸는가? 하지만, 레닌은 여러분의 권력을 좀 더 보장해주기 위해 여러분에게 직접적으로 충고해준다. 마르크스주의적 사상의 특별한 테러리즘과 우리 잠재의식에 새겨져 있는 스탈린주의의 정치적 테러리즘은 분리되지 않는다.

또한, 프랑스 지성계의 아주 구체적 영역에서는 마르크스주의와 연관

---

23) [역주] 소련에서 노동수용소를 담당하던 정부기관
24) [역주]모스크바의 유명한 지하 교도소

되거나 혹은 그 안에 있어도 별로 심각하게 받아들이지 않을 수 있다. 마르크스의 새로운 해석, 새로운 영역에서 마르크스 방법의 적용-잠재적인 마르크스주의를 통한 정치현상의 분석- 잊어버린 텍스트 다시 읽기-마르크스에 대항한 마르크스주의의 발견-스탈린주의자였던 것을 회개하는 간증-마르크스주의자로부터 기독교로의 개종-마르크스 사상 안에서 모든 것을 종합하려는 노력…. 만일 여러분 스스로 이런 자잘한 훈련 중 하나에 몰두하지 않으면, 여러분은 분명 주목을 받지 못하기 때문에 여러분이 생각할 수 있는 것은 어떤 영향력이나 의미도 갖지 못한다. 이는 전형적인 테러리스트의 태도이기 때문이다. 그래서 모든 것을 억지로 마르크스주의와 연관시켜 설정한다. 마르크스주의의 특별한 중요성보다는 지적 환경에 의해 마르크스주의에 부여된 중요성 때문이다. 가장 주목할 만한 점은 마르크스주의가 독단주의와 배타주의를 공식적으로 포기할 때 이런 일이 일어난다는 것이다. 보호지역에 남아있던 지식인 모두는 이런 독단주의와 교리적 권위주의를 수용하려 들지 않았기 때문에 개방된 마르크스주의적 사상과 인간적 모습을 지닌 공산주의 앞에서 소멸하였다. 그래서 우리는 요즘 후회나 망설임도 없이 공산주의로 들어설 수 있었다. 결국, 휴머니즘(인간중심주의)이 마르크스주의와 양립했기 때문이다. 마르크스주의적 사상의 영향력은 노련한 마르크스주의자들이 그 사상을 신뢰하기를 멈추었기 때문에 확장되었다. 우리는 깨달았다. 공산주의는 자명한 이치로 수용되고 비평 없이 모두에 의해 적용된 마르크스적 도표나 설명이나 개념의 유행을 통해, 나아가 30년 전부터 생겨났던 유행으로, 과학적 확실성과 동시에 사실의 정확한 반영으로 스스로 가한 온전한 문체로 철저히 준비되었다. 이는 일반적으로 계획되고 수용된 진실이다. 이 어휘 밖에 설정된 그 무엇도 진지하게 생각되거나 받아들여질 수 없다.

이는 돌이킬 수 없는 이상주의의 위협으로 추락하기 때문이다. 그래서 우리는 교리의 테러리즘과 동시에 결합한 그룹의 무의식적 테러리즘도 지니고 있다. 하지만, 특히 공산주의 그룹, 주류 지성인 부류, 교수나 문학가처럼 이 스타일을 '그저 당연한' 것으로 받아들이는 부류는 아니다.

그런데 테러리즘과 유혹은 상호적으로 서로 부합한다. 이는 꽤 유명한 커플이다. 테러리즘은 두려움에 의해서만 강요되지 않으며, 성스러운 동시에 두렵고 매혹적인 것에 속한다. 테러리즘은 주위에 파괴될 위험이 있는 것을 닥치는 대로 덥석 붙들어 유혹에 노출되도록 내버려두다가 모방의 길이나 영향력 안으로 끌어들인다. 이렇게 사로잡힌 자는 더는 다른 현실이나 진실을 보지 못한다. 그는 테러리즘처럼 말하기 시작하다가 차례로 테러리스트가 된다. 이것이 서양 지성계에서 1945년 이후 우리가 참여한 마르크스주의 측근에서 일어난 동조 과정이다. 그들은 일부러 공산주의가 되지는 않는다. 때로는 회복되어 공산주의의 환상적 특성을 깨닫기도 하지만 이런 유혹을 매몰차게 뿌리치지 못한다. 사르트르가 전형적인 예이다 마르크스주의에는 온갖 논쟁이나 명예 외에도 우리 역사, 우리 사회, 우리 세계를 특별하고 총체적으로 설명하는 최근의 가치가 존재하기 때문이다. 더구나 이해하기 쉬운 방향전환 때문에, 또 마르크스주의가 총체적인 설명이라서, 공산주의는 그런 식으로 있어야만 한다. 이처럼 마르크스가 배치된 곳에서는 마르크스를 취하는 일에 만족하지 않고, 19세기 마르크스 자본주의, 19세기 계급투쟁, 이러한 지지 정당에서부터 역사의 회고적 관점, 이 시기에 가능했던 것과 같은 혁명적 해석에 대한 분석을 검토하는 일에도 만족하지 않는다. 그렇다, 이는 그저 보편적 사상의 즉각적인 적용일 뿐이다. 따라서 형식화되지 않고 우리의 모든 지적 움직임에 기초로 사용되는 "해야 한다" 안에서 우리는 이런 사고방식의 매혹적이고 환각적인 특성을 인식한다. 우리의 현존 자체도 같은 방식으로 설명되어야만 한다. 그리하여 마르크스주의는 마르크스가 전혀 알지 못하고 심지어 예상치도 못했던 모든 것을 설명하는 데 사용된다. 그런데 확신에 찬 마르크스가 얘기할 수 있었던 것과 어떤 상황이든 마르크스에게 총체적 설명이 끝없이 이어지도록 하는 일에는 엄청난 괴리가 있다. 그래서 마르크스적 정신 분석 같은 것도 필요해진다. 물론 이런 예는 라이히Reich, 25)가 설정했던 단순히 기본적인 수준이 아니므로 중요한 의미를 지닌다. "한쪽에 프로이드가 있고 다른 쪽에 마르크스가 있다. 마르크스주의와 정신분석, 이를 어떻게 결합할 수 있을까? 어떻게 '프로이드-마르크스주의'를 만들 수 있을까? 어떻게 마르크스주의를 기피하는 프로이드를 이 방법에 통합할 수 있으며, 어떻게 정신분석을 경멸하는 공산주의자들이 정신분석을 받아들이게 할 수 있을까?" 모두가 굉장히 기본적이지만 완전히 시대에 뒤처져 있었다. 들뢰즈Deleuze, 26)와 귀아타리Guattari, 27)의 모델이 우리에게는 훨씬 더 의미심장하다. 마르크스주의? 이것은 문제가 되지 않는다! 교리적 통합? 별 볼 일 없다. 하지만, 모든 것이 모습을 변장한 채, 잠재적인 마르크스주의로 존재함을 발견한다. 정해지지 않은 마르

---

25) [역주] 오스트리아-헝가리 제국에서 탄생했으며 프로이트의 촉망받는 제자로, 유망한 정신분석가 이름을 떨쳤으나 오르곤 에너지 축적기를 배포한 혐의로 구속되어 수감생활을 한 지 2년 만에 1957년 가을, 펜실베니아의 연방교도소에서 세상을 떠났다. 프로이트의 총애를 받아 유망한 정신분석학자로 성공한 삶을 살 수 있었으나, 사이비 과학자로 낙인 찍혀 학회와 공산당에서 마침내는 세상에서 추방당했다.
26) [역주] 프랑스의 철학자. 교수로 철학·문학·과학을 강의하고, 퇴임한 후에는 줄곧 좌파를 옹호하며 집필과 방송활동을 했다. 구조주의 등 1960년대의 서구 근대이성의 재검토라는 사조 속에서, 서구의 2대 지적 전통인 경험론·관념론이라는 사고의 기초 형태를 비판적으로 해명했다.
27) [역주] 프랑스의 정신분석학자이며 철학자이다.

크스적 구성을 위해 '정신적'이지 않은 '분석'을 행하며, 자본주의는 그 자체로 악이라는 경제적 상황에서 계급의 분배, 편집광적인 파시즘 신봉자와 혁명적인 분열자를 위해 생산이란 용어로 기계처럼 모든 것을 해석하며… 가족을 신경증에 대한 책임자가 아닌 하찮은 자로 단호하게 고발할 것이다. 말없이 '마르크스주의'를 취하는 일은 정신"병(?)"의 또 다른 분석으로 이어져 독자나 청자가 스스로 질문을 제시하지 않아도 마르크스적 사상의 세계로 그들을 이끈다. 그런데 마르크스적 유물론도 같은 방식으로, 아주 똑같이 확립되었다. 매혹된 자에게는 마르크스주의가 학문이며, 우리에게 진정한 범주를 제시하고, 우리 세계의 효과적인 분석을 유일하게 실행하며, 유일무이한 지적 도구인데, 왜 마르크스주의에 대한 이론을 만들지 않으며 그처럼 진지한, 최초로 과학적인 이론을 만들지 않겠는가? 실제로 왜 그렇게 하지 않겠는가? 그래서 조화로운 협력은 다시 시작된다. "왜 안 되겠는가? 이는 정말 흥미롭다. 결코, 마르크스주의자가 아닐지라도 대범해져야 한다. 왜 이런 질서에 대한 경험을 거절하겠는가? 왜 성서Ecriture의 마르크스 유물론적 분석을 하지 않겠는가? 진지한 지성인으로서 어떻게 다른 이론적 관점을 지닐 기회를 간과하겠는가? 다양한 관점들을 잘 살펴서 확실한 모든 것을 활용해야만 한다!" 그런데 이처럼 매혹적인 것은 무엇이든 진지한 지성이기보다는 항상 취미애호라는 사실을 깨닫지 못한다. 나아가 그저 최하위의 지적 단계에 있는 '흥미로운' 키에르케고르적 범주일 뿐이다! 진지함과는 상반된다. 일례로 악마의 것처럼 아주 흥미로운 여러 관점이 있기 때문이다. 그래서 이런 마르크스주의적 유물론적 이론을 만드는 자들은 매혹된 자들이며-마르크스도 하나의 이론28)을 만들었다는 것을 잊는 자들이다- 이론을 듣고 따르는 자

---

28) 마르크스는 과학도, 철학도 만들지 않았지만, 초월성, (구세주에 의한) 구조론, 종말

들은 애호가들이다. 쇠퇴하는 마르크스주의에 대한 기독교인들의 동조는
이 시기와 딱 맞아떨어진다.

2) 가장 적합한 예

우리는 이런 일반적 연구 이후로 최근 작업의 도움을 받아 여러 요점을
명확히 밝혀 주고자 한다. 실제로 샤뛰Chapuis의 책은 이런 기독교인들의
방향에 아주 충격적인 증거를 제시해준다.29) 우파인 노동자 집안에서 탄
생한 전통적인 가톨릭 청년 신자가 기독교 학생 청년회J.E.C에 참여하고
나서 고등사범학교 입시준비반을 밟다 차츰 '좌파 가톨릭' 이 되어 사회주
의 기독교인으로 변하더니…. 결국, 나중에 기독교를 재독하다 사회주의
자가 된다. 샤뛰의 책은 그가 말하려는 바에 대한 솔직함이나 의도와는
달리 실제로 말없이 폭로된 것의 중요성으로 말미암아 본보기로 간주된
다. 우선 우리는 샤뛰의 책 내용 내내 진가를 인정받지 못한 전제에 대해
분석을 하고 끝에 실제로 존재하는 '이론적' 토론에 이르는 길을 분석하
려 한다. 또한, 이에 앞서 샤뛰 자신도 묵인한30), 그러나 특별히 의미심장

론, 윤리학… 과 더불어 진정한 이론을 만들었다. 참조.『새롭게 사로잡힌 자들』자끄
엘륄

29) 샤뛰.『기독교인과 사회주의』(1976), 제목은 확실치 않다. 이 책은 오히려 '프랑스 가
톨릭 신자들, 그리고 사회운동' 과 일치하기 때문이다.

30) 작품에서 명확히 표현되지 않고, 비난받지도 않는 전제들에 대한 간략한 분석은 이
작품을 이해하고 설정하는 데 필요한 듯하다. 나는 책 속에서 여러 차례 이 작업을 재
시도할 것이다. 이 전제가 텍스트 "내용"보다 훨씬 중요하다고 생각되기 때문이다. 전
제들은 "그런 확신, 입장, 그러한 선언이 무엇에 근거하고 있는가?"라는 질문을 할 때
드러난다. 일정부분 부차적 자료들을 제거하고 나면 흔들리지 않는 견고한 핵심만 남
는데 우리는 작가가 이를 인식하지도 못했고 표현하지 않았을 뿐 아니라 비평도 미흡

한 전제를 분석해보고자 한다. 사실 나는 어디서도 표면적으로 드러나지는 않지만 샤퓌의 네 가지 생각이 모두 녹아있고, 비난받지도 않는 '선先-판단'이 존재한다고 생각한다.

첫째는 기독교 전체가 빈곤한 자들을 도우러 돌아온다는 것이다. 사랑한다는 것은 빈곤한 자가 빈곤의 참상에서 온전히 벗어나도록 돕는 방식으로 해석된다. 이외에 기독교는 완전히 헛된 것으로 비춰진다. 신앙, 구원, 이 모두는 빈곤한 자에 대한 억압으로 사용되었던 구태의연한 문화형태이다. 그리하여 우리는 나아갈 길을 깨닫게 된다. 예수가 가난했기 때문이다. 우리는 예수를 사랑하기 때문에 빈곤한 자를 사랑한다. 빈곤한 자는 예수의 전부가 된다. 빈곤한 자의 모습 하나만으로도 충분하다. 그래서 사랑한다는 것은 정치적 투쟁에서의 지지를 의미하며 이런 지지가 없는 사랑의 선포(기도 등…)는 거짓이며 위선이다.

두 번째로 사회주의는 인간의 선이다. 개별적인 고려는 다루지 않는다. 사회주의는 모호하고 다양한 채로 남아있지만, 총체적으로 취해진다. 바로 이것이 인간의 선에서의 유일한 길이기 때문이다.

세 번째 전제로 공산주의는 빈곤한 자들의 편이며 항상 빈곤한 자들을 보호한다. 이는 가장 주목을 끌지만 여전히 모호하다. 공산주의는 오로지 올바르고 일반적인 사회주의의 길로 표현된다. 공산주의 변형에 대한 언급은 전혀 없다. 빈곤한자들, 프롤레타리아, 노동자, 이 모두는 그저 막연할 뿐이다. 빈곤한 자는 자본가들로 말미암아 사회적으로 철저히 이용당

했다는 사실을 쉽게 인식할 수 있다. 이는 여러 가설이나 진술되지 않은 명제의 "명확성"과 연관된다. 그런데 명확성은 오랫동안 전체 중 일부임에도 불구하고 작가에 의해서는 방법론적으로 전혀 연구되지 않을 뿐 아니라 한 번도 설명되지 않은 주제들이라는 사실을 자주 인식할 수 있다. 다시 말해 누구나 "받아들인 가정"들이라서 공표된 담화보다 작품의 실제적인 의미를 제공하는 것이다.

하고 이익을 불러오는 유일한 자이다. 따라서 사회당은 문자 그대로 본래 빈곤한 자들의 당이다.

마지막으로 오직 행위만이 중요하다는 묵시적 제안이 있다. 그런데 이 행위는 원칙적으로, 아니 절대적으로 정치적이다. 실제적, 구체적 행위 외에 모든 것은 관심 밖이다. "기독교인이 된다는 것은 세상의 갈등을 짊어지고 행동을 선도하는 것이다." 기독교인이 되는 것이 기도 속에서 주님을 높이는 것이라고 믿었던 자들은 가여운 명상가들이다. 그리고는 다음과 같이 의미심장한 문장이 뒤를 잇는다. "따라서 기독교인은 행동학으로서 반드시 마르크스주의를 만나게 된다." 그런데 군사적 전략이나 자본주의적 전략도 행동학이라는 것에 주목하자. 물론 샤뤼는 기독교가 일반화되거나 자본주의가 되어야 한다는 결론을 내리지는 않을 것이다. 행위의 탁월한 전제는 다른 세 가지와 결합하기 때문이다.

따라서 샤뤼를 가톨릭에서 사회주의로 인도했던 동기로 넘어가야 한다. 내가 보기에는 가톨릭의 전형적인 특성을 보여주는 동기유발의 두 가지 이치가 명확히 나타나는 듯하다. 첫째로 행위들, 특히 사회적 행위들에 대한 목마름이다. 행위에 비해 신앙은 부차적 단계로 넘어간다. 참으로 의아한 일은 가톨릭신자들이 여러 행위의 신학에서 그들의 참여에 대한 목마름이 정확히 얼마나 파생되는지를 깨닫지 못하고 사회와 정치문제 참여의 욕망이 항상 그들의 사회적·정치적 구조 안에서 사회를 알려주려 했던 가톨릭교회의 변함없는 전통임을 상기시킨다는 점이다. 물론 제시한 '형식'이 16세기와 지금이 더는 같지 않음에도 샤뤼는 철저히 전통적이다.

두 번째로, 교계제도과 제도의 권위적 구조와 연관된 토론이다. 특별한 문제로는 샤뤼가 교계제도로 인한 회복에서 벗어나고자 어떻게 자신의 뜻을 과격화시키고 있는지, 또한 그가 참여로부터의 독립을 증명하려고 문학적 관점에서 어떻게 사회주의로 넘어갔는지를 잘 보여준다. 여기에서도 전형적인 가톨릭의 토론이 벌어진다. 하지만, 샤퓌는 교회 역사의 매 시기 똑같은 태도, 똑같은 반응들이 일어났다는 점을 무시하려 했다. 새로운 것은 하나도 없다. 가톨릭은 항상 교계제도와 제도에 대한 엄청난 반대파를 형성했다. 이는 이들이 훨씬 더 기능적이도록 해주었으리라! 마지막으로 알제리 전쟁이 확실한 전환의 기회였는데 이 때문에 청년에게 던져진 온갖 의문으로 말미암아 문제가 드러났다. 하지만, 샤퓌는 여기에서 실제로 절대자에게 던져진 이런 문제들이 결국 정치적, 형이상학적, 신학적 입장으로 인도되었음을 흥미롭게 보여준다.

이제 우리는 나아갈 길을 주시해야 한다. 여기에서 우리는 기독교와 사회주의라는 흥미진진한 요소들을 발견한다. 이론적 토론? 철학? 신학? 전혀 아니다. 마르크스주의? 극단적일 때 '경험이 없다' 고 말할 수도 있다. 샤퓌가 칼 마르크스에게서 읽었다고 인정한 모든 것은 '선언' 이다. 나는 그가 다른 걸 읽지 않았다고 말하려는 것이 아니라 그가 취한 유일한 참조라는 뜻이다…. 한 기독교인을 위한 마르크스 사상에 대한 이해의 탐구나 이것이 내포한 어려움에 대한 탐구는 전혀 없다. 마르크스의 '학문' 에 대한 적용도 전혀 없다. 그렇다. 모두 뭉뚱그려서 누구에게나 하나의 실천으로 귀착된다. 어떻게 좌파가 되고 사회주의자로 되느냐…. 이는 선한 동료가 그렇고 그들이 여러분과 같은 감정, 인상, 감동을 나누며, 같은 정보들을 받아들이기 때문이다. 상호 모방을 통해 일정한 환경이나 경향의 구성에 참여하는 일은 아주 흥미롭다. 젊은이들은 사건에 즉각적으로 반응하며 서로 영향을 주고받고, 고귀한 사상들을 접하고, 악을 미워하고, 큰 희망을 갈망하며, 낡은 과거를 거부하고, 지나치게 엄격한 명령에 맞서다가 이미 좌파에 속한 몇몇 동료와 접촉하며 좌파가 무엇과 연관되는지 알지도 못한 채 좌파의 신념을 품게 된다.

이 책은 북적거리는 인물들, 이런 위원회, 이런 회의, 이런 세미나, 이런 투사, 이런 교차로들과 더불어 좌파에 대한 인식을 반영해주며, 동시에 정치권의 탄생이라는 뛰어난 반영도 보여준다. 이렇게 탄생한 신념은 행동으로 강화되고 대립으로 인해 놀랍도록 과격해진다. 사춘기의 감성적 관용 탓에 좌파에 가담하다가 사회주의자가 되어 점차 실천에 참여하며 공산주의자에 가까워진다. 그런데 이때 기독교가 공산주의와 비슷한 실천이라고 확신하면 상황은 더욱 쉬워진다. 마르크스 사상과 성서 사이에 모순이 가능한가와 같은 심층적인 질문은 한 번도 제기되지 않는다. 설마, 그럴 리가! 이런 말들은 고집 센 늙은이들의 반박에 불과하다!

그럼에도, 마지막에는 이론적 형식화에 대한 시도도 있는데, 우리는 빈곤을 끝내며 이것에 대해서도 살펴보려 한다. 하지만, 그전에 두 가지를 꼭 지적할 필요가 있다. 우선 그 무엇도 우리 좌파 가톨릭―계속 더 좌파로 향하는―의 굳건한 확신을 바꾸어놓지 않는다는 점이다. 수많은 동료가 공산주의자가 되려고 기독교인이기를 그만두는 현상도 이를 방해하지 못한다. 요컨대 좌파 가톨릭은 선택을 강요받았고 억압받는 사람들을 위해 투쟁을 택하리라는 사실을 스스로 인식한다. 그에게 정치적 참여에서 벗어나 기독교인이 되는 것은 점차 의미 자체를 상실하게 된다. 우리는 이 사건을 통틀어 대체 예수 그리스도가 얼마나 사라졌는지를 살펴볼 것이다. 마찬가지로 비스탈린주의화도. 소련강제노동수용소? 에이, 말도 안 되지! 몇 줄(아니 한 줄!)이면 그곳이 '끔찍하다'고 말하기에 충분한데! 그 무엇도 우리의 지지를 뒤흔들지 못한다! 1968년 체코슬로바키아? 눈곱만큼의 암시도 없다! 이는 투사의 옹졸한 시각, 사건에 대한 무지, 교리와 정치 사이의 관계에 대한 사려의 부재를 대변한다. 두 번째 지적은 순수한 사회적 흐름을 온전히 반영한 것을 한순간 실현하지 못한 이 남자의 중독성 짙은 솔직함이다. 비평적 사고의 결여로 말미암아—그는 자신의 명철함을 모두 쏟아 붓는 교계제도에 대해서만 비평적이다. 물론 이 단계에 대한 통찰력이 있기 때문이다— 그는 사회적 순응주의를 완벽하게 보임으로서 바로 그가 우리 사회에서 사회주의가 드러내는 확실한 이데올로기적 탁월성을 지칭하는 정확한 예로 비춰진다. 그는 대놓고 기독교세계chrétienté의 모델을 비평하면서도 —이 기독교도가 죽었기 때문에 그러기 쉽다— 완전히 양심적으로 안이하게 여러 방면에서 확실히 기독교세계였던 것, 즉 "사회독"socialismité이라 부를 수 있는 것에 상응하는 것을 지지한다는 사실을 순간 깨닫지 못한다. 그의 이런 선택은 모두 환경, 행위의 우선, 신학적 토론에 대한 무관심 —그는 신학을 위해서 몇몇 마르크스적 속단을 취한다—, 빈곤한 자들의 이유에서 정치적 집착과 더불어 새로운 지상권에서 기독교적 신앙에 대한 혼동이나 대혁명과 좌파 승리 간의 동일성으로 규정된다. 우리는 놀라운 현 세계에 대한 순응주의로 인해 특별한 기독교적 양심의 소멸에 참여하여 공산주의가 되어버린 프랑스에서 신가톨릭주의Néo-Catholicisme가 무엇이 될지를 기막히게 알아차린다.

끝으로 교의 토론의 몇몇 양상도 고려해야 한다. 물론 신가톨릭주의는 초월적 존재의 기독교적 계시에 대한 토론이나 초월적 존재를 부득이하게 모두 배제시킨 마르크스적 유물론을 단호히 거부한다. 신가톨릭주의는 아무 이유도 없이 문제를 거부함으로써 지배적 흐름에 대한 지지를 또다시 표명한다. 나는 내 비평에서 사건의 역사적 오류를 덧붙이지 않으려 한다. 샤퓌는 그의 책『기독교인과 사회주의』(1976) 169-170쪽에서 중세와 현대에 있는 교회와 사회에 대해서 언급하는데, 이에 대한 오류는 상상을 초월할 정도로 어마어마하다. 실제로 열 가지 오류-일례로 성공회는 개혁파 교회 구현으로 모두 성공적이다!-를 들 수 있다. 그런데 내가 보기에 이는 박식함의 문제와는 별개의 것들이다. 역사의 흐름 속에서 사회 안에 교회로 존재하는 것에 대해 근본적으로 잘못된 시각을 지닌다면 잘못된 판단을 하게 되고 이로 말미암아 그릇된 입장을 취하게 된다. 그러나 부정확한 역사가 무고한 것은 아니다. 마르크스주의가 정확해야 역사도 그럴만하기 때문이다. 게다가 이 '역사적인' 장들이 이러한 문제들을 모두 '밝혀주는' 그람시의 글로 시작한다는 점은 주목해볼 만하다.

샤퓌의 책에는 현 세상을 위한 귀한 보물 몇 가지도 보인다. "사회적, 마르크스적, 혁명적 운동을 중단했기 때문에 히틀러나 무솔리니31)의 국가주의적 사회주의가 교회에 자유로운 영역을 더 많이 남겨주었다." 꿈속에서 헤매는 건지…. 히틀러 치하에서 자유로운 교회라고? 우리 작가님은 그의 논문에 피해를 주었을 가장 엄청난 사건들을 무시하고 있다. 마찬가지로 '옛' 기독교인들에게 어떤 정치적 선택도 불가능했을 법한 보편화도 무시한다. "선택에 대한 생각 자체가 그들에게는 거부되었다!" 이런 점에서 교회의 역사를 무시한다는 점은 놀랍지 않은가! 19세기에는 가톨릭 교계제도가 한 방향을 강요했다고 한다. 맞는 말이다. 하지만, 그는 매시기마다 스스로 '기독교인'들과 가톨릭 교계제도를 혼동하여 일반화시킨다. 페귀가Péguy, 32) 중세샤퓌의 책 183쪽를 향해 되돌아가는 복고주의자라는 점 또한 의아하다. 그는 페귀가 사회주의자였다는 사실을 모르는 듯하다.

---

31) 우리는 작가가 불필요한 뉘앙스를 근심하지 않는다는 것을 알고 있다. 국가 사회주의는 파시즘과 같으며 무솔리니즘 나치이다!

32) [역주]패기는 여러 이념을 개인의 독특한 신앙으로 발전시킨 프랑스의 시인이자 철학자이다. 그는 힘들게 어린 시절을 보낸 뒤 사회주의가 현대 사회의 빈곤과 결핍을 해결해 줄 것으로 확신했다. 이후 그리스도교와 사회주의, 애국주의가 결합한 자신만의 신앙을 갖게 되었고, 죽을 때까지 이러한 신앙심을 저버리지 않았다. 프랑스의 지성계

이제 문제의 핵심으로 되돌아오도록 하자. 책 속에 묘사된 부분에서 교회와 기독교인들에 대해, 그리고 '교리' 부분에서는 '신앙'에 대해 언급하고 있다. 일반적으로 신앙, 규정되지 않은 신앙 그 자체를 말하기 때문에 예수 그리스도, 성서적 계시, 이 모두는 잊힌 채 대신 '신념'만 남는다. 산을 옮기는 믿음, 예수 그리스도의 하나님 안에서 신앙에 약속된 기적을 여기에 행하는 이는 하나님도 예수 그리스도도 아니다. 오히려, 인간의 신념으로 "폭군을 무너뜨리는 혁명적 의지나 용기"와 완전히 일치할 수 있다.191쪽, 샤뛰의 책 저런! 여기에 이르다니! 예수 그리스도의 하나님에 대한 신뢰성을 제거하자 마침내 신앙은 신념과 같아져 가톨릭신자는 고민도 없이 마르크스주의자가 되어버린다. 내용도 적당히 배제되었다. 결국 신학은 과학에 그 자리를 내주고 만다. 하나님의 죽음으로 문제에서 벗어난다.샤뛰의 책 186쪽 또 신앙의 내용이 이데올로기라 선언하며 이를 제거한다.샤뛰의 책 188쪽 "그리스도가 하나님이라 믿는 것은 그가 인간의 구원을 위해 현현했다는 것이다." 이는 이데올로기며 "오늘날 우리가 비난하는" 하나의 이데올로기일 뿐이다. "구원받은 인간의 우월성에 대한 숭고한 인식과 역사의 함정에 빠진 인간의 비천한 행동 사이에 선택이 이루어진다. 구원과 역사 사이에서 우리는 역사를 선택한다." 이처럼 기독교는 마르크스적 사회주의와 유사한 내용과 차별화된 내용을 더는 갖고 있지 않기 때문에 확실히 샤뛰의 입장에서는 문제가 없는 듯하다. 그래서 **모든 것**, 진정으로 성서Ecriture가 예수 그리스도에 대해 우리에게 말한 모

를 떠들썩하게 했던 드레퓌스 사건이 터지자 드레퓌스의 무죄석방을 위한 운동에 직접 뛰어들기도 했다. 또한, 잡지 「카예 드 라 캥젠 *Chahiers de la Quinzaine*」을 발간해 프랑스 지성계에 큰 영향을 끼쳤다. 아나톨 프랑스, 앙리 베르그송, 장 조레스, 로맹 롤랑 등이 이 잡지에 기고했다. 대표적인 시로는 「잔 다르크의 희생의 전설 *Le Mystère de la charité de Jeanne d'Arc*」(1910), 「성스러운 순결의 신비 *Mystère des Saints Innocents*」(1912), 「이브 *Eve*」(1913) 등이 있다.

든 것이 분리된 사실이라는 점도 기독교를 불안하게 만들지 않는다. "오늘날 나는 기독교인가 아닌가? 나는 마르크스주의인가 아닌가? 이는 내 문제가 아니다. 종교적 혹은 정치적 신분의 필요성 밖에서는 이에 대한 대답이 그리 중요한 관심사가 아닐 것이다. 내가 보기에 기독교인이나 마르크스주의자의 용어들이 전달하는 여러 내적 모순은 이들이 서로 간에 맺는 관계보다 훨씬 중요하기 때문이다. 나는 여러 기독교인처럼, 여러 마르크스주의자처럼, 착취자와 피착취자, 지배의 현대적 방법과 지배에서 벗어나려는 인간의 노력 사이의 갈등처럼 더욱 중대한 갈등에 처해있지만, 이점에 대해 별로 불안하지 않다." 이제 이 걸작에 대해 끝을 맺어야겠다. 물론 표면화된 여러 갈등은 아주 중요하며 나도 이들을 결코 무시하고 싶지는 않다.33) 이 점에 대해 내가 샤퓌에게 퍼부으려던 비난은 이 사회의 진정한 갈등을 깨닫지 못했고 19세기 용어로 이 갈등들을 형식화하려 했다는 점이다. 하지만, 한번 보라. 만일 별 뜻 없이 죽었다고 선언한 하나님이 존재했다면?34) 만일 하나님이 뜻밖에 유일한 창조자였다면? 만일 뜻밖에 예수가 정말 온전히 하나님이었다면? 만일 뜻밖에 예수가 정말 인간의 구원자이고 역사의 주였다면? 만일 뜻밖에 하나님이 현현했다면? 저자가 내게 심한 반박을 퍼붓더라도 이는 내 알 바가 아니다. 별

---

33) 나는 구체적으로 많은 점에서 샤퓌에게 동의하지만, 이 비평에서는 훨씬 엄격하다. 그가 "정교분리 정책의 원칙"을 형식화할 때 1946년 『세상 속의 그리스도인』에서 거의 같은 용어로 집필했었다. 마찬가지로 그가 "역사적 정신"에 대해 언급할 때 이는 『소원과 행위 Le Vouloir et le Faire』에서의 내 입장이기도 하며 나는 노동자 자주관리가 선한 투쟁 방향이라고 생각한다. 하지만, 이 모두는 실제로 계시의 내용 포기, 예수 그리스도의 진실을 사회적 진실로 대체하기, 이념의 새로운 거장들의 손에 있는 기독교인 포로의 상태에 대한 판단이라는 공산주의적 사회주의 안으로의 참여와 함께하는 방식으로 형식화된다.

34) "민중만이 창조자이지만 민중에게서 비롯된 창조물은 없다." 따라서 사람들은 귀한 진주 찾는 일을 멈추지 않을 것이다.

로 관심도 없다. 슬프지만 너의 문제는 끝없이, 잘 준비된, 아주 환한 오솔길에서 착한 새끼 토끼처럼 뛰어다니며 다른 모든 새끼 토끼들과 어울려 행동에 대한 환상을 제공해주는 바를 점점 더 빨리 실행한다는 점이다. 그러나 아주 잘 준비된 오솔길의 끝에는 어김없이 올가미가 있고 커다란 귀가 올가미에 걸려 빠져나올 수 없을 때에서야 비로소 자신의 실수를 깨닫게 되지 않는가!

이제 나는 세 가지 충고로 간단히 끝을 맺고자 한다. 기독교인들은 모두 공산주의가 되지 않는 이유가 있다. 그들은 공산주의가 되려는 이유가 거의 없다. 하지만, 우리는 주체하지 못할 만큼 유혹이 일어남을 본다. 그래서 우리는 가장 설명하기 힘들고, 가장 감명 깊은 사회적 현상 중 하나에 참여하게 된다. 이는 주어진 사회 그룹과는 완전히 상반된 사회-정치적 움직임이 결국 매력의 힘을 얻어 전 세계가 여기에 모여들고 이 움직임에 가장 냉담해야 하며 그 그룹 때문에 비난을 받아야 하는 그룹들이 먼저 이 움직임에 동참하는 방식이다. 프랑스 기독교인들은 현재 이런 종류의 사회적 강박관념, 최면상태 유형, 강력한 전염의 탁월한 증인들이다. 어떤 이유나 심사숙고나 경험으로도 이런 유혹을 거부할 수 없다. 마치 불빛에 이끌려 벗어나지 못하는 나비와 같다. 나는 "아르투로 우이의 저지 가능한 상승"35)을 생각지 않을 수 없었다. 물론 멀리, 외부에서, 나중에 보면 상승 가능성에 대한 저지가 어떤 점에서 예측 불가능하며 억누를 수 없는지 깨닫게 되지만, 1932년 독일 사회에서는 이런 상승이 억제

---

35) [역주] 1941년 브레히트의 작품으로 합법성이란 미명하에 권력을 쥐게 된 아돌프 히틀러의 상승 과정을 미국의 갱 세계를 통해 상징적으로 극화하고 있다. 많은 실존 갱들에 대한 연구, 갱 영화를 분석해서 브레히트는 실제 모델을 가지고 우화적으로 히틀러의 역사를 그렸다. 이 드라마의 명제는 정치와 경제가 유착하는 시민 자본주의의 경제 시스템이 공공연하게 국수주의로 변하는 경향을 띠기 때문에 파시즘을 낳을 수 있다는 것이다.

되지 않았을 뿐 아니라 그곳에서는 반대로 적용될 이유나 경험도 없었다. 그래서 기독교인 대다수가 찬성 쪽으로 완전히 기울었다. 이를 인정하는 고백교회는 극소수였다. 현재 우리도 확실히 저항할 수 없는 비슷한 유착에 적극적으로 참여하고 있는데 이는 저항할 수 없는 운동 자체 때문이 아니다. 내가 말하려는 바는 문제가 된 움직임이 은밀하지만, 만일 승리하면, 일부러 그럴 뜻은 없더라도, 확실히 전체화되리라는 것을 생각도록 나를 인도할 이 방식에 매료된 기독교인들이 보인다는 사실 그 자체이다.

다른 두 가지 내 충고들은 기독교인과 연관되며 기독교 역사의 변함없는 두 실재에 대한 지워지지 않는 회상이다. 첫째는 기독교인들은 매번 '지배적'이든 그렇지 않든 간에 사회적, 정치적 흐름에 동조했으며, 심지어 초기에는 이 흐름, 이런 교리 등, 나아가 계시의 이런저런 양상 간에 자연스러운 일치가 있었을 때조차도 기독교적인 삶과 신앙의 타락과 온갖 위조, 온갖 질적 저하에 매번 동조했다는 점이다. 이는 단지 기독교의 희귀한 '순수성'에 대한 문제만이 아니라 다른 무엇과도 같지 않고, 무엇으로도 대체할 수 없는 하나님으로부터 받는 기독교인들의 특별한 헌신의 문제이다. 만일 기독교인들이 이런 헌신을 채우지 못하면 솔직히 아무런 쓸모가 없으며 기독교도 아무런 의미가 없다. 둘째로 (원칙적으로 지배적인!) 이데올로기 전체에 대한 모든 계시 표현의 철저한 비평적 역할이다. 비평도, 비평해야 할 이데올로기도 더는 착각해서는 안 된다. 그래서 어느 정도는 명석함이 필요한데 내가 보기에 의심쩍은 투쟁에 참여한 지원병들에게는 유난히 이런 명석함이 부족해 보인다.

*　　*　　*

주의–나는 여기서 한 가지 추억을 떠올리고 싶다. 아주 오래전에 나는 기독교와 공산주의 사이에 있는 심오한 모순을 보여주고자 사설을 쓴 적이 있는데, 남부지방의 훌륭하고 독실한 개신교도 한 분이 내가 완전히 착각을 하고 있다는 내용을 담은 장문의 편지를 보냈다. 공산주의적 윤리와 기독교적 윤리 사이에는 독특한 일치가 있었다. 기독교의 살아있고, 구체화한 표현 자체로 되어 있는 전술과 전략을 포함한 공산주의적 윤리. 증거? 그는 내게 리우샤오치Liu Chao Chi, 36)의 『어떻게 좋은 공산주의자가 될 수 있는가』라는 기본서를 읽어보라고 권했다. 불행하게도 그는 문화 혁명이 일어나기 몇 달 전인 1966년 초반에 내게 이 편지를 썼는데, 그 시기에 리우는 모든 오류의 집대성인 그의 책으로 말미암아 제1의 인민의 적이 되었다.

---

36) [역주] 1940년대 말 모스크바에서 국가주석의 지위에 있으면서도 홍위병으로부터 린치를 당했던 불우한 정치인이다. 1967년 7월에는 완전히 실각했고, 중 남해에 연금되어 있다가 병중에 개봉으로 이송되어, 다음 날 71세로 사망하였다. 1960년대 초반 3년간 리우샤오치는 파탄상태에 있는 경제를 회복시키기 위하여 경제적 자유를 일부 허용하였으며, 이를 지도하기 위한 공산당의 관료체제를 강화하였다. 그런데 이러한 공산당 지도부의 조치에 대하여 마오쩌둥이 적극 반대의사를 표시한다. 이는 3년 뒤 일대 동란을 예고하는데, 이것이 바로 문화대혁명이다.

2. 추가문

1) 초기 마르크스주의적 기독교인의 교류

1930년경, 기독교인인 동시에, 분명 마르크스주의자는 아니나, 공산주의자라기에는 미흡한 사회주의자가 될 수 있는지를 타진해보려고 필립과 씨름했던 때가 얼마나 오래전 일인가! 우리는 행위와 사상 쪽으로 돌아서고 또 돌아섰다. 하나님의 정의, 그렇다 그에 따르는 사회적 정의. 그런데 무엇이 이런 사회적 정의를 좀 더 보장해줄까? 어떻게 자유에 무관심할 수 있을까? 사회주의가 자유를 보장해줄까? 이 시기 생산라인을 통해 나타난 미국의 자유, 보편적인 기계화, 흑인에 대한 불의도 우리를 현혹하지는 못했다. 과연 이런 정치적 문제에 열중하는 것이 타당한가? 카잘리스Casalis, **37)**가 바르트는 언제나 사회주의자였고 그의 이론이 초기부터 역행하는 정치적 이론을 취했다는 점을 독자적으로 발견했다고 주장했음에도 불구하고 바르트적 흐름은 몇몇 예외를 빼고는 –우선 루즈몽과 소수의 몇몇 아류들– 세상일들에 별로 관심이 없었다. 모든 것이 은혜이고, 모든 것에 은혜로 충분하며, 정치적 문제들은 당연히 관심 밖임을 이해하려고 내가 얼마나 많은 교훈에 심취했던가! 내가 받은 교훈들은 1945년

---

37) [역주] 조르주 카잘리스는 빈곤한 자들을 위해 헌신한 개신교 목사이며 신학자이다.

이후나 요즘이나 별반 차이 없이 정치, 주로 마르크스의 우월성을 선포한다. 난 요즘도 여전히 교훈을 주기는 하지만 전적으로 참여하지 않음을 보여주고 있지 않은가! 1930년에는 어쨌든 이 둘을 동시에 행하려고 자신을 스스로 괴롭혔던 이들은 불편해하면서도 쉽사리 타협하지는 않았다.

그러다 1938년 느닷없이 돌발사건이 발생한다. 다름 아닌 히틀러주의인데 정치에 대해 무지한 기독교인들을 사회주의 쪽으로 내몰았던 사건이다. 프랑스 개신교도들은 체코슬로바키아로 말미암아 정치 현상의 중요성을 발견하기에 이른다. 권력을 지닌 히틀러의 즉위. 라인 랜드의 점령, 재군비, 유대인 학대. 하지만, 이 모두는 개신교 지성인뿐 아니라 소수이지만 오늘날 이 문제가 중요하다고 말하는 신학자들을 여러모로 훈련시키지는 못했다. 그래도 그 충격 덕분에 뮌헨과 체코슬로바키아는 각성하기에 이르렀다. 정치적 문제를 완전히 무시하던 개신교도들은 상대적으로 5년이란 세월이 뒤처지기는 했으나 스스로 뮌헨 조약 반대자임을 당당히 선언했다. 엄청난 동요가 일어났고 충격적인 위기도 찾아왔다. 기독교인들은 그들이 믿었던 현실 속에서 벌어진 세상을 바라보며 자신들이 손 쓸 수조차 없는 비극을 경험했다. 하지만, 기독교인들에게 정치란 단순하고, 분명한 사상들이 있고, 현상으로 인해 제기된 문제들을 전혀 알지 못해도 그만큼 결정적이라 별로 거부감 없이 정치에 참여해 판단을 내릴 수 있는 것처럼 보였다. 그래서 이런 기독교인들은 히틀러에 대항하는 전쟁에 열정적으로 참여했다. 물론 "너희 원수를 사랑하라"든지 비폭력이나 평화주의처럼 그들에게 약간 거슬리는 부분도 있었다.

결국, 우리에게는 늘 해명이 필요했다. 문제는 이 모두가 사랑으로 집약되었다는 점이다. 말하자면 독일인들을 너무 사랑해서 독일인들을 죽이러 간다는 걸 뜻했다. 증오 없는 전쟁. 이것이 바로 해결책이었다. 나는 절대 과장하지 않는다고 자신한다. 더구나 오늘날 우리는 철저히 계급투쟁과 연관된 선언과 마주한다. 흥미롭게도 이 선언은 사랑과 상반되지 않는다. 오히려 그 반대를 보게 될 것이다. 물론 비열한 주인들은 제거되어야 하지만 전심으로 그들을 사랑해야 한다. 극단적으로 비열한 주인들이 착취했던 사람들을 위해서 그리고 필요해서 그들을 죽인다고 쉽게 변명할 수도 있다. 교회는 오래전부터 이러한 연관성을 알아차렸다. 그래서 자신들의 더 위대한 선, 즉 구원을 위해 이교도들을 불태웠다. 현재 계급투쟁에 대한 기독교 지지자들은 이를 모른 채 전통을 꿋꿋이 이어나가고 있다. 결국, 우리는 선한 정치적 양심과 반쪽짜리 선한 기독교적 양심을 지닌 채 출발했다.

뒤이어 1941년부터 레지스탕스가 큰 전환점을 이룬다. 경험은 배가되었다. 무엇보다 히틀러주의가 분명 악이었으므로 소련연방이 나치에 대항해 용감히 투쟁하자 소련연방은 선을 대변하게 되었다. 그리고는 이런 기본적인 판단, 내가 기본적이고 결정적이라고 주장하는 사고력이 결핍된 입장 확립이 등장한다. 그래서 이때부터 '원초적' 혹은 '본능적'인 반공산주의를 뛰어넘어야만 했던 것은 기독교 지성계나 사역자 측에 있는 선언이다. 그들은 1950년에도 원초적, 본능적인 자들은 마르크스 사상과 스탈린-레닌 전략에 대해 전혀 알지 못했다는 점을 짐작조차 하지 못했다. 그래서 한 발 나아가 레지스탕스 안에서 공산주의자들과 동조하는 조합을, 나아가 동지애까지 나누었다. 사람들은 10년 앞선 호칭을 부르느라 거북해 했지만 공산주의자들이 진지하고, 충실하고, 헌신적이며, 성실하고, 인간적인, 그리고 영웅적 동지라는 점을 깨달았다. 편견이 얼마나 와르르 무너졌는가! 이들은 광신적 신봉자나 학대자도 아니었다. 우리 선한 기독교인들은 "하늘을 믿든 안 믿든" 옳은 정치적 결정에 큰 변화가 없자

결국 그들과 손을 잡았다. 하지만, 기독교인들에게 이런 결정을 내리게
해준 것은 기독교가 아니었다. 바로 정치적 행동의 전문가인 공산주의자
들이었다.

결국, 인간적인 선한 동맹의 여세를 정치적 교훈의 개시로 몰아갔다.
하지만, 내가 역점을 두는 점은 순수한 기독교인들과도 연관이 있다는 사
실이다. 온정과 인간적 신뢰성, 여러 가치의 선언에 매우 민감한 동시에
구조들, 당의 존엄성, 숨겨진 교리주의에 완전히 무지한 기독교인들 말이
다. 또한, 영웅주의와 효율성에 매혹된, 정치적 시도를 비평하기는 하지
만, 완전히 무방비상태인 기독교인들과도 연관된다. 이는 1945년에 분명
한 현상으로써 이런 기독교인들의 눈에는 기독교와 공산주의가 대립할
이유가 전혀 없었다. "기독교와 마르크스주의"에 대해 이야기하는 일은
레지스탕스 사건 이후로는 별로 심각한 내용이 없는 무의미한 토론으로
비춰졌다. 이와 같은 오해 위에서 시작이 이루어졌다.

2) '하나님의 죽음' 과 마르크스주의

우리가 이미 이야기했듯이, 반증 되기 전까지는 유물론자가 아닌, 하
나님의 존재를 확신하는 기독교와 더불어 유물론적, 반유신론자적 철학
의 문제를 제기할 때가 더는 아니다. 적어도 한 세기 전에 제기했듯이 그
리고 몇몇 가톨릭 권위에서 여전히 제기했듯이, 가능성의 문제를 제기할
시기도 아니다. 하지만, 이점에 관한 변화는 매우 흥미롭다. 이런 얼토당
토않은 문제제기는 20년 전 미래의 마르크스주의적 기독교인들의 저변에
서부터 싹트기 시작했다. "뭐라고요? 여러분은 아직도 철학적 증거를 찾

는다고요? 하지만, 보십시오. 그곳에 토론은 더 이상 없습니다! 완전히 시대에 뒤처진 대립의 문제도 없습니다. 우선 마르크스의 반유신론은 그 교리에 기본이 아닙니다. 경제적이며 인간적인 측면을 고려해야만 합니다. 더구나 유물론은 막연한 문제입니다. 사실 18세기나 19세기에는 유심론-유물론의 갈등 때문에 서로 다툴 뻔하지 않았습니까! 하지만, 그것은 공격당한 마르크스의 유물론-기계론, 물질의 생리학적 우월성-에 대한 단순한 방식이었습니다. 게다가 이것은 마르크스가 한 얘기도 아니지 않습니까! 변증법적, 사회적인 '그의' 유물론은 별것도 아닙니다. 더구나 이 유물론이 다른 무엇이 아닌 헤겔적 관념론에 대항해 나아갔다는 사실을 상기해야만 합니다. 유물론에 대한 토론 자체를 놓칠 수 있으니까요. 이 토론은 시대에 뒤처집니다. 우리는 자유와 정의를 위한 공동 행위, 즉 유물론적 혹은 유심론적 기준이 철저히 무시됨을 전제로 하는 공동 행위 안에서 다른 입장을 취합니다." 담화는 이와 같았다.

그런데 상황이 확 바뀌어 버렸다. 먼저 하나님의 죽음에 대한 이론들이 등장했다. 이를 지어낸 자들은 다름 아닌 기독교인들이다. 하나님은 죽었다, 정말 죽었다. 정신분석으로 치료해야 할 '아버지', 이 임시변통거리, 신비한 인물, 이 가소로운 '초월자'와 함께 더 해야 할 일이 전혀 없다. 그러자 당연히 모든 것이 성스러운 역사Histoire이며 모두가 신앙의 경험, 성서 텍스트, 계시라 일컬어지는 언어가 내포된 문화적 상황과 연관되어 있음이 드러났다. 나아가 이는 성서 안에, 구약 속에, 인간에 대해 철저히 유물론적 개념이 있다는 깨달음과 어깨를 나란히 했다. 모든 것은 이 땅에서 일어나며 저 세상은 없다는 것이다. 죽음이 최후이고 인간은 본래 육체에 불과하다. 그래서 '육체의 신학'에 몰두했다. 물론 정신(혹은 인식)은 육체와 연관되어 차후에 등장한다. 이중적 변화, 완전히 순수했다가 갑자기 빛줄기가 비쳐 두 극단 사이로 광채가 빛나기 시작했다. 그러니 어떻겠는가? 만일 기독교인들이 무신론자이고, 물질이 우선시된다면 마르크스가 옳은 게 아닌가! 무신론은 기독교 진리의 한 조건이다. 예수가 우리에게 진정한 무신론을 가르쳐주러 왔다면 그 누가 물질의 기원이 될 수 있는 어떤 지배적 정신이 있었다고 믿겠는가? 따라서 마르크스 철학에 대한 지지는 더는 어떤 어려움도 드러내지 않게 된다. 결국에는 놀랄만한 일치로 치닫는다.

이처럼 근원적인 철학적 모순이 있었음에도 초기에 우리는 이 문제에 전혀 관심 두지 말라는 말을 귀에 못이 박이도록 들었다. 두 번째 시기에는 신학적 점검이 실행되었다. 나는 순수하게, 즉 확고하고 마르크스주의와 결합하려는 마키아벨리적인권모술수를 쓰는 의도 없이 믿고 싶다. 하지만, 이는 역으로 정신의 빛이 아닌 사물의 힘에 의해서라는 것을 의미하지 않는가! 일치주의 철학으로 나아가던 문제가 돌연 또다시 매우 중요한, 더욱 중대한 핵심 문제로 변하자, 우리는 마르크스에 대한 연구에 심취하게 된다. 그 결과 마르크스 철학파의 입장에 서게 된다. 마르크스적 무신론이 기독교적 무신론과 완전히 결합하고 성서에 따른 마르크스의 유물론은 기독교에서 완벽한 표현을 발견한다. 20세기 반계몽주의로 말미암아 혼미해진 기독교적 계시의 진실성을 마르크스 덕분에 재발견함으로써 신의 축복을 받은 일치는 우리를 서로서로 온전히 선한 양심에 서 있게 만들어준다. 결과적으로 마르크스의 무신론적이고 유물론적인 위치가 근본적으로 중요해진다.

그런데 그 후 우리는 여러 다른 일치들을 깨달았다. 그래서 마르크스와 기독교의 기본적 유사성에 대한 주제에 관심을 두게 된다. 푈트랭 Geoltrain, (『종교개혁』, 1978년), 38)은 케제만Késemann, 39)이 "어느 정도 기본적인 성서적 직관에 의해 마르크스주의와 기독교 간의 근본적인 유사성"을 밝혀주었음을 상기시킨다. 마르크스주의가 종교에서 분리된 기독교였다고 말할 수 있었던 시기는 요즈음이 아니다. 이는 20세기 초반부터이다. 사실 마르크스에게서는 이미 알려진 시나리오 자체에 대한 (무의식적) 재연이 엿보인다. 에덴, 타락, 죄인, 구세주, 구원, 그리스도의 재림 등, 적어도 이것이 기본적으로 마르크스주의의 종교적 특성을 설명해주려는 바라면 엄밀히 말해 이 모두는 아무 의미가 없다. 이것은 전혀 의미가 없다. 왜냐하면, 마르크스에게는 이 시나리오로 할 만한 일이 하나도 없고 순전히 마르크스의 공헌만이 중요하기 때문이다.

특히 구원은 지극히 연약함 속에서, 하나님의 의도로 받아들여진 자발적인 희생 속에 뛰어든다고 이루어지는 것이 아니라 강한 정복, 폭력적 행위, 결코 사랑 안에서가 아닌 증오 하며 죽여야 하는 적에 대한 물리적 승리와 권력의 부합으로 이루어진다는 사실이다. 그저 빈곤한 자들과의 연합만을 강조하며 이를 두리 뭉실 무마하려 들지 않는다. 마르크스주의 변증법은 억압당하는 자들이 압제자가 되어야 한다는 것이다. 정치적 참여로 기독교인들이 항상 행해왔던 일, 다시 말해 금방 복종하고 뒤이은 상황과 미래에 눈을 질끈 감아버리는 일로는 충분하지 않다. 전 세계 공산주의나 빈곤하다고 착각한 자들의 원인에 즉시 동조한다면 우리는 곧바로 행동하도록 권유를 받는다.

---

38) [역주] 역사학자이며 사상과 초기 기독교의 역사 전문가이다. 프랑스 고등연구원의 종교학 분과에서 기독교 근원 설교의 창시자이다. 다양한 역사서를 집필하기도 했다.
39) [역주] 루터교 신학자이자 신약학 교수로 마인쯔(1946~1951), 괴팅겐(1951~1959), 튀빙겐(1959~1971) 대학에서 가르쳤다.

3) 섬김의 신학, 빈곤의 신학, 수평적 신학

마르크스적 기독교인들을 이끄는 신학적 과정은 복합적이다. 우리가 좀 전에 언급한 철학에서 그 역할을 담당했던 하나님의 죽음에 대한 신학은 여기에서 제외하도록 하자. 일반적으로 오늘날 이 신학은 끝을 맺고, 완성되어, 시대에 뒤처진 것으로 여겨진다는 사실에만 집중하도록 하자. 여기에서 근본적인 사항은 이 신학이 사회적 역할을 다한 뒤 제거된다는 점을 깨달아야 한다는 것이다. 우선 계시에 대한 새로운 해석, 근본적인 신학적 발견, 신학적 사상 전체에 대한 혁신처럼, 제시된 신학은 마르크스의 무신론을 받아들이기 위한 윤활유로만 사용되고서 연기처럼 날아가 버렸다.

하지만, 우리는 개방된 다른 여러 갈래의 길들을 접하게 되었다. 이는 섬김의 신학과 빈곤한 자들에 대한 신학이다. 한편으로 기독교 전체가 섬김으로 집약되고 요약된다는 주장도 나온다. 이제껏 말만 너무 많이 앞섰다. 이제 행동할 필요가 있었다. 행위로 나아가려면 말씀으로 된 사랑에서 빠져나와야 했다. 주여, 주여 말만 하는 자들이 아니다. 모든 것이 섬김이라는 것을 떠올려야 했다. 봉사디아코니아는 레이투르기아[40]와 같은 섬김이다. 이웃에 대한 섬김. 이웃을 섬겼을 때 하나님을 섬겼다는 것이다. 형제를 사랑하지 않는 자는 하나님을 사랑하지 않는다. 이처럼 우리는 항상 중요한 확신에서 출발해 근본적인 주장을 통해 상황을 떠올린다. 즉, 작품은 신앙의 열매이며 그 누구도 삶 속에서 예수를 나타내지 않으면 죄를 자백하지도 않고 예수 그리스도를 사랑할 수도 없다는 것이다.

하지만, 이는 진정한 섬김의 신학이 아니라 총체적 이론 안에 있는 섬

---

40) [역주] 고대 그리스에서 아테네의 부유시민(富裕市民)이 부담하던 공공봉사의무.

김의 상황이었다. 또 언제나 그러하듯이 일탈이 일어나 악한 방향으로 전환이 진행되었다. 결과적으로 섬김 자체에만 만족하며 모든 걸 설명하려고 했다. 물론 사랑은 여러분이 행하는 섬김 안에서 전적으로 드러난다. 말씀은 헛되며 무용하다. 말씀은 모든 오해와 온갖 혼동의 소지를 지닌다. 그래서 예수 그리스도에 대해 말하는 것은 아무 의미가 없으며 그의 이름을 부르는 것은 이상한 짓에 불과하다. 이보다 더 심각한 일도 있다. 여러분이 예수 그리스도의 이름으로 섬기기로 선언한다면 이는 다른 사람을 개종시키려는 끔찍한 의도가 있음을 의미한다. 따라서 사심 없이 순수하게 섬겨야 하며, 혹시 여러분이 개종시키려 한다면 이는 광적인 포교일 수 있다. 질병을 핑계로 '선한 수녀회' 오랫동안 해왔던 일이다. 실제로 여러분은 이웃을 사랑하지도 않으면서 이웃을 그저 끌어들이려 한다. 그러니까 어떤 혼동도 불러일으키지 않으려면 예수 그리스도에 대해 아무 언급도 하지 않는 것이 가장 좋다. 그래서 이웃에게 영향도 미치지 않고, 이웃을 있는 그대로의 모습으로 받아들이고, 그가 '기독교인'이 되지 않아도 상관없어야 한다. 역으로 이웃 자체의 관점으로 들어가야만 하고 우리는 우리가 있는 곳으로 이웃을 끌어들이는 대신 이웃이 있는 곳에 우리가 있어야 한다. 그리고 누구든 섬김이 필요한 자를 따라나서야 한다. 그렇게 '자신을 내놓을 각오로' 이웃을 사랑해야 한다. 섬김이 전부가 되어야 하며 섬김만으로 충분하다. 이것이 이 신학의 극단적 요점이었다.

이 신학은 빈곤한 자에 대한 신학과 연결되자 배가되기 시작했다. 출발점이 무엇인지는 떠올릴 필요도 없다. 예수가 빈곤 가운데로 왔고 빈곤한 자들과 함께 그들을 위해 살았으며 예수의 하나님은 번개를 일으키는 주피터가 아니라 인간과 종을 만들었던 겸허한 하나님이라는 재발견은 놀랍고 근본적인 진실이다. 나아가 '빈곤한 자들의 탁월한 존엄성'을 재발견하도록 해주었다. 하지만, 또다시 아주 빠르게 일탈이 일어나 항상 그렇듯이 잘못된 방향으로 전환은 이루어졌다. 특히 한동안 1960년에서 1970년 사이에 모든 신학의 핵심적인 텍스트가 되었던 마태복음 25장 31절 이하의 유명한 경고를 극단적으로 과장함으로써 이러한 기본적인 진실은 타락한 객설로 바뀌었다. 그때부터 복음은 모두 한 텍스트로 요약되었다. 예수에게 표내지 않고 빈곤한 자들의 빈곤이 요구하는 섬김을 그들에게 베푸는 일은 하나님의 섬김 전체를 완성하는 것이다. 그래서 이 비유로부터 빈곤은 예수 자신과 동일시된다.

그러자 방황은 곧 더욱 심각해진다. 엄청나게 놀라운 방식으로 말미암아 이런 신학에서는 빈곤절대에 이른!은 진정한 사제가 된다. 빈곤이 중재자이며 조정자이다. 빈곤을 통해서만 우리는 예수와 하나님을 만나며 우리가 성스러워지는 것은 빈곤의 섬김에 의해서이다. 빈곤은 진정 성스러운 희생자이며 나아가 이 빈곤이 이렇게 작용함으로써 역사 속에서 하나님의 뜻을 즉시 성취한다. 영원성이 시간을 만나는 사제의 역할과 정확히 맞아떨어진다. 아시시의 프랑수아 신부가 사제에 대해 했던 말을 우리는 그대로 빈곤한 자들에 대한 선언으로 여긴다. "나는 그들에게서 하나님의 아들을 느끼고 그들이 나의 주인이기 때문에 그들의 죄에 주의를 기울이고 싶지 않다." 그래서 현재 빈곤에 대한 신학은 새 성직자에 대한 신학이다.

이렇게 하여 하나님의 죽음에 대한 신학, 섬김에 대한 신학, 변형과 과장 안에 있는 빈곤에 대한 신학으로의 집중은 우리가 수평적 신학이라 일컫는 것을 만들어낸다. 하늘에서 응답자를 찾는 일은 헛된 일이며 모든 것은 땅에 있다. 사도행전의 초반에 천사들이 말했듯이 눈을 들어 하늘을 향하는 짓은 소용없다. 터무니없는 권력을 믿는 일도 헛수고이다. "그들

은 하나님이 **인간들에게** 이런 일을 할 능력을 주었기 때문에 하나님을 찬
양했다." 인간의 범위를 벗어난 여타의 범위는 없다. 신앙은 인간 안에 있
는 신앙이다. 하나님에 대한 유일한 의식은 인간의 의식이며 하나님의 유
일한 섬김은 인간에 대한 섬김이다. 부활은 폭동을 통해 예수의 메시지가
이어지는 것이다. 최소한의 초월성을 생각하는 일도 소용없을 뿐더러 성
부 그리고 성자와 함께하는 십자가의 상징성에 대한 문제도 더는 관심 없
다. 두 가지 계명도 슬며시 넘어간다. 모든 것에 두 번째 명령만으로 충분
하다. 포이에르바흐Feuerbach, 41) 철학의 신기한 재출현. 더 이상한 것은
사실 포이에르바흐가 그들보다 1세기 반전에 얘기했던 것을 이런 수평적
신학의 창시자들이 반복하는 것에 불과하다는 생각조차 못한다는 점이
다. 그래서 그들은 포이에르바흐처럼 하나님을 인본주의로 대처하려고
마르크스가 기독교에서 그리스도를 비난했듯이 그리스도에 대한, 아버지
에 대한 신앙에서 벗어남으로써 마르크스처럼 기독교를 경험하려 했다.

　우리는 이러한 신학들의 초기 세 가지 양상으로 말미암아 방향전환의
연이은 희생자가 되어 진리에 대한 발견에서 시작했다는 변명만 매번 늘
어놓았다. 그러나 이번에는 우회 지점을 찾는 일이 쉽지 않았다. 초기부
터 우리는 기초 없는 아니 감성적 성격이나 극도로 인본적인 사상의 신학
속에 머물게 된다. 수평적 신학을 변형시키는 세 가지 오류들이 (언술이
아닌!) 같은 원칙으로 귀착된다는 사실을 확인하는 일은 매우 흥미롭다.
'원칙' 은 자체로 충분하다. 섬김도 그 자체로 충분하다. 섬김은 품위나 예
수에 대한 섬김의 가치를 **받아들이는** 일이 필요치 않다. 예수, 역사적 예
수만으로도 충분하다. 아버지나 하나님의 진리를 받아들이는 일은 필요

---

41) [역주] 독일의 철학자. 헤겔의 사상을 바로 잡았으며 그의 종교 분석과 그 분석에 기
　　초한 유물론적 철학은 1840년대 헤겔 좌파에 막대한 영향을 미쳤다.

치 않다. "그 자체로 충분하다!" 이는 완전한 이단이다. 빈곤일지라도 자신이 충분하다는 것은 선언이며 사랑과 상대적이기 때문이다. 예수에 대한 부정이다.

우리가 빈곤한 자들에 대해 이야기를 할지라도! 빈곤은 하나님의 사랑에 의해서만 진실하며 그 자체에 의해서는 절대로 진실하지 않다는 것을 기억해야만 한다. 세 가지에서 비롯된 수평적 신학은 닫힌 원을 만들어냄으로써 인간을 벗어날 수 없는 체제 속에 가두어 버린다. 인간은 자신과만 대면할 뿐 더는 다른 것을 갖지 못한다. 인간은 땅 위에 오로지 혼자이다. 신성은 인간에게 있고 인간이 신성 자체이다. 산 너머 저편에서는 아무런 도움도 오지 않을 것이다. 인간은 신들의 문을 걸어 잠갔다. 그는 바벨탑 안에 교리적으로 갇혔다. 그런데 이런 수평적 신학을 지지하는 자 중 한 명이 신기하게도 바벨의 명예를 회복시킨다. 말하자면 이 신학은 '도시' 42)라는 표현으로 성서에서 우리에게 자세히 묘사된 하나님의 추방 의도를 단지 정확히 되풀이한다는 뜻이다.

하지만, '나약한 인간'이 단지 신학적으로 "자신으로 충분하다fara da se"고 외쳤기 때문에 인간 안에서 소망을, 역사 속에서 출구를 되찾도록 해주어야 한다. 또 내세를 원하지 않기 때문에 이 신학들은 결코 성서적 소망이 아닌 소망의 역사적, 지상적 철학을 기꺼이 붙잡는다. 비록 하나님의 말씀은 슬렁슬렁 들으려 하지도 않으면서 블로흐Bloche, 43)나 그의 약속은 즐거이 경청한다. 만일 부활의 종말론적 소망이 어디에도 없고 인

---

42) 이 주제에 대해서는 도시 신학에 대한 나의 연구인 『머리둘 곳 없던 예수-대도시의 성서적 의미』Sans feu ni lieu를 참조하기 바란다.

43) [역주] 독일의 철학자. 하이델베르크대학교에서 막스 베버에게 배우고 야스퍼스 · 루카치와 사귀었다. 1918년 망명 중인 스위스에서 『유토피아의 정신』을 간행하였다. 1938년 미국으로 이주하였으며, 모스크바로 망명한 루카치와 '표현주의 논쟁'을 전개하였다.

간이 스스로 모든 것을 해야 한다면, 역사 속으로 스며든 이 역사 안에서 방향과 출구를 찾아야만 한다. 당연히 이는 인간 스스로에 의한 자유와 혁명이 될 것이다.

따라서 영적인 명상을 말장난으로 대신하고 부활은 저항이 되며 어원적인 저항은 역사적 저항, 즉 혁명이 된다. 혁명은 첫 걸음, 출입구, 자유의 서론이 된다. 그 결과 해방 신학으로 나아간다. 우리는 얼마나 신학적 논쟁에 형식적인 토대를 두고 있는가! 만일 하나님이 해방자이고 복음이 자유의 해방자라면. 하지만, 하나님은 인간의 손을 통해서만 역사에 개입하신다. 따라서 자신을 스스로 해방시켜야 할 자는 바로 인간들이다. 그러니 더 고민해 보았자 헛수고이므로 우리는 인간으로 구성된 정치적 행위의 드넓은 바다 위를 항해한다.

해방은 인간의 일이다. 다시 말해 억압당한 모든 인간, 신자이든 아니든 상관없다. 억압당한 자라는 사실만으로 충분하다. 해방의 길은 정치이다. 이는 정치적이 아닌 노예 신분으로 떨어지도록 방치되었기 때문이다. 이상한 작용이기는 해도 기본적으로 설명은 가능하다. 이 땅에는 인간만이 유일하기 때문에 미래를 세우는 것도 바로 인간이다. 만일 우연히, 불행하게도 비극적으로 인간이 악하고, 약하고, 무능력하고, 부패했다면? 만일 우연히, 불행하게도, 비극적으로 성서에서 기본적으로 이야기하듯 인간이 죄인이라면? 그건 상상할 수조차 없는 일이다! 이는 곧 자살로 연결될지도 모른다. 이때부터 심리학자의 도움을 받아 거리낌 없이 순전히 죄에 대한 이러한 '생각'의 전설적이고 환상적인 기원이 무엇인지를 설명한다. 인간은 타락하지도 않았고 죄인도 아니다. 인간은 기본적으로 선하다. 우리를 반대로 믿게 하는 것은 바로 성서 텍스트의 타락한 독서이다. 인간은 그저 인간성을 잃고, 경제적·정치적 구조로 말미암아 스스로 권리를 박탈당할 뿐이다. 인간이 자신의 모습을 되찾으려면 소외로부터 해방되는 것만으로도 충분하다.

결국, 이러한 자기상실은 이처럼 선하지 않은 다른 인간들 때문에 비롯된다는 사실로 진지하게 접어든다. 빨리 잊도록 하자…. 그러므로 해방은 오로지 인간과 같은 수준의 정치적 사건이 된다. 어쨌든 우리는 내적인 방향전환이 타락한 교육의 정신적 충격의 결과이거나 비인간적 삶의 조건으로 말미암은 결과라는 인식에서부터 시작한다. 정치적으로 인간을 해방하라. 그러면 인간은 선하게 될 것이다. 따라서 유일한 일은 하나님과 상징적으로 연관됨이 아니라 이 한계만을 지닌 해방을 어쨌든 정치적 해방 안에서 설명하는 것이다.

역으로 정치적 해방 없이는 어떤 해방도 없다. 신앙, 소망, 하나님의 왕국, 기도, 이 모두는 지배받는 자들이 반항하는 것을 막고 복종하도록 하려고 지배적인 계급에서 사용되었던 가증스러운 핑계들이다. 오로지 즉각적인 지상의, 정치적인 해방만이 고려해야 할 현실이기 때문이다. 다른 것은 모두 무의미한 말이다. 우리는 땅을 밟는 현명한 인간들이라서 -예전에는 머리는 하늘에…. 불행하게도 지금은 머리가 땅에 닿아 있다고 말한다- 더는 요정 동화에 사로잡히지 않는다. 게다가 이 요정동화도 구조주의적, 심리 분석적 해석 이후로는 그들 역시 지배받는 계급의 착취에 대한 잔학함을 폭로하고 있지 않은가! 물론 우리는 이런 해방신학에서 출발하여 아무런 반발 없이 마르크스주의적 기독교인들에게로 당연히 나아간다. 정체성은 반박할 수 없기 때문이다. 인간의 해방을 위해 일하는 유일한 자들이 바로 마르크스주의자들이라서 복음의 약속을 실현하려면 마르크스주의자들과 함께 있어야만 한다. 마르크스주의자들과 함께하고, 그들의 사상을 이해하고, 그들의 행동과 관심에 동화되는 것.

나를 놀라게 하는 것, 다양한 표현을 넘어서서 나를 놀라게 하는 일은 이런 흐름 끝에도 여전히 신학을 만드는 작업과 예수를 기준으로 삼는 일이 필요하다는 점이다. 나는 그런 거추장스러운 신학의 유용성을 이해하지 못하겠다. 본질이 혁명이라면 담화, 완곡한 어법, 변명으로 여러분을 가로막는 대신 혁명을 하라. 본질이 정치라면 신학만을 고집하지 말고 정치를 하라.

대체 이 용어는 뭘 뜻하는가? 여러분은 정치와 인간에 대해서 이야기만 하면서 왜 '신théo'을 들먹이는가? 역사 내부에, 인간 속에, 땅 위에 내려온 인종의 신인가? 거짓신에 대한 이 거짓말에 근거하는 것이 무슨 소용이 있는가? 왜 예수인가? 민중 해방을 보인 어떤 영웅이면 누구든 좋지 않은가! 마르크스는 자신 하나로 충분한데 왜 성서에 따른 기준의 이 낡은 자료를 들먹이는가? 기독교 신앙 안에 특별한 게 하나도 없는데, 물론 우리는 특별한 것이 전혀 없다는 점에 끌린다 왜 이 낡은 옷을 기어이 지키려 하는가? 19세기 가장 탁월한 진로처럼 예수를 다시 '모델'로 삼자는 것인가! 이 시기에 예수는 죽은 모델이었지만 지금은 정치적 모델이 될 것이다. "그의 정치적 실천은 본보기이다." 이는 결국 합의와 연관된다. 실제로 예수는 권력 축출을 위한 위치에 있었지만, 결과적으로 그의 행위는 당시 다른 어떤 것과도 동일시될 수 없어서 이 때문에 기독교인은 결국 특별한 행동을 보이며 아무도 말할 수 없는 것을 말하고 감히 누구도 행하지 못하는 행동을 한다. 또 한편 기독교인은 마르크스주의의 어휘, 분석, 설명, 참여를 받아들여 마르크스주의자가 정의한 대로 억압당하는 자들과 자신을 스스로 동일시한다. 기독교인은 마르크스주의자들이 제시한 행위로 들어서 전문성을 모두 부인하며 이 거추장스러운 '모델'을 지켜야 할 진정한 이유도 모른 채로 있게 된다. 나아가 성가시다고 여긴다. 그 이유는 해방과 혁명적 실천 철학들에 대한 교리적이고 주석학적인 왜곡들이 끔찍할 정도로 고통스럽기 때문이다.

예수 시절에도 계급투쟁은 있었으며 예수가 착취당한 대중들의 정치적 우두머리였다는 것 등을 증명하는 일은 일반적으로 어휘의 단순한 조정에 근거하므로 사고의 엄청난 변화와 텍스트의 놀라운 뒤틀림의 방식으로만 이루어질 수 있다. 그래서 예수를 우리의 선택과 범주로 들어서게 하려고 그를 또다시 왜곡한다. 더는 아무 말도 하지 않는 편이 훨씬 나을 것이다. 하지만, 우리 마르크스주의적 기독교인들은 신앙을 버릴 수 없다. 그래서 그들은 하나님의 계시였던 모든 것에 감정적인 애착을 보이고 그들 삶에 대한 이 말씀을 지움으로써 혹시나 심한 충격을 당할까봐 조정하고 정당화하려 애쓴다. 그들은 언제나 역사의 흐름과 같은 과정을 따라 그 시기의 지배적 이데올로기적 세력인 마르크스주의와 일치할 수 있는 것을 내부적으로 차단하면서 기독교의 신뢰성을 지키려고 한다. 그런데 그들은 역사에 무지해서 수천 번씩 시험을 당하고, 기독교에 신뢰성을 회복시키려 항상 최고의 확실한 유용성과 더불어 되찾은 이 작용도 신앙과 계시에 대해서는 매번 대재앙이었다는 사실을 알지 못한다. 이 모든 일에서 성서와 그리스도 위에 십자가를 긋고 정치, 경제, 혁명, 제3세계와 억압당하는 계급처럼 심각한 일들에 더는 관심을 두지 않고 거기에서 영원히 벗어나는 게 더 나았을지 모른다.

기독교인이 온갖 영역에서 혁명적이라 일컬어지는 것은 결코 새롭거나 놀라운 일이 아니다. 복음적 메시지가 혁명적 메시지이듯이 구약의 메시지도 그러하다. 정치적, 경제적, 문화적, 영적, 도덕적, 지적인 온갖 수준을 자극하는 혁명과 연관 있다는 점 또한 분명하다. 여러분은 순응하지 마라…. 목표하는 바는 세계의 전체성이다. 이는 "세계 내부에 우리가 지켜야 할 긍정적 측면이 있음"을 의미하지 않는다. 다시 말해 계시가 사회의 온갖 진로들이 행하는 것과 완전히 다른 용어를 우리에게 제시해야 한다는 점을 절대 의미하지 않는다. 수많은 모순을 통해 끊임없이 이런 진리를 다시 붙잡고, 끊임없이 확언하는 일, 이 또한 잘 알려졌다.

기독교인들이 얼마나 완고한 혁명가였는가. 이는 2세기, 4세기, 8세기와 12세기 등에도 사실이다. 하지만, 이는 역사적으로 가증스러운 거짓말을 오만하고 파렴치하게 떠벌이는 일이다. "교회는 항상 국가의 지지자인 권력과 지배 계급의 편에 서 있었다." 이는 마치 교회가 결코 집단도 아니며, 하나의 교리로 유일한 기능을 행사하는 결점 없는 단위도 아니었듯이 교회에 대해 말하는 마르크스적 거짓말을 받아들이는 일과 같다. 나는 자유와 혁명 이론보다 20년 앞서서 기독교인들을 위한 혁명의 근원적 강령을 형성했던 혁명적 기독교가 새롭게 재검토되었다는 사실을 『세상 속의 그리스도인』 *Présence au Monde moderne* 에서 살펴보려 한다. 완전히 색다른 변화가 생겼다는 것은 사실이다. 『세상 속의 그리스도인』에서 나는 기독교적 계시가 혁명의 새로운 이해로 이끈다는 사실을 보여주려 한다. 기독교인이기 때문에 혁명적이어야 했다. 하지만, 지금은 마르크스주의와의 동화라는 사실로 말미암아 어쨌든 한계적이며 여러 핑계를 동반하지만 기독교이기 때문에 혁명적인 것이 문제이다.

다시 이전 경우로 되돌아온다. 혁명적 기독교, 혁명적 기독교의 의지는 매번 역사적 역할을 담당했지만, 그때마다 결정적으로 실패했다. 실패였다. 모든 혁명은 역할을 다한 **이후에** 정확히 역사가 존재했을 때부터 항상 실패했다. 더구나 혁명에 대한 기독교적 의지로서도 실패했다. 교회 성직자 기관의 끔찍한 억압에 의해서가 아니라 하나님의 왕국에서 역사를 깨우쳐주는 일에 대한 불가능으로 말미암아 특별한 실패를 맛보았다.

하나님의 심정에 따른 질서나 '기독교' 사회로 절대 나아가지 않는 세상의 현실 속에서 곧바로 하늘 왕국의 혁명사로 살아가는 데 만족해야 한다.

특별히 혁명적이라서 또 계시 때문에 **기독교인도** 그 시대의 혁명적 경향을 필연적으로 수용한다. 사회주의적 기독교인? 만일 사회주의가 더는 혁명적이지도 않고 한 세기에 걸친 물론, 그렇게 해야만 하는 사회적인 문제들을 해결할 의도를 가지며 새로운 도전들과 새로운 포기들을 무시하지만 동시에 이에 부응할 수 없음을 본다면 왜 그렇게 되지 않겠는가? 내가 자주 언급했듯이 여전히 이를 분별해야만 하며 이것이 바로 기독교인의 특별한 혁명적 업적이다. "형제들이여, 그 누구도 아직 밟아보지 못했고 알지도 못하는 새로운 길을 두루 돌아다니려면 일어서야 합니다." 따라서 기독교인은 사회주의자인데 이는 사회주의가 전혀 혁명적이지 않다는 사실을 잘 알고 있기 때문이다. 하지만, 마르크스주의적 기독교인들, 이들은 나를 놀라게 할 뿐 아니라 나를 혼동시킨다! 마르크스주의도 이미 시대에 뒤처진 사회-경제적 자료들을 참고로 할 뿐 아니라 우리가 원하든 원하지 않든 간에 세계와 인간과 역사 등의 해석에 대한 총체적 철학과 연관되기 때문이다. 그래서 새로워진 역사적 경험으로는 충분치 않다. 우리는 기독교인들에 대한 끊임없는 유혹을 알고 있다! 여러 교리의 통합은 매 시기 항상 되풀이되는 함정이었다. 철학은 사회의 멋진 정신을 유혹하는 듯하다. 정치는 민중의 세력을 모으는 듯하다. 인간의 개념은 결국 자신의 조건과 문제들을 설명해주는 듯하다. 권력은 그 앞에 있는 미래를 명백히 지니고 있어 모든 걸 삼켜버릴 위험이 있는 듯하다.

그런데 기독교인들 앞에는 교회가 있고 이 불쌍한 교회는 그 신뢰성에서 너무나 연약하고 소외된 채로 남아 있다. 사회에 대한 행위를 효과적으로 취할 만한 어떤 방법도 없고, 사고의 총체적 체계도 전혀 없으며, 항상 속수무책인 채로 언제나 은혜에만 매달리는 기독교인들, 물론 말씀에만 의지한 우리가 은혜로 먹을 수도 있겠지만 침묵할 수도 있다. 동시에 기독교인들에게는 약속이 이루어졌다. 그들이 이 말씀을 모든 사람에게 알려주어 모든 민족은 주님이 유일한 하나님인 것을 깨닫게 될 것이다. 그런데 시험(유혹)이 이런 인간적인, 너무나 인간적인 온갖 지혜, 온갖 지식, 온갖 위대함, 인간의 온갖 미래를 휘두르는 높은 힘과 결합한다. 그래서 플라톤이 우리 마음을 사로잡는다. 그리하여 총합에 이르려고만 한다. 신지철학44)들이 다가오는 듯하자 수많은 신자는 깊은 한숨 속에 빠져든다. 그러니 그들의 궤도 안으로 어떻게 들어가지 않겠는가? 더구나 황제가 진정한 기독교인인 양 행동하니 왜 땅 위에서의 정의를, 진짜 하나님 앞에 경배하는 진정한 권력 추구 탓을 어떻게 하지 않겠는가? 또 아리스토텔레스는 온갖 인간적 지성이 모인 학문을 모두 지닌 듯 보인다. 그러니 기독교가 어떻게 인간의 그런 멋진 비상에서 벗어날 수 있겠는가? 또 부르주아 계급은 엄격한 도덕, 규율을 넘어선 진실, 맹신, 신앙의 석연치 않은 모호성, 귀신 숭배로 뒤섞인 신앙심에 대해 심각히 고민하는 듯하다. 지배계층은 이성적인 확실성을 원한다. 그러니 기독교가 어떻게 이런 주장을 수용하지 않겠는가? 기독교인들은 매번 그들의 신앙과 계시를 뒤섞어버렸다. 그렇게 그들은 성서Ecriture를 왜곡하거나 망각한 채, 아주 현명한 발견을 채택함으로써 매우 폭넓은 가능성을 활용했다. 물론 1-2세기가 흐른 이후에는 이것이 엄청난 잘못이었음을 깨달았다. 이는 너무나 쉬웠다. 그래서 아무것도 할 수 없는 죽은 선인들에 대해 격렬한 비난을

---

44) [역주] 인간과 세계에 대한 근본 원리와 삶의 본질 따위를 연구하는 학문. 흔히 인식, 존재, 가치의 세 기준에 따라 하위 분야를 나눌 수 있다.

퍼부었다. 하지만, 그때마다 작용은 정확히 항상 똑같았다. 시대의 흐름으로 인해 온전한 명확성에 대한 유혹도 있었다. 기독교인들은 우선 신중히 접근하고 나서 열성적으로 연구하여 당시 취향에 계시를 맞추고 마지막으로 계시에서 확실히 부족한 기반, 방법, 영향력, 확실성을 움직임에 부여한다. 그래서 마르크스가 플라톤이나 아리스토텔레스를 대신하였고, 많은 프롤레타리아가 황제나 부르주아 계급을 대신했지만, 작용은 같았다. 그렇게 함으로써 기독교인들은 매번 메시지-외부에서 빛을 찾아라!-의 핵심을 이해하도록 해주는 명확한 빛을 발견했다고 믿는다. 플라톤이나 아리스토텔레스는 오늘날의 마르크스처럼 하나님이 말씀하신 것을 깨닫게 해주었을 뿐이다. 일례로 알튀세르 덕분에 삼위일체 교리가 부르주아 계급45) 이데올로기의 반영이라는 사실을 확실히 알게 되어 지금 얼마나 빛을 발하고 있는가! 우리는 학식을 일깨우면서 떨리는 마음으로 학식의 비법으로 들어가려 한다. 다행히 우리는 이후를 예견할 수 있다. 이것은 인간의 자유도, 복음의 가장 위대한 진실도, 역사의 구상도, 아무것도 아니다. 이는 유일신과 그의 말씀에 대한 근본적인 배반의 결과라서 잠시 후 결정적으로 기독교인들을 분산시키는 대규모 단체에 속한 기독교인들의 통합과 쇠퇴로 이어질 것이다.

4) 해방신학과 마르크스주의적 기독교

사회주의를 위한 기독교인이라고? 그럴 수 있다. 하지만, 곧 어떤 사회

---

45) 이런 종류의 해로운 분석은 분석 자체에 해를 끼친다는 사실이 분명하다. 나는 알튀세르의 사상이 정확히 기술적 체계에 대한 독창성 없는 반영에 불과하다는 점을 아주 쉽게 제시할 수 있다.

주의인가라는 질문이 대두 된다. 푸리에Fourrier, 46), 푸르동Proudhon, 47), 마르크스? 무정부주의적 사회주의. 유토피아적 사회주의, 과학적 사회주의인가? 더 나아가 사회 민주주의, 스웨덴 사회주의, 이집트 사회주의, 인도네시아 사회주의인가? 무엇을 얘기하는가? 물론 사회주의에 대한 기독교적 담화의 수많은 흐름 속에서인데 그 속에서 사회주의는 기독교적 구현의 자명한 이치인 명백한 가치로 받아들여져서 아주 난해한 명확성의 문제가 결코 아니다. 그런데 마르크스주의에 대한 찬성을 선택했던 기독교인들에게는 분명히 즉시 모호한 사회주의로의 복귀가 나타난다. 사회주의가 마르크스주의와 동일했다는 사실을 당연시했듯이 유일하고 독특한 마르크스주의는 어떤 이들에게는 사회주의를 대변한다. 하지만, 마르크스주의에 대해 언급한 이후로 마르크스적 공산주의보다 두려움이 덜할 뿐 아니라 숙청의 잔재를 걷어낸 사회주의로 담담하게 되돌아가려고 하는 자들도 있다. 또다시 사상에서 정확성의 부재와 점진적인 변화와 함정들로 말미암아 우리는 학자들이 '사회주의'를 언급할 때 무슨 얘기를 하는지 도통 이해하지 못한다. 더구나 많은 이들에게 이것은 그저 존재와 행동 방식일 뿐이다. 「개혁」*Réorme*같은 신문을 집어 들고 읽어 보라. 겉으로는 사회주의에 대해 전혀 아는 바가 없어도 이 신문에서는 사회주의가 거의 모든 영역에서 애를 쓰고 있음을 읽을 수 있다. 사회주의자가 되는 길은 인종차별, 식민주의, 제국주의를 거부하고, 억압받는 민중을 지지하고, 페미니즘과 동성애에 찬성하고, 은퇴기와 고령기의 애잔한 눈빛으로

---

46) [역주] 프랑스의 공상적 사회주의자이다. 저서 『가정적 농업적 사단론(社團論)』에서 생산자 협동조합을 중심으로 상업이 존재하지 않는 자유로운 생산자의 협동사회를 실현할 것을 제안하였다.
47) [역주] 프랑스의 무정부주의 사상가이자 사회주의자이다. 『재산이란 무엇인가?』에서 자본가의 사적 소유를 부정하며 힘 대신 정의를 가치의 척도로 삼아야 한다고 주장하였다. 그의 사상은 제1인터내셔널 조직, 파리코뮌에 큰 영향을 끼쳤다.

근심하기 때문에 노인들을 반대하는 젊은이로 남으며, 이주 노동자들의 원인을 변호하고, '작업속도'에 항의하고 투쟁하며, 최저임금 인상에 찬성하며 싸우고, 이스라엘의 제국주의를 공격하고…. 대략 사회주의는 이런 일들로 집약된다. 하지만, 깊은 마음에서 우러난 심사숙고일 뿐, 그게 끝이다. 우리는 견해 표명이 무엇에 근거하는지 어떤 방향으로 표현되는지 혹은 억압당하는 자들과 함께 있고 정의를 위해 싸운다는 다소 막연한 원칙들도 전혀 알지 못한다.

얼떨결에 사회주의가 마르크스주의라며 더 확실한 선택을 하는 이들도 있다. 하지만, 그래도 어둠은 늘 남아있다. 나는 교리적 차원에서 사회주의적인 폭만큼 넓은 마르크스주의의 무지개에 대한 문제를 다시 언급하지 않으려 한다. 이에 대해 나는 이미 앞장에서 잠시 언급했기 때문이다. 대체, 마르크스주의자라고 선포하는 일은 어떤 의미일까? 마르크스 사상 자체를 확실히 참조한다는 뜻일까? 대체 어떤 사상일까? 유명한 "인식론적 단절" 이전 혹은 이후의 마르크스인가? 그런데 마르크스 사상에 그처럼 민감하게 의지한다는 것은 현학자라는 뜻이다. 이는 행동가들이 아닌 마르크스 연구가들을 위해서는 좋은 일이다. 어느 날 공산주의에 열성적으로 참여한 한 학생이 마르크스에 대한 내 수업을 듣고 나서 교실을 나서며 말하지 않았던가! "어쨌든 저는 마르크스 사상을 왜 배워야 하는지 정말 모르겠어요. 마르크스는 신경 쓰지도 않거든요. 공산주의자가 되려면 이런 건 필요 없어요." 거만하게 턱을 살짝 쳐들면서 말이다! 나는 많은 마르크스주의적 기독교인들도 이런 경우라는 점에 약간 충격을 받는다. 마르크스의 주위를 맴돌며 역사의 철학 사상을 붙잡는 자들도 있고 이런 철학을 내던지지만, 경제적 변화의 역사적 분석과 사회주의 사회에서 그 출구를 지키는 이들도 있다. 또 수많은 이들이 마르크스주의를 '학문'으로 여긴다. 하지만, 우리가 이미 구별해주었듯이 이제 더는 마르크스가 결코 아니며 마르크스주의이다. 이제 상반된 마르크스주의의 수많은 갈래는 제쳐놓도록 하자. 그런데 몇몇 마르크스주의적 기독교인들은 이러한 온갖 교리, 지식인들의 이런 토론들을 일축해버리고, 참여를 중요시한다. 마르크스주의자가 되는 일은 공산당으로 들어서는 것이고 -그런데 트로츠키주의 연맹이나 모택동주의 신봉 운동보다 하필 왜 공산당일까?- 이는 무엇보다 동업조합인 것이다. 마르크스주의자가 되는 일은 시위나 청원 등을 위해 마르크스주의 편에 서는 것이다. 그런데 공통된 출발점으로 누구나 계급투쟁을 받아들이고 -그렇다고 치자. 그 얘기는 뒤로 미루자- 또 많은 자들이 전투적인 태도를 받아들인다. 여기서 우리는 또다시 불확실 속으로 빠져든다.

나는 악의적인 질문들을 들춰내거나 우리가 깨달았던 구태의연한 철학적 토론으로 들어서려는 의도는 없다. 단지 이 유물론에 대한 표현의 극단적 다양성만이 내 관심을 불러일으키기 때문이다. 바로 어떤 이들에게 마르크스주의는 학문이라는 사실이다. 그래서 그들은 이 유물론을 철저히 적용한다. 우리도 그 중 몇 가지를 배우기는 하지만 나는 그 당시 유물론과 일반적인 역사적 방법의 순수하고 단순한 적용 간의 차이를 찾지 못하겠다. 역사-비평적 주해뿐 아니라 해석에서도 마찬가지이다. 같은 문제에 대해 텐Taine, 48)이나 막스베버 심지어 토크빌Tocqueville, 49)이 저

---

48) [역주] 프랑스의 평론가·철학자·역사가. A.콩트의 실증주의적 방법을 써서 과학적으로 문학을 연구하였다. 인종·환경·시대의 3요소를 확립하고, 『국문학사』(4권, 1864)를 썼다. 프로이센-프랑스전쟁, 파리코뮌을 경험한 후 내셔널리스트의 경향이 강해지기도 했다.
49) [역주] 프랑스의 정치학자이자 역사가이며 정치가. 베르사유재판소 배석판사를 지냈고 『미국의 민주주의』를 저술하였다. 영국에서 자유주의자와 교유하며 J. S. 밀에게 큰 영향을 주었으며 의무장관을 역임하였다.

술했을만한 것과 구별하려고 애를 쓰면서 이 텍스트들을 읽어볼 수 있다. 그런 조건이라면 쇼뉘Chaunu, 50)와 마찬가지로 마르크스주의도 없다. 이 때, '유물론'은 '잘하'려는 예의에 불과하다. 다른 이들에게 유물론은 무엇보다 이른바 기독교가 멸시하고, 억압하고, 제외했을…. 그래서 기독교 모두를 타르튀프Tartuffe, 51)로 잘못 아는 육체의 재평가이다. 타르튀프가 위선적이었듯이 마르크스도 18세기 유물론, 홀바크Holbach, 52)와 라메트리Lamettrie, 53)의 유물론에 완전히 적대적이었음을 잊어선 안 된다. 마르크스는 이런 경향과 전적으로 관계를 끊고 싶어 했기 때문에 정신에 대항하는…. 육체, 육체적 우월성, 육체의 욕구나 욕망의 원인을 옹호하는 일은 절대 마르크스주의가 아니라고 할 수 있다. 만일 유물론이 이상주의적 도피를 기피하는 것이라면 어떤 기독교인도 유물론을 트집 잡을 수 없을 것이다. 인간의 일체성은 성서에서 이야기하는 것이기 때문이다. 하지만, 가장 흔한 일은 '물질'의 우월성에 대한 단언, 육체가 선행되고 '정신'을 결정한다는 것이다. 마르크스는 '양심'을 말한다. 경제적 활동은 계급 관계를 결정하지만, 계급 관계는 나머지 모두를 결정한다. 따라서 우리는 물질보다 '앞선' 초월적 하나님에 의한 창조의 가능성을 밝히려 한다.

---

50) [역주] 프랑스의 역사가이자 라틴 아메리카 역사 전문가이다. 16, 17, 18세기 종교와 사회사에 대해서도 연구하였다.

51) [역주] 프랑스 극작가 몰리에르의 운문희극으로 당시 교회의 고위 교직자들의 부패·타락한 생활을 폭로한 대담한 희극이다. 등장인물인 타르튀프는 신앙인으로 여러 계략을 부리고 여성들을 유혹하기도 하여 프랑스어에서 위선자라는 보통명사로 사용되고 있다.

52) [역주] 18세기 프랑스 계몽기의 철학자·문인. 18세기 프랑스 유물론의 대표자 중 한 사람이다. 1770년에 출판한 『자연의 체계』는 '유물론의 성서'라고 불려 18세기의 무신론·유물론·결정론을 전형적으로 집약·표명한 것이었다.

53) [역주] 프랑스의 의학자·철학자. 계몽시대의 대표적 유물론자로, 저서 『인간기계론』에서 모든 정신작용의 근원인 감각이란 물질적인 기능이며, 이것이 뇌에 물질적 작용을 미치게 하여 의식의 여러 가지 현상이 발생한다고 하였다.

"이 문제는 잠시 한쪽으로 밀어두도록 하자." 어쨌든 정신의 행위는 계급투쟁의 산물이 되지는 않을 테니까. 그래서 우리는 정신이 결정적일 수 있고, 성령의 행위가 성서 텍스트에 나타나고, 영감이 실제적 사회 안에서의 참여보다 앞서고, 영적인 삶이 사회적인 개입 없이도 기도원에서 충만하고 진실할 수 있고, 예수가 계급투쟁에 참여자이기 때문이 아니라 그가 영원한 하나님의 아들이며, 하나님 자신이고 창조보다 앞서기 때문에 예수의 성품 안에 진실이 내재해 있다고 믿는다. 이는 왕국의 도래가 경제사가 아닌 성령의 기적에 의해서이므로 유물론에 대해 말할 때는 여타 기독교적 단언들은 내동댕이쳐진다. 늘 확실히 언급되지는 않지만, 상당수의 마르크스적 기독교인들은 성서 자료에 대한 그들의 재해석이 무엇인지 더 잘 알지 못하기 때문에 한편으로는 신중히 경청한다. 하지만, 대다수는 '유물론'에 대해 이런 엄격함을 적용하지 않으므로 기독교인으로서 사회–경제–정치적 활동을 신중히 취하는 일은 그저 하나의 요구 사항일 뿐이다. 나는 이런 경우를 쉽게 받아들인다. 심지어 이런 영역에 적용하려고 마르크스적 분석을 행하기도 한다. 그래서 나는 40년 동안 이 사건을 변호하고 있다. 하지만, 이는 전혀 유물론에 대한 것이 아니다. 결국, 가장 위대한 사상은 계급투쟁, 오직 그 하나뿐이다.

신도송

중요하고, 결정적인 것은 땅 위에서 인간의 삶이다.
거기에서 벗어나기를 찾는 일은 모두 현실 보기를 거절하는 일이다.
현실은 진실과 같다.
이 세상과 이 시간에 인간의 실재는 자기 상실이다.
인간은 부르주아적 제국주의의 자본주의에 대한 오류로 말미암아 인간
*   성을 잃는다.*

인간은 인간성을 잃기 때문에 빈곤하고
예수도 빈곤해졌다. 인간은 빈곤해서 지상이라는 유일한 조건 속에서
보는데 전념한다.
우리는 이런 빈곤에 대한 추억 외에는
인간에 대해 아는 바가 전혀 없으며
예수는 빈곤한 자들과 자신을 동일시한다.
현재 그리고 실제적인 빈곤은 온전히 예수 자신이라서
온전한 빈곤은 옹호되어야만 한다.
빈곤을 옹호하지 않은 일은 빈곤을 공격하는 것이며,
빈곤한 자의 투쟁에 들어서지 않는 것은
예수를 부인하는 것이고
위선은 내세를 바라보며 투쟁을 피한다.
하늘에서.
하나님과의 온전한 수직적인 관계는 위선이며
예수에 대한 멸시이다.
예수는 결코 초월적 존재를 기준으로 삼지 않았고
초월적 존재는 권력자와 착취자들의 이미지를 지닌 창조자인데
하나님은 초월적 존재도, 영원한 존재도,
전능자도, 주님도, 아버지도 아니며
온전한 하나님이 빈곤인 예수로 알려졌기 때문에
이 하나님은 죽었다.
만일 하나님이 죽었다면, 그러면 실제로,
중요한 것은 땅 위에서 인간의 삶이다.
하나님의 죽음은 인간의 해방이다.
해방 투쟁 이외에
다른 영적 실재는 없으며
자유로운 인간을 방해하는 것은

지배계급이라서
인간의 조건을 온전히 담당했던 예수는
계급투쟁으로 들어갔고
이 투쟁에 참여한 유일한 자는
예수와 같으며
인간을 자유롭게 하려고 온갖 방법으로 행동하는 자들은 모두
예수와 같고
공산당은 계급투쟁의 당이라서
예수의 신도들은 계급투쟁에 대한 실천으로
당에 참여해야만 하기 때문에,
우리는 이 계급투쟁으로 말미암아
진실로 예수를 만나고, 예수는
근본적인 것이 땅에서 인간의 삶이라는 것을 확언해준다.

꼬리에 꼬리를 물고 사슬이 끊임없이 이어진다. 각각의 제안은 선례와 완벽히 들어맞는다. 더구나 우리가 이 신도송의 어떤 부분에서 시작하든 이 신도송은 똑같은 것으로 되돌아오고 후렴구도 일관성이 있다.

마르크스주의적 기독교인들은 해방에 대해 말하기를 정말 좋아한다. 나도 역시 그렇다. 하지만, 완전히 똑같지는 않다. 사람들은 멋진 해방신학을 제작했지만 나는 자유 윤리에 대해 얘기하기를 좋아한다. 현시대에 자유에 대한 완전한 사상을 표현할 만한 유일한 인물, 즉 베르나르 샤르보노Charbonneau, 54)는 완전히 무명인 채로 남아 있었다. 이는 정치적이고 지성적인 담화와는 반대로 그 누구도 자유에 대해 관심을 두지 않는다

---

54) [역주] 프랑스 사상가, 철학자이다. 『열린 입』, 『신앙과 삶』에 사설을 쓰기도 했으며 여러 에세이를 저술했다.

는 것을 실체적으로 증명해준다. 하지만, 형식적으로 자유는 결국 다시 좌파의 가치가 되었다. 이를 잊어서는 안 되며 내가 계속 반복하겠지만 1945년과 1950년에는 우파-그리고 강력한 파시스트-로 다시 분류되려면 입 밖으로 자유라는 단어를 내뱉는 것만으로도 충분했다. 그 당시 우리 선한 마르크스주의자들은 모두 스탈린주의자이었고 현재 마르크스주의적 기독교인들은 소련연방에서 공산주의 신뢰성에 대해 누구보다 수많은 의심을 품고 있던 인격 숭배의 신봉자들이었다.

요즘 들어 그들은 자유에 대한 주요 주제를 되찾았다. 프롤레타리안 계급, 빈곤한 자들, 착취당하는 민중을 해방해야 한다. 식민주의자들에 대항하는 베트콩, 또한 사이공의 제국주의로 부패한 체제에 대항하는 베트남, 프놈펜의 제국주의로 부패한 체제에 대항하는 크메르루주를 위한 투쟁의 엄청난 열정. 나는 캠퍼스의 온갖 벽에 멋지게 적혀 있던 "인도차이나 민족은 승리하리라. 인도차이나 민족을 위한 자유"라는 글을 떠올린다. 더이상 제국주의는 없지만, 자본주의가 아닌, 최악의 식민지주의보다 오늘날 훨씬 더 비인간적인, 천 배는 더 나쁜, 훨씬 끔찍한 이 민족, 이 모든 민족의 노예화가 있다. 하지만, 이제는 더는 그 누구의 관심도 불러일으키지 않는다. 소웨토에서의 경찰 작전이나 이스라엘에서 불확실한 고문이 있다고 하면 우리 선한 마르크스주의 기독교인들은 엄중한 경계태세를 취하지만 캄보디아에서 사형당한 수백만 명의 사람들은 무덤덤하게 지나쳐버린다. 베트남 남부 인구의 90%가 통키누아즈서양 고양이에 의해 노예화되는 일은 더는 그들의 관심을 불러일으키지 않는다. 서양 백인 자본주의-식민지주의-제국주의자들이 추방된 이상 모든 것이 순조로워 보이기 때문이다.

요즘은 '해방'이라는 단어가 언급되면 곧 귀를 쫑긋 세우고 적어도 한

가지 이상 심오한 질문을 던져야 한다. '무엇으로부터의 해방인가?', '어떤 세력으로부터, 어떤 억압으로부터, 어떤 노예화로부터 자유로워지는가?'라는 전형적인 질문이 아니다. 거기에는 더는 아무런 문제가 없으니까…. 하지만, "누구의 이익이 되는… 해방인가?" 무엇이 새로운 억압자가 될 것인가, 무엇이 새로운 주인이 될 것인가? 그러니까 다음과 같은 개요가 뒤따르는 유치한 이데올로기를 체계적으로 파괴해야만 한다. "독재자가 있고, 억압당하는 민중이 있습니다. 독재자를 처단하시오. 그러면 민중은 해방됩니다. 민중은 자체적으로 행동을 구체화합니다. 민중은 스스로 주인이 됩니다. 민중은 성숙의 단계로 나아갑니다. 그런 다음 민중은 자유로 들어섭니다." 거기서부터는 전제가 성취되었으므로 실제로 있는 것을 찾으려는 관심이 전혀 없다.

사실 "해방전쟁"(자본주의와 제국주의에서의 해방)을 겪은 뒤 자유로 들어선 민족은 세상에 아무도 존재하지 않는다. 아랍민족도 없다. 아프리카민족도 없다. 가장 작고 가장 기본적인 자유의 그늘을 경험한 아시아민족조차 없다. 그들은 이 해방에 앞서 자유로 생존할 수 있었던 것을 잃어버렸다. 상반된 증거에 대한 어떤 두려움도 없이 이 민족들은 모두 식민지 지배하에 있었을 때보다 실제로 훨씬 자유롭지 못하고 더 행복하지 못함을 확인할 수 있다. 이와 같은 경찰, 교도소, 정치적 집행은 한 번도 없었다. 씁쓸하지만 그들의 유일한 만족은 적어도 그들을 억압하던 독재자가 이제는 전형적인 풍습이라는 것이다. 민족을 교도소에 가두고 처형하는 이들은 적어도 그들과 같은 민족들이다.

"해방은 누구의 이익을 위한 것인가?" 만일 우리가 이런 질문을 하지 않는다면 우리는 위선자이거나 순진한 사람이다. 혁명이나 해방에 대한 탁월한 신학 가운데에서 절대 나타나지 않는 질문이 거기에 등장한다. 빈

곤한 자, 억압받는 자, 착취당하는 자들이 있다는 사실은 항상 이상하리
만큼 확실하다. 자본주의-제국주의자들도 있다. 기독교인에게는 강요된
전자를 취할 결심을 단호히 한 후 후자를 제거하자, 정말 기적처럼 해방
되었다. 기적은 민족 자체의 역사적 혁명 행위의 결과이다. 민족의 진정
한 부활. 이제 우리는 여기에서 멈출 것이다.

안타깝지만, 이 해방신학들은 그 역할을 하며 가장 가증스러운 전통
신학들의 특징을 계속 나타내지 않는가! 한편, 이 신학들은 구체적인 겉
모습과는 달리 신기할 정도로 추상적이다. '누구의 이익을 위한 해방인
가?' 처럼 내가 일깨워준 구체적이고 단호한 질문을 제기하지 않기 때문
에 그렇다. 정확히 17세기에서 19세기 부르주아적 신학들처럼 추상적이
다. 그렇지만, 해방신학들은 구체적인 외향을 지니고 있다. 정확히 우리
해방신학들이 해방정치체계와 전략적으로 통하듯 이 신학들은 모두 도덕
론에 이른다. 얼마나 실제적인가! 개인적인 도덕론. 그래서 "이 덕들, 이
희생들, 이 도덕론, 이런 선한 행실은 누구의 이익을 위한 것인가?"라는
질문을 살며시 피해갔다.

해방신학은 부르주아적 자본주의에 대한 구체적 질문을 제기하지 않
기 때문에 추상적인 신학이다. 그 어느 때보다 더 노예적인 민족에 대해
아주 극소수에 의해 실행된 공산주의적이거나 사회주의적인 독재자에 대
한 질문을 제기하지 않기 때문에 오늘날 추상적 신학이다. 또한, 두 번째
특징은 정확히 18-19세기 신학들처럼 정당화의 신학들이다. 이 당시 신
학은 자본주의 체제 구성을 정당화하는 데 사용되었지만, 현재는 '혁명
적'이고 사회주의적인 침해들을 정당화하는 데 사용된다. 신학들은 엄격
히 말해 역할 변화가 없다. 내용의 변화는 오로지 정치-경제적 상황변화
와 이러한 발달에서 교회의 상황변화에만 집착한다.

그렇더라도 서로 이해하도록 해보자. 나는 이러한 움직임들이 전혀 필요하지 않다거나 필연적이지 않다고 말하려는 게 아니다. 나는 라틴 아메리카 농민 인구의 비참한 조건, 노동자들에 대한 터무니없는 착취, 이 모든 국가의 온갖 정치체제의 극단적인 특성, 고문, 치안 등을 잘 알고 있다. 또 대형 광산과 과수원 단체, 미국의 간섭에 대해서도 익히 잘 알고 있다. 나는 알고 있다. 따라서 이 억압에 대한 투쟁의지는 전적으로 정상이며 열망과 정의 속에 존재한다. 라틴 아메리카에서 일어난 일로 인해 어떻게 불평할 수 있겠는가? 이런 혁명적 운동을 어떻게 비난할 수 있겠는가? 그렇지만, 어떤 환상도 불러일으켜서는 안 된다. 일단 승리를 맞본 혁명은 자유로워진 민중이 아니라 그보다 앞선 자들인 만큼 고통을 주고 억압하는 독재자나 잔혹한 당의 손아귀로 넘어갈지 모른다. 쿠바와 너그러운 카스트로에 대해 낭만주의적 경향을 나타낼 필요가 없기 때문이다. 그리고 이 투쟁에서 해방을 외친 신학들은 특정 측면빈곤한 자들을 지지하는 정치신학들이라서 마지막 분석에서 차기 독재자를 옹호하기에 이른다. 그리고 우파가 승리하면 이 해방신학들은 무슨 일을 하던 눈썹 하나 까닥하지 않고 다음 노예화를 숨기려 들 것이다. 말하자면 해방신학들은 **즉각적인** 선전도구로 이 단계에 있는 이 혁명적 갈등에서 그들의 가치를, 심지어 그들의 합법성을 지닌다.

하지만, 이는 단지 선전에 불과하다. 해방신학들은 신학도, 신앙도, 경배도 절대 진전시키지 않는다. 또한, 해방신학은 특별한, 역사적인 한 상황, 그리고 오늘날 아메리카 인디언 세계에 대한 엄격한 표현이기 때문에 다른 곳에서는 이해될 수 없고 아프리카나 서양 세계를 위한 신학들에 모델이나 권고로 사용될 수도 없다.

요즘 예수에서 마르크스로의 길이 매우 빈번하지만, 지금은 마르크스에서 예수로의 길도 나타난다. 어떻게 가로디Garaudy, 55)를 잊을 수 있겠는가? 이는 길고 긴 흐름과 연관 있는데 나는 가로디가 마르크스주의라고 아직도 얘기할 수 있는지 모르겠다. 어쨌든 그는 기독교-마르크스주의에 속하지는 않는다. 그는 그런 수준에 있는 기독교의 재해석을 부추길 만한 마르크스 사상을 아주 잘 알고 있다. 하지만, 적어도 그의 관점에 대해서는 주목해야 한다. 그의 책이 아니라 엄청난 의미가 있는 아주 짧은 신앙고백의 텍스트「르몽드」, 1978년 6월에 대해서이다. '신앙'에 대한 유일한 토론이기 때문이다. 철학은 가설들을 세우고 가설들은 논리적으로 수용될 수 있는데 -인간은 자신의 이야기에 책임을 지며 활짝 열린 미래를 지닌다. 인간은 부정적인 길이 필요하기 때문에 자신 안에 공백 상태를 만들어야만 한다는 등등- 이 가설들 때문에 이것이 **신앙의** 가설들이며 나아가 온전한 혁명적 행위의 가설들이라는 점을 생각할 수 있다. 근원의 경험과 같은 신앙…. 이 모든 것에서 신앙을 인간적, 심리적, 지적, 실존적 태도로, 그런 자격으로 정당화하려는 것이다. 그 자체로 가치를 지니며 의미가 있는 것이 바로 '신앙'이다.

하지만, 우리는 항상 문자 그대로 인간의 수준, 심리-영적 경험의 수준에 머문다. 그런데 19세기와 20세기 초에는 완전히 평범한 태도인 이런 태도에서 아주 놀라운 점은 신앙이 서로 관계를 맺고 있지만 분리될 수 있다는 사실이다. 그래서 여러 용어-우리가 믿는 것, 신앙의 목적이거나 주제인 것, 신뢰와 충성과 관련된 것 등-가 없다면 신앙도 없다. 단, 가로디에게서 흥미로운 점은 가능성이며 **신앙 자체**에 의한 신앙의 효력이

---

55) [역주] 프랑스의 철학가. 프랑스 공산당의 이론가로서 제2차 세계대전 후 국회의원
· 당 정치국원 · 이데올로기 부장 등을 역임하였다. 마르크스주의를 보급하는 한편,
J.P.사르트르 등 비(非)마르크스주의자나 H.르페브르 등 수정주의자들을 비판하였다.

다. 그런데 당장은 신앙이 신앙을 특징짓는 것에 의해서만 현실성이 있다고 이해하기 쉽다. 태도는 같지만, 신앙과 연관됨으로써 모든 것이 변한다. 히틀러시기에 신앙은 예수에게 갖는 신앙과 같은 신앙의 자격이지만 거기에서 파생된 삶은 완전히 다르다. 가로디가 하듯이 근본적인 것은 신앙의 태도를 정당화하는 것이 결코 아니며 이 신앙의 응답자가 누구인지를 아는 것이다. '신앙' 은 정확히 아무 말도 하지 않는 것이다. 가로디는 하나님에 대해 살며시 언급하며 이렇게 말한다. "그들이 하나님이라는 단어를 사용했기 때문에 나는 하나님이라는 단어를 사용하지만 나는 내 신앙을 표현하기 위해 그것이 필요하지는 않다. 나는 하나님을 찬양하는 사람들의 행동으로만 하나님을 안다." 따라서 "세상에는 무한한 신앙이" 있다. 나아가 특별한 경우로 예수는 우리가 어떻게 경건하게 인간의 삶을 살 수 있는지를 나타내주었다. 신앙, 나아가 신앙의 특혜를 누리는 증인….

하지만, 다른 신앙과 완전히 질적으로 다른 독특한 것으로서의 신앙의 전적인 양상은 이 예수 그리스도 안에서 사라진다. 신약이 강조하는 것은 신앙이 아니라 예수 그리스도인데 우리의 모든 신뢰, 우리의 모든 확신을 그에게 두어야하며, 우리는 신앙의 중재로 용서, 구원을 그에게서 받는다. 그래서 중요한 것은 신앙이 아니라 예수 그리스도이다. 신앙을 규정짓는 것은 예수그리스도이지 그 반대가 아니다. 그리고 우리가 그리스도인이 되도록 하는 것도 우리 신앙의 존재가 아니라 예수 그리스도이다! 이것이 없으면, 예수의 죽음에 대한 구조론의 영역, 그리고 메시아적 영역 또한 사라진다. 그리고 인간의, 인간에게 있는 믿음의 왕국이 아닌 왕국의 개방, 인간에게 있는 잠재 능력의 성취가 아니라 하나님에게서 나오는 첫 번째 창조물만큼이나 기이하고, 놀랍고, 예견할 수 없는 창조의 성취도 사라진다. 신약 전체와 더불어 우리는 온통 예수그리스도의 성품에 다시 초점을 맞추고 모두가 예수 그리스도에게서 출발하도록 하기 때문에 우리는 당연히 가로디에 의해 제시된 흐름, 즉 온갖 호교론護敎論, 56)으로 항상 다시 시작하는 흐름을 따를 수 없다. 가로디가 아주 중요해진 이유는 바로 이 부분이다. 기독교인이 되면마르크스주의자가 되지 않으면 불가피하게 첫 번째 **이성적** 접근으로 초래된 논리적 과정을 거부할 수 없어서 마르크스주의를 지지하는 이들 모두가 피할 수 없이 이런 논증 유형호교으로 들어선다. 모든 인간에게 공통적인 특성, 그리고 필요 없지만, 마지막에 기독교의 우발적인 작은 보완책인 유형. 나는 이미 가로디가 따랐던 길 때문에 그가 결국 예수 그리스도를 중심에 놓고 바울이 깨달은 것의 충만함을 예수에게 주리라 확신한다. 하지만, 마르크스주의적 기독교인들의 길은 확실히 정반대이다. 그래서 역사—혁명적 사명을 짊어진 예수는 이 역할이 예수의 진리에 대한 충만함을 고갈시키기 때문에 무의미하고 생기 없는 그림자로 전락해버린다.

그런데 최근 한 선언에서 굉장히 주목해볼 만한 점이 있는데 바로 장 엘랑스텡57)이 가로디의 입장을 옹호한다는 것이다. 1979년 1월 그는 마르크스주의와 기독교 간 화해의 미래를 열어준다. 그는 기독교와 공산주의 간의 통합적 시도가 불가능함을 강력히 주장하는데"기독교—마르크스주의의 모든 시도는 실패할 운명이다" 나도 이를 반기는 바다. 그리고 그는 마르크스주의로서 인간 정신의 확고부동한 차원인 신앙을 더는 부인할 수 없음을 인정한다. 하지만, 여기에서 말하는 바도 가로디와 마찬가지로 그 자체로서의

---

56) [역주] 종교의 비합리성 · 비과학성을 비판하는 사람들에 대하여, 종교는 초이성(超理性)인 것이지 반이성(反理性)은 아니라고 설명하는 학문. 신학의 한 분야이다. 종교, 계시 및 기독교의 기초를 이성에 의하여 설명한다. 즉 자신의 종교를 옹호하는 것.
57) [역주] 프랑스 역사가. 공산주의 전문가이다.

신앙이다. 이것은 엘랑스텡이 아주 평범한 결론에 도달함을 말해준다. 따라서 인물의 표현적 신앙, 개인적인 영적 생활, 정치를 거부하는 기독교처럼 단지 영역들을 분리해야 한다. 마르크스주의는 정치세대로 이동하려고 철학적 유물론을 주장하려 들지는 않는다. 따라서 우리는 초월자와 신앙으로 신자가 될 수 있으며 역사 개념과 사회정치적 행위의 방법론으로서 마르크스주의자가 될 수 있다. 우리는 오래전부터 다음과 같은 담화를 들었다. 신앙은 순전히 내적으로, 개인적으로 분주하다. 만일 실제적인 삶을 위해 마르크스주의가 여러분에게 이야기한 바를 적용한다면 여러분은 원하는 것을 믿을 자유가 있다. 즉 기독교적 신앙은 어떤 윤리적 혹은 정치적 결과를 갖지 못하기 때문에 하늘에 있어야 한다. 하지만, 마르크스주의는 실천과 구체적인 일에 몰두한다.

이렇게 해서 '추가문'에 대한 결론에 이른다. 우리는 마르크스주의와 기독교 신앙 간의 타협을 세우려고 다음의 세 가지 가정 앞에 서게 된다. 세 가지 가정은 종합엘랑스텡은 생각 없이 이를 말해준다 혹은 영역의 분리기독교는 교권으로 단순화되고 모든 윤리, 특별한 모든 정치적 행위를 포기한다 혹은 기독교가 신앙의 실행으로서 기독교적 실천인 마르크스주의의 채택으로 이끄는 신념이다. 내게는 이것이 현재 마르크스주의적 기독교인들의 방향처럼 보인다. 나는 편협하고 치명적인 투쟁이 아니라 변증법적 갈등 상황에서 다른 것에 비해 또 다른 것을 세운 둘 사이의 근본적인 모순을 지지하고 싶다.

3. 무엇보다 특별한 텍스트

마태복음 9장 2-13절

1) 죄와 설교

　마르크스주의적 기독교인들에게 대항할 이론적인 혹은 성서에서 말하는 중후한 전쟁 도구를 제작하는 일은 문제가 안 될 것이다. 이런 명령에 대한 호교론은 의미도 합리성도 없기 때문이다. 또 마르크스주의적 기독교인들이 성서적으로 다르다는 것을 은밀히 증명하는 일도 그리 문제가 되지 않을 것이다. 이는 그 누구도 설득치 못하고 타인들도 전혀 사용하지 않을 것이기 때문이다. 요즘 마르크스주의적 기독교인 세계에서는 예수의 정치적 역할과 연관된 폭넓은 단언들, 예수의 입장표명에 대한 인상적인 표현들예를 들어 카르도넬의 『무기 밀매』, 주위에서 조심스레 검토하는 텍스트들에 주어진 여러 암시에 대한 언급을 자주 듣는다.

　사실 텍스트를 통째로 취해 경청한다는 사실 자체는 나약한 부르주아적 지성인의 태도이다. 이 지성인은 이성의 상실도 의식하지 못할 뿐 아니라 유물론적이라는 진정한 독서가 텍스트의 의미 해석 자체에 신경 쓰지 않는다는 사실조차 모른다. 그럼에도, 나는 마태복음 구절에 대해 이런 위험을 감수하려 한다. 그 이유는 마태복음9장 2-13절이 위에서 언급한 신학적 태도 표명을 증명하기 위한 암시적 방식으로 자주 인용되기 때문이다. 만일 우리가 세리를 부른 청원에 대한 구절, 즉 전환점과 이행으로 사용된 9절, 실제로 예수가 한 행인의 집에 들어가 음식을 먹는다는 사실을 차치해둔다면 텍스트에는 일관성이 있다. 예수는 종교인들의 소란 속에서 불구자의 죄를 용서하고 그를 낫게 해준다. 예수가 불구자에게 행한 일은 '의료적' 시술인 섬김인데 예수는 이 남자의 인간적인 기대에 부응하지만, 포교는 하지 않는다. 이는 섬김 이론에 대한 초석이다. 그러자 군중은 이에 부응해 인간에게 그처럼 위대한 권능을 주신 하나님께 영광을 돌린다. 이처럼 예수는 비범한 사람도, 흉내 낼 수 없는 인물도 아니다.

그런데 텍스트는 우리가 똑같은 일을 행하도록, 인간적 권능만을 지닌 이 사람 예수처럼 실행하도록 요청한다. 또 텍스트의 두 번째 측면은 사람들과 "죄인의 삶을 사는 사람들" 한가운데 놓인 식탁에서 율법주의자들과 존경받는 자들의 비난을 받으며 그들과 함께하는 예수이다. 거기에서 예수는 의인이 필요한 사람은 병자들이며 "너희는 가서 내가 긍휼을 원하고 제사를 원하지 아니하노라 하신 뜻이 무엇인지 배우라"라는 성서 말씀을 인용한다. 이 대답은 제사를 드릴 필요도, 하나님께 제물을 바칠 필요도 없어서 오늘날 제사를 대신했던 예배도 드릴 필요가 없다는 결론을 쉽게 끌어내도록 한다. 하나님에 대한 이런 '섬김'은 행할 필요가 없다. 하나님에 대한 진정한 섬김은 인간에 대한 섬김이며, 이런 섬김은 예배에서 행해지지 않고 대신 긍휼과 동정을 베풀며 극빈자들과 어려운 자들에게 마음을 열고 고통당하는 자들과 함께 괴로워하며 그들을 돕고 그들의 길에서 그들과 함께 하는 것이다. 이것이 하나님의 **유일한** 뜻이다. 이 두 가지 태도로만 본다면 예수는 예배, 이런 정신, -예수는 의원이 필요 없는 사람들인 바리새인들을 몰아낸다— 그리고 이런 담화를 배제하는 듯하다. 우리는 또다시 "주여, 주여…"하는 자들이 아니라는 사실을 듣게 된다. 실제로 우리는 예수의 '실천'을 새로운 어휘로 일컫는 것을 보게 된다.

예수는 병자를 고치고 (죄인들을?) **용서한다**. 이는 다음과 같이 해석된다. 중풍병자가 단지 병자일 뿐만 아니라 하나님의 섬김을 받을 만한 자가 아니라는 사회적 배제를 보여준다. 일례로 에세네파 신도58)들은 공동체 안에서 불구자와 중풍병자들을 철저히 배제시켰다. 그래서 예수는 영적 배제의 예로 중풍병자를 부각시킨다. 이처럼 창녀59)들과 세리 한가운데 존재하는 예수는 추출되고, 내동댕이쳐지고, 천하게 여겨진 사람들을 정치 사회적 면에서 **회복시킨다**. 여기에 긍휼이 있다. 이 두 이야기 속에서 하나님이나 말씀에 대한 순종이나 예수가 행한 것에 대한 영적인 혹은 상징적인 평가는 안중에도 없다. 또한, 텍스트에 대한 첫 번째 이해는 다음 두 가지 주목할 만한 사실로 말미암아 확연히 드러난다. 모여 있던 무리는 치료의 기적을 보자 하나님께 열광을 돌리지 않는가! 이는 담화가 쓸모없다는 증거가 아닌가! 예수는 하나님을 전할 필요도, 심지어 하나님의 이름으로 행했음을 언급할 필요도 없었다. 무리는 곧 깨달았으며 하나님에 대한 증거가 전파되지 않았음에도 증거는 말없이 이루어졌다. 따라서 예수가 행한 섬김은 그 자체로 충분했다. 그럼으로써 '섬김의 신학'은 온전히 증명된다. 수직적인 섬김이 이루어지면 온갖 말씀보다 훨씬 더 많

---

58) [역주] 바리새파·사두개파와 대등한 교파의 하나이다. 유대계(系) 그리스인 A.필론의 철학적 영향이 강한 신비적인 금욕주의를 부르짖으며, 하느님과의 더욱 완전한 일치를 추구하여 사해 주변에 종교적 공동 생활권을 만들고 장로의 지도하에 공동생활을 하였다.

59) [역주] 한국어로 된 비전성경에는 '죄인'으로 번역되어 있으나 자끄 엘륄은 '창녀'로 언급하고 있다. 하지만, 프랑스어 성서에서는 '평판이 나쁜 자들(les gens de mauvaise réputation)'로 번역되어 있다.

은 사람이 하나님께로 확실히 돌아온다. 따라서 행위의 일치가 동반되지 않는 종교적 담화들은 사람들이 교회를 벗어나도록 하는 가장 확실한 방법이었다. 이 권능이 인간들에게 주어졌음을 상기시키는 텍스트는 또한 "수평적 신학"도 증명해준다. 왜냐하면, 하나님이 직접 활동하도록 하려면 일어나야 할 것은 기도가 아니라 바로 인간의 **행동**이기 때문이다. 예수는 하나님께 호소하지 않고 독자적인 판단으로 중풍병자에게 말을 하는데… 그래서 인간은 실제로 긍휼을 베푸는 데 필요한 온갖 권능과 자질을 지니고 있다.

두 번째 지적 또한 근본적이다. 예수는 세리와 창녀들과 함께 있을 때 아무 일도 하지 않는다. 그는 이 사람들이 사회적 조건에도 불구하고 가치 있는 존재임을 설명하며 여전히 그곳에서, 하나님에 대한 어떤 종교적 담화나 정치적 담화도 명확히 내세우지 않는다. 예수는 아무런 행동도 하지 않고 식사 중에 오가는 평범한 이야기 외에는 아무 말도 하지 않는다. 그는 그들과 함께 그들 중에 있는 것에 만족한다. 예수는 그들과 식사를 함으로써 결과적으로 섬김을 이룬다. 그는 그들을 섬기면서 그들을 높이지 않는다. 그는 그들을 "훈계하지도 않으며" 회개하도록 그들을 부르지도 않는다. 그렇다고 해서 타락한 삶을 사는 사람들이 **실제로** 타락한 생활을 하는 사람들**이었음**을 감출 필요는 없지 않은가! 창녀들도 그랬다. 물론 현대적 담화일지라도 이는 하나님 앞에 성스러운 상황은 아니다. 또한, 세리들도 약간은 도둑들처럼 백성을 착취했었다. 따라서 그들의 명예를 회복시키고 그들이 더는 배척당하는 자들이 아님을 행한 이는 예수밖에 없다. 그러니 결과적으로 우리에게 필요한 것은 하나님을 기쁘시게 하는 일을 성취하기 위해 빈곤한 자들과 **"함께** 있는 것"이라고 말할 수 있다.

긍휼은 그들과 함께, 그들 중에 있음으로써 그들의 명예를 회복시키는 것이다. 그러면 그들이 경멸이 아닌 다른 관계를 맺을 수 있기 때문이다. 그런데 사회적 환경에 대한 현격한 차이를 고려해본다면 이는 정치적인 일이기도 하다. 절대 그들을 교화하거나 개종시키는 일을 뜻하지 않는다. 그들과 함께 있는 것으로 충분하다. 그들은 인간적 존엄성을 회복하려고 예수를 믿는 신앙을 취하지 않는다. 이 텍스트들은 이처럼 분명하다.

오히려 지나칠 정도다. 그런데 이 텍스트에는 또 다른 영역에 대해 관심을 끌 만한 단어가 등장한다. 바로 죄다. "네 죄 사함을 받았느니라. 나는 죄인을 부르러 왔노라." 사회 문화적 상대주의의 결과이며 요즘 자주 등장하는 반론은 즉시 제외하도록 하자. 흔히 "이는 중요하지 않다고 말할 것이다. 예수는 그저 단순히 당시에 통용되는 어휘를 채택하고 있다. 그는 사람들이 죄가 의미하는 바를 이해할 수 있었기 때문에 '죄'라고 말한다. 그것이 없이는…." 그런데 실제로 죄가 죄를 의미하도록 하려는 의도가 아니라면 예수는 그 방법으로 무엇을 얘기하려 했을까? 문화적 공시를 내포한 이 단어를 사용함으로써 예수는 무엇을 나타내려 했을까? 중풍병자는 죄 사함이 필요하다. 이제 돌려 말할 필요가 없으니 정치 사회적 측면으로 바꾸어 보도록 하자. 어쨌든 예수는 다른 이들을 "병자들죄인들"이라고 부른다. 그들은 평판이 나쁜 사람들일 뿐 아니라 병자들이다. 세리들은 도둑**이며** 빈곤한 백성의 착취자들이다. 그들은 다른 사람들에게 악을 행한다. 역시 그렇다. 단지 다른 사람들에 의해 죄인이라 평가된 사람들뿐만이 아니다. 또 사회적 도덕적 사건만이 아니다. 예수는 그들이 죄인이라는 사실을 의심하지 않는다. 예수는 그들에게, 또한 중풍병자나 다른 창녀들에게도, 그들의 모습 그대로가 전적으로 옳으며 그들이 올바르게 행동한다는 등등의 언급은 하지 않는다. 그러지 않는다.

대신 예수는 중풍병자에게 죄 사함을 알려준다. 중풍병자는 정말로 죄 사함이 필요하기 때문에 우리는 죄인이란 용어를 온전히 간직할 수 있지 않은가! 하지만, 예수는 다른 이들에게 의원, 즉 소명을 바치는 의원이라 선언한다. 그런데 이스라엘에서는 부르심, 소명 등은 영적 의미를 지니고 있으니 얼마나 명확한가! 죄라는 단어는 예수가 편리하도록 우연히 사용한 단어가 아니다. 이 용어에 대해서는 엄격한 성서적 지시가 있으며 실제로 예수가 죄인들을 용서하는 하나님의 입장을 취했기 때문에 이 용어를 채택하지 않았다고 말할 만한 아무 근거가 없다. 예수는 정치 사회적 영역에서 어떤 일로도 죄를 바꾸지 않는다. 그는 단지 **온갖** 차원에서 **그에게**온갖 차원도 역시 죄 사함을 준다고 선언한다. 하지만, 성서적으로 죄는 항상 반드시 하나님과 연관을 맺고 있다. 단지 인간적인 죄는 없고 다른 사람에 대한 죄이다. "나는 너에 대해 그리고 오로지 너에 대해서만 죄를 지었다." 다시 말해 예수가 여기에서 행한 일은 결코 "섬겨주는" 것이 아니다. 일례로 치료가 우선시되거나 기본이 되지도 않는다. 텍스트에서 병에 대한 치료보다 여러 죄를 사하는 것을 강조한다는 점은 아주 명백하다. 치료는 예수가 죄들을 사할 수 있음을 귀류법으로 증명하는 측면으로만 비춰진다. 텍스트의 요점은 중풍병자가 걸을 수 있다는 점이 아니라 죄 사함이다. 이것이 바로 중점적 주제이다.

그렇다면, 대체 뒤따라 나오는 제사의 거부와 무슨 상관관계가 있을까? 이 관계는 너무나 분명하지 않은가! 모두 다는 아니지만 상당한 양의 제사들, 제물들은 백성 혹은 개인이 자신의 무고함을 알리려고, 사면을 위해, 정결의식을 위해, 죄 사함을 위해 드려진다. 이처럼 텍스트에서 말하고자 하는 바는 섬김의 신학에 대한 가짜 해석이 예수에게 다음과 같이 말하게 하려는 것이 결코 아니라는 점이다. 즉 "섬김이 진정한 제사이기 때문에 맹세와 제사를 드릴 필요가 없다" 하지만, 대신 예수가 죄를 사했으므로 죄 사함의 제사들은 불필요하여 폐지되어야 한다는 것이다. 죄 사함은 제사에 의해 얻어지는 것이 아니라 그리스도의 강생에서 비롯된다. 예수가 영원한 속죄 제물이 되었기 때문에 이는 영원한 제사이다. 따라서 예수는 다른 어떤 가치보다도 앞선다. 그래서 정치적 혹은 섬김의 신학이 아니라 구원 신학에 속한 텍스트이다.

더 나아가 비평에 이렇게 응해야 한다. 예수가 하나님 이름을 부르지 않았어도 인간들이 하나님께 영광을 돌렸기 때문에 예수에 의해 행해진 섬김만으로도 충분하지 않은가 하고! 이는 별로 심각하지 않다. 예수가 어떤 환경과 어떤 상황에서 행하는지를 떠올려야 하기 때문이다. 계급투쟁의 상황이 아니라 하나님 말씀에 물든 백성, 모든 것이 하나님과 연관된 심지어 불순종적인 백성의 상황이며, 백성을 위한 하나님의 영향력에는 변함이 없다. 하나님과의 관계는 평범하고 본능적이다. 이 백성에 속한 사람들은 세대별로 하나님과의 관계에 대한 해석을 지녔던 세대들로 형성되었다. 사람들은 놀랍고, 경탄할만한 무엇인가가 발생하면 이 환경에서 결코 실수를 하지 않는다. 그는 누구에게 영광을 돌릴지를 알기 때문에 본능적으로 하나님께로 향한다. 그래서 예수는 하나님의 이름으로 행하고 있음을 설명하려고 연설할 필요가 없다. 그는 가르칠 필요도 없다. 그는 모두가 온전히 아는 바를 반복했을지 모른다. 이미 자주 언급했듯이 예수에 대한 가르침은 엄밀히 말하자면 '구' 약에 비해 새로운 것이 아니다. 새로운 것은 말씀이 육신이 되었다는 점과 말했던 모든 것이 이제 살아 숨 쉬며 예언되었던 것이 지금 성취되고 있다는 점이다. 하지만, 이 생동감, 성취, 섬김은 이런 인간들의 의식 속에서 말해지고 선포되고 성취되고 구현되었을 때에서야 비로소 의미가 있으며 빛을 발한다. 따라서 예수가 연설하지 않는다는 사실은 우리에게 그리 본이 되지는 않는다. 우리는 예수가 있던 사회와는 완전히 상반된 사회에 살고 있기 때문이다. 오늘날에는 예수 그리스도 안에 있는 하나님의 영향력에 대해 아무런 경험도, 하나님에 대한 어떤 기준도 없다.

그러므로 첫 번째로 꼭 필요한 사항은 확실히 '참조'와 연관된 담화, 통지, 선언, 예수에 대한 호칭, 가르침, 전도이다. 섬김은 그저 부차적 행위일 수 있다. 그렇다고 중요치 않다는 뜻은 아니다. 우리는(기독교인들) 정확히 말해 "내가 너희를 도무지 말지 못한다…"에서 벗어나려고 나아가 말씀과 삶을 분리시키지 않고 사랑의 선포를 실행하며 이것이 당연하므로 '섬길' 필요를 느꼈었다. 그런데 한편 사회적으로 해결된 문제를 갖는 것 이상으로 중요한 일은 하나님과 부활을 향해 이제 돌아서는 것이다.

세리들, 창녀들, 죄악 된 삶을 사는 사람들 사이에 말없이 있는 예수의 존재에 대해 말하자면 우선 이들이 빈곤한 자들이 아님을 재차 언급해야 한다. 세리들은 부유한 자들로 모두 로마의 협력자들이며 백성60)의 착취자들이고 창녀들도 부유하나 "품행이 단정치 못한 여인들"이다. 그들의 '빈곤함'은 단지 상황 탓에 나쁘게 평가된다는 점인데 이런 상황은 "관례를 따르는 자"들에 의해서가 아니라 로마 침략자들에게 적의를 품는 유대인들과 조상의 종교에 충실한 유대인들에 의한 것이다. 빈곤한 자들은 죄인으로 취급되며 우리는 예수가 이런 판단을 확인해주고 있음을 보았다. 그들은 더는 아브라함의 하나님에 대한 종교의 신자가 아니라서 죄를 대신할 제사를 드릴 수 없어 죄 속에 영구히 갇힘으로써 빠져나갈 길이 없는 상황에 봉착한다.

바로 이 순간 예수는 그곳에서 이 상황에 따른 긍휼을 선포한다. 다시

---

60) 군중의 상황에 대한 상세한 설명은 다음 장을 참조하라.

말해 하나님은 제사나 예배 등이 없을 **때조차** 죄를 용서하기 때문에 결과적으로 우리 또한 하나님 자신처럼 조건 없는 사랑을 실천해야 한다. 그렇다고 이 세리 등의 명예를 사회적으로 "회복시키"라는 의미가 절대 아니다. 요컨대 이는 예수가 그들의 명예를 그만큼 덜 회복시킨다는 뜻이 아니라 반대로 예수 스스로 그들 중에 들어가 그들과 함께 배척당한다는 것이다. 이는 결국 구약 전체에서 예견되었던 충만함, 즉 구원의 성취와 연관된다. 나아가 만일 사회적 회복이나 재배치 등의 수고가 뒤따른다면 이는 단지 표현, 증명, 죄에 대해 이루어진 용서의 시각적 존재만 있을 뿐이다. 그래서 예수처럼 살아간다는 것은 우선 사람들의 죄를 용서해주는 것이다. 즉, 모든 빈곤한 자들, 배척당한 자들, 평판이 나쁜 자들을 위해서 그들의 번민, 그들의 불만 상태, 그들의 염증, 그들의 죄의식, 그들의 자책, 그들의 절망, 그들의 감금, 그들의 고독 같은 그들의 죄를 용서해주는 일이다. 이는 도덕적 범주에 속한 죄를 의미하지 않기 때문이다. 하지만, 교만한 자들, 권력자들, 자만한자들, 정복자들, 양심의 가책을 느끼지 못하는 자들은…. 그들이 스스로 헛된 존재임을 깨달은 이후에 그들에게 행해진 죄사함이기도 하다. 우리 텍스트에서는 이에 대해서는 언급하지 않는다. 이처럼 이주 노동자들이나 프롤레타리아들과 함께함은 기독교적 형식으로 그들을 개종시키려 한다거나 그들에게 섬김을 받고 그들의 고통을 정치적 이슈로 취하는 것이 아니라 그들에게 죄사함을 선포하고 정치적인 자유를 향해 첫발을 내딛기 훨씬 이전에 그리스도 안에서 누리는 자유함을 확인시켜주는 것이다. 그런 이유로 나는 '이후' 나 '동시' 에 라고 말하지 않고 '이전' 이라 하지 않는가! 바로 이점이 우리 텍스트가 말하려는 바이다.

2) 인애자비와 경건함

마지막에 예수는 구약을 인용한다. 너희는 가서 "내가 긍휼을 원하고 제사를 원하지 아니하노라"마9:13하신 뜻이 무엇인지를 배우라. 이는 두 텍스트와 연관이 있다. 이 구절은 진정 호세아6:1~6에서 비롯된다.

오라 우리가 여호와께로 돌아가자,
여호와께서 우리를 찢으셨으나 도로 낫게 하실 것이요,
우리를 치셨으나 싸매어 주실 것임이라.
여호와께서 이틀 후에 우리를 살리시며
셋째 날에 우리를 일으키시리니
우리가 그의 앞에서 살리라.
그러므로 우리가 여호와를 알자 힘써 여호와를 알자
그의 나타나심은 새벽 빛 같이 어김없나니 비와 같이,
땅을 적시는 늦은 비와 같이 우리에게 임하시리라 하니라.
에브라임아 내가 네게 어떻게 하랴?
유다야 내가 네게 어떻게 하랴?
너희의 인애가 아침 구름이나
쉬 없어지는 이슬 같도다.
그러므로 내가 선지자들로 그들을 치고,
내 입의 말로 그들을 죽였나니
내 심판은 빛처럼 나오느니라.
나는 인애를 원하고 제사를 원하지 아니하며,
번제보다 하나님을 아는 것을 원하노라.

그런데 이 문장은 하나님이 제사를 부차적으로 여긴다는 점을 우리에게 보여주는 시편 50편을 확실히 일깨워준다. "나는 네 제물 때문에 너를 책망하지는 아니 하리니 네 번제가 항상 내 앞에 있음이로다…. 감사로 하나님께 제사를 드리며 지존하신 이에게 네 서원을 갚으며 환난 날에 나를 부르라 내가 너를 건지리니 네가 나를 영화롭게 하리로다…. 감사로 제사를 드리는 자가 나를 영화롭게 하나니…."

이쯤에서 예수가 성서 텍스트를 완벽하게 아는 자들에게 말하는 장면을 떠올려 보는 것이 꼭 필요하다. 게다가 예수는 이 '토론'에서 바리새인들에게 말하고 있다. 예수가 한 단어를 인용하자 이후로 성서에 따른 텍스트의 문장은 곧 청중을 위한 재평가와 기억화의 시동장치처럼 발동한다.

그러자 곧이어 나머지 텍스트가 자동으로 전부 다가온다. 따라서 예수는 모두 다 인용할 필요가 없는데 이는 그가 선택한 문장이 청중을 위한 총체적인 모두를 담고 있기 때문이다. 그래서 결과적으로 만일 우리가 예수의 말 하고 행한 것을 이해하고 싶다면 우리 자신을 이처럼 같은 틀 속에 맡김으로써 모든 문맥과 더불어 예수의 이런 구절을 받아들여야 한다. 박식함을 드러내라는 뜻이 아니라 그 청중들이 예수의 말씀을 들을 수 있었던 것처럼 그 말씀을 들으려고 노력하라는 뜻이다.

만일 우리가 호세아서를 읽어보면 의식, 제식, 의기義氣, 명령, 교회 조직을 분명히 포함하는 제사나 번제와 대조되는 것, 특별히 이 모든 것과 대조를 이루는 것은 하나님에 대한 사랑과 지식임을 보여준다. 예수는 바로 이러한 것을 긍휼 안에 옮겨 놓는다. 그러면서도 예수는 호세아의 텍스트를 파기하지 않고 이 해석으로 텍스트를 빛내주며 이 텍스트를 통해 긍휼을 오히려 명확히 밝혀준다. 제사가 아닌 하나님을 향한 경배의 표시로 표현된 사랑에 의해서라는 점을.

결과적으로 예수는 이 텍스트를 인용할 때 하나님을 향한 동향을 절대로 제하지 않는다. 그는 "하나님을 향해 돌아섰기 때문에 제사를 없애고 이웃에 대한 사랑 때문에 긍휼을 베푸시오"라고 말하지 않는다. 긍휼은 연민과 같으며 상호적이다. 이웃에 대한 사랑은 하나님에 대한 사랑과 대치될 수 없는 것과 마찬가지이다. 이웃에 대한 사랑은 **두 번째**이며 또 **그렇게 보인다.** 형식적이 아닌 실제적인 연민을 품도록 긍휼을 베푸시오. 이것이 진지한 부름이다. 하나님을 경배하며 진지해지는 것. 의식, 예배당에 오기, 율법에 맞는 삶을 영위하는 습관, 이 모두는 살아 숨 쉬는 경배, 내적이고 개인적이며 심오한 신앙이 없이는 아무런 가치가 없다고 호세아는 말한다.

하나님을 향해 돌아선 신앙. 우리의 모든 행위는 신앙에 의해 가치를 지닌다. 그런데 우리가 경배하는 하나님은 사랑 자체이며, 그의 핵심적인 명령이 사랑하라 인데, 이 사랑에 대한 가장 구체적인 표현을 지닌다면 어떻게 사랑받기를 원하는 사람을 정치적 혹은 사회적인 모든 영역에서 제외시킨단 말인가! 긍휼은 사랑과 연민 안에 자리를 잡는다. 그래서 예수는 결정적이 아닌 영원한 대체로 긍휼을 연민으로 바꾸는 상황, 즉 이웃에 대한 사랑 안에서 **연민**이 표현되는 상황에 있는 것이지 바리새인들에게 텍스트의 현실적인 해석을 주려고 그들과 맺는 즉각적인 관계 속에 있는 것이 아니다.

이는 호세아서에 있는 **"번제보다 하나님을 아는 것을 원하노라"**는 두 번째 대구對句를 일깨워준다. 더구나 곧이어 신중하고 조심스럽게 나오는 '우리가 여호와를 알자 힘써 여호와를 알자' 까지.3절 이처럼 긍휼과의 일체는 성서Ecriture 파악과 계시—물론 성서공부와 전도하기—의 신비한 수용으로 말미암아 드러난다. 호세아 텍스트를 참조하는 이유는 예수도 역시 이를 참조하기 때문이다. 그저 형식적, 형이상학적, 논증적 지식만이 아니다.

호세아가 "여호와를 알자" 라고 할 때 그는 어떤 하나님에 대해 말하는 것일까? "우리를 찢으셨으나 도로 낫게 하실 분이며, 우리를 살리시고 생명을 주시는 분이며, 그의 약속은 절대적으로 확실하여 결코 거짓을 말하지 않는 분"을 말한다. 구원하시고 자유를 주시는 하나님. 온전히 신실하신 하나님. 즉 살아 역사 하는 하나님을 말하며 그래서 제사를 받으시는 부동不動의 하나님이 아니고 의식과 제식의 하나님이 아닌 행동하시고 개입하시는 하나님, 제례의 하나님이 아닌 성스러운 역사Histoire의 하나님이다. "에브라임아 내가 네게 어떻게 하랴? 유다야 내가 네게 어떻게 하랴?" 모든 것을 변화시키는 분은 바로 이 하나님이기 때문에 전적으로 신뢰할 수 있다. 우리의 소망은 그가 오시기 때문에 존재한다.

다시 말해 호세아의 텍스트는 순전히 형식적인 실천과 하나님으로부터 모든 것이 나오는 확신 사이에, 또 무한한 반복성과 여호와의 개입 간에 대립을 형성한다. 따라서 예배와 제사에서 행해지는 일을 알려면 우선 **그곳에 있는** 이 하나님을 알아야 한다. 그런데 예수의 청중들 기억 속에 강하게 떠오른 호세아의 이 말이 예수가 거기에 있을 때 정확히 이루어진다. 자신의 사역과 온전한 존재 안에 있는 예수가 깨닫게 해준 것은 바로 하나님이다! 예수는 죄인들에게 가까이 다가서며 하나님에 대한 이런 지식을 전해준다. 예수는 긍휼을 베풀면서 하나님에 대한 지식이 무엇인지를 보여준다. 긍휼이 없이는 이런 지식도 없다. 그렇다고 헛되거나 무시해도 좋은 지식은 아니다. 모두가 철저히 연결되어 있어서 호세아의 예언도 이루어질 뿐 아니라 무無로 돌아서는 일도 결코 없다. 따라서 거기에서는 나머지 모두를 긍휼로 대체할 뿐 아니라 인간의 기도에 대한 하나님의 응답과 약속의 실현도 있다.

이제 우리는 시편 50편으로 넘어가도록 하자. 저자는 예배와 제사 행위를 동반한 말씀으로 된 덕을 하나님 앞에서의 감사 행위14절나 호소의 기도처럼 다른 두 가지 태도와 비교한다(네가 어찌하여 내 율례를 전하며 내 언약을 네 입에 두느냐16절). 그래서 우리는 예수에 의해 상기된 텍스트, 그러나 하나님을 **향하고 인간을 향하지 않는** 텍스트를, 우리가 불행할 때조차 하나님께 감사해야 한다는 것을 인정하는 행위와 함께 다시 대하게 된다. 희생물을 위한 감사기도 드리기. 이것은 언제 어느 때나, 변함없는 마음의 움직임, 예식과 형식주의에 물든 감사기도에 얽매인 존재 전체에서 발산되는 감사의 마음이다. 긍휼은 확실히 감사기도에 대한 표현이기 때문에 하나님을 향해 구속된 존재는 다른 사람들을 위해 구속된 존재로 모습을 드러낸다. 물론 감사기도는 가장 우선시되며 기본적일 뿐 아니라 기초이기도 하다. 스스로 불행할 때도 하나님이 우리와 함께 하시므로 하나님이 예수 그리스도 안에서 우리와 근심을 나누어 가지기 때문에 드리는 감사기도, 그리고 다른 사람들과 고통을 나누도록 해주는 긍휼은 불의나 불행의 반란 속에서도 이런 감사기도를 끊어지게 할 수 없다. 우리는 고통에도 불구하고 감사기도에 몰입한다.

그러면 곧 보상이 찾아온다. "환란 날에 나를 부르라, 내가 너를 건질 것이고 너를 영화롭게 하리라." 다시 말해 이런 불행에서는 먼저 인간적인 도움에 호소하지 말고 인간적인 도움을 스스로 내놓지도 말고 하나님을 우선으로 부르라는 것이다. 절대적인 신뢰 안에서, 절대적인 확신 안에 있는 이런 기도가 가장 결정적이다. 내가 하나님으로부터 적절한 것을 받으려고 하나님께 무엇인가를 드리는 일종의 거래처럼 인식되더라도 기기도는 제사를 대신한다. 나는 하나님께 영향력을 행사하려고 제사를 드리지만, 여기에서는 역으로 동기가 조금도 없음이 선포된다. 기도만으로 충분하다. 하지만, 우리는 하나님이 구원해주시지도 않고, 기도를 들어주지도 않는 경험을 수없이 많이 하지 않았던가! 자비가 확실한가? 기독교도의 세계에서조차 불의와 불행이 증가하고 있으니… 어찌 된 일인가? 이러한 증거에 맞서 일어서도록 하는 것이 바로 신앙과 소망 아닌가! 하나님이 행하시는 일을 확실히 보았다면 신앙이 무슨 의미가 있을까? 우리가 하나님께 부탁한 것을 하나님이 마치 의식 없는 배분자처럼 매번 이루어 준다면 소망이 무슨 의미가 있을까? 그가 과연 하나님일까? 따라서 이 텍스트는 호세아서처럼 교회적, 문화적, 도덕적, 율법주의적 형식을 다시 문제 삼는다. 하지만, 우리는 섬김의 신학을, 수평성을, 타인을 위한 인간의 편협한 관계를 돌아보도록 하려는 것이 아니라 오히려 우선 신실한 하나님께, 인간적 방식과 **인간적 체제**를 제외시킨 하나님께, 우리를 전적으로 내어 드리도록 이끌기 위함이다. 수많은 결과를 얻기 위한 인간적인 기교가 오히려 굉장히 문화적이며 희생적이기 때문이다. 따라서 바로 이것이 하나님의 자비에만 의존하기 위해 제거되어야 한다. 자비에서부터 타인을 향한 인간의 행위가 가능할 테지만 단지 **거기에서부터**이며 다른 어떤 곳에서도 아니고, 어떤 근거도, 상황에 대한 다른 어떤 이해도, 다른 어떤 관계도 아니다. 시편 저자는 하나님과 우리 관계를 내면화하고, 개별화하며, 자비의 행위와 끊임없는 기도로 우리 존재 전체에 스며들도록 해야 함을 우리에게 얘기한다. 그러면 이후의 결과로 이웃에 대한 섬김이 일어나 실제로 가능해진다.

따라서 우리는 이 텍스트와 더불어 핵심적인 단언으로 되돌아온다. 즉 연민, 기도, 자비의 행위가 우선되지 않으면 타인에 대한 사랑, 긍휼, 함께 나눔도 없다. 예수가 제사가 아니라고 선언하는 순간 예수의 청중들은 곧바로 조화를 이루는 암시적 의미를 들었을지 모른다. 이런 단순한 단어들이 이 이미지와 해석을 강력하게 일깨워주기 때문에 마태 텍스트는 언술을 하면서 가벼운 암시를 살짝살짝 던져준다. "무리가 하나님께 영광을 돌리니⋯." **이는 우연이 아니다. 시편 50편에도 같은 단어들이 나온다.** "나를 부르라 내가 너를 건지리니 네가 나를 영화롭게 하리로다." 예수는 하나님을 불렀다. 그는 단지 기적만 행하지 않았다! 중풍병자는 구원을 받았다. 그러자 무리가 하나님께 영광을 돌렸다. 위와 같은 인용문들과 이러한 찬양은 확실히 연합한다. 이는 텍스트 간에 일종의 일관성이 있음을 의미한다.

하지만, 반박이 대두하기도 한다. 예수는 실제로 변형을 실행했다. 그는 호세아와 아삽에 의해 표명된 움직임에 만족하지 않는다. 제식에서 열정적 신앙심으로 바뀌려면 한걸음 나아가야만 하는데 예수는 "신앙심, 감사와 간구와 지식"에 대한 기도에 대해 말하는 대신 모든 것을 긍휼로 바꾸어 놓았다. 즉 예수는 구약에서 하나님을 향했던 것을 —긍휼은 인간에게만 연관되고 순전히 인간적인 관계에 있기 때문에— 이제 땅 위로 불러들여 인간만을 목표로 하도록 한다. 이는 우리가 '유물론자' 처럼 생각하게 될 만한 주석이다.

하지만, 실제로는 이를 지지할 수 없다. 예수는 자신의 권위나 말씀을 성서Ecriture로 대체하지 않기 때문이다. 다음에 나오는 언급은 무시할 수 없는 말씀처럼 보인다. "나는 폐하려 함이 아니요 완전케 하려 함이로다." 또한 "율법의 일점일획도 없어지지 아니하고." 예수는 호세아나 시편 예언의 의미작용으로서 예수가 이 예언을 완성하고 그들을 충만하게 해주었으며 아버지와 관계했던 것을 없애지 않는다는 점을 보여준다. 그래서 무엇보다 궁휼은 하나님 자신의 궁휼이며 인간을 향한 흐름은 진리 안으로 한 발짝 다가서지만 선포된 것을 대체하거나 폐지하지도 않는다.

3) 전제와 주해

예수가 참조했던 텍스트들과 마태 텍스트에 대한 비교는 섬김과 수평적 신학을 위해 텍스트를 사용함이 어떤 점에서 헛된 것인지를 보여준다. 이는 자주 떠오르는 성서 텍스트 독서의 전제들에 대한 질문제기로 이끌어진다. 나는 텍스트에 대해 내가 행했던 독서가 고전적, 신학적, 부르주아적 등이라 말할 수 있음을 잘 알고 있다. 우리의 독서 '틀'을 통해, 우리 문화 이미지와 개념을 통해, 우리 선입견을 통해, 만일 마르크스주의자라면 우리 계급 소속을 통해서만 텍스트를 읽을 수 있다는 확신을 우리가 이제 얻었기 때문이다. 이때 '획득'에는 두 측면이 존재한다. 우선 독서는 모두 순전히 주관적이다. 내가 받은 교육, 내 문화 등으로 인해, 내가 이해함으로써 어떤 개관적 의미에도 결코 이르지 못하기 때문에 객관성은 절대 불가능하다. 또한, 독서는 모두 굉장히 돌려 말하기 때문에 나는 내 상황을 보강하는 의미로 읽고 싶어 하며, 극단적일 때 이런 독서는 내 관심에 한정되어 결국 오로지 내 조건혹은 계급의 증명이라는 목표만을 지니게 된다. 이 두 가지 전제가 진리를 향해 도약했음이 공식화되면, 사람들은 훌륭한 정직성과 진정한 겸허를 최고로 표명한다고 믿는다. 그러면 우리는 평소처럼 바로 거기를 가장 옳은 출발점으로 잡음으로써 상식을 벗어난 단언들의 총체 쪽으로 빗나가버린다.

두 가지 옳은 출발점은 우리가 확실하게 지닌 기억 저장소와 여러 가치로만 텍스트를 읽고 이해할 수 있다는 것이다. 따라서 주관성이 한편으로 꼭 필요하다. 이것이 없으면 텍스트는 죽은 채로 남을 것이다. 문화의 변화는 텍스트를 다시 읽어서 새로운 면모를 선보이도록 해준다. 사실을 합리화시키고 인정받으려고 텍스트를 실험적으로 탐독할 수 있다는 점 또한 분명하다. 하지만, 계급 상황과 절대적으로 연관되어 있지는 않다. 우리가 처해있거나 하고자 하는 일을 확증하려고 개인적으로 얼마나 성서 텍스트를 많이 읽었던가! 이는 예수가 경제적 측면에서 결코 '부르주아'가 아니었던 바리새인들을 다소 비난하는 바이기도 하다. 더욱 많은 예도 있다. 19세기 프로테스탄트 중산계급도 지도계급으로서의 자신의 기획과 합법성을 집단적으로 정당화하려고 성서를 철저히 탐독했다. 이는 보편적이지도 지속적이지도 않지만, 거기에서부터 심각한 일탈이 눈에 띄게 진행된다.

우선 주관성과 문화적인 면을 살펴보도록 하자. 우리는 확실히 우리 사회와 문화가 제공한 색안경을 통해 모든 것을 보고 이해한다. 하지만, 반대 측면도 있음을 잊지 말자. 이러한 측면들 덕분에 우리는 다른 것들과 관계를 맺을 수 있다. 혹시 내가 내 사회의 해석이나 가치 이외의 진실, 그리고 객관적 현실에 이르렀다고 주장한다면 이는 내가 다른 사람들과의 관계를 끊고 홀로라는 점을 대변해준다. 나아가 긍휼은 더 있을 수가 없다! 오늘날 우리가 변함없이 행한다고 선포한다면 이는 참으로 불합리하다. 아이들에게 억압, 탄압, 그의 정신을 형식화하는 모든 사실의 틀인 언어를 가르치는 일은 아이들의 자유를 박탈하는 짓이다. 이러한 어리석음은 이 언어가 없었다면 어린이가 그 누구와도 대화할 수 없고 자유로움보다 그저 바보어원적 의미와 파생적 의미로!로 남는다는 사실을 무시하는 처사이다. 이런 '억압'은 '타인과 함께 하고' 대화할 수 있는 조건이다. 그리고 이런 문화동화는 모든 독서가 앞으로 주관적인 동시에 객관성의 조건이 되리라는 점을 말해준다.

일정한 의미, 일정한 가치, 일정한 해석에 모두가 동의하는 사실에만 객관성이라는 명칭이 붙을 것이기 때문이다. 이처럼 모두의 동의가 없다면 망상과 일탈밖에는 없다. 그렇다고 모두 만장일치만 있는 것이 아니라 수많은 여백과 언어에서의 작용 등도 있음을 항상 명심하라. 그렇다면, 우리에게 강요된 '틀'에 대한 비관적인 담화는 대체 모두 다 무엇을 의미하는가? 이는 우리가 결코 목적 자체에 이르지 못하며 우리와 목적 사이에는 문화적 안경이 가로막고 있다는 사실이다.

결국, 놀라운 평범함으로 귀착되고 만다. 그래서 우리는 그 자체로 실재를 알지 못해 결코 절대적 진리에 이르지 못한다. 우리 시대의 여러 지혜는 영향을 미치는 이런 엄숙한 단어들 속에서는 더는 아무 의미도 없다. 어쨌든 실행된 변화를 주로 강조하는 것이 유용하다. 모든 지식, 모든 독서가 이런 진부한 표현들을 통해 실행되므로 절대적으로 객관적인 지식이 없으니 우리는 아무것에나 몰두할 수 있지 않겠는가! 이런 저런 얘기를 늘어놓아도 결국 이것이 '진리'가 아니므로 똑같은 것으로 귀착된다. 결국, 우리는 여기서 위선에 이르고 만다. 절대적 객관성은 가능하지 않더라도 지식에 대한 엄격한 적용 방식으로 -하지만, 나는 이 방법 자체도 일정한 문화적 흐름, 일정한 환경과 연관된다는 사실을 알고 있다- 더 나아가 다른 시대, 다른 문화, 다른 해석과의 대조를 통해 가능한 객관성은 있기 때문이다. 나는 나와 내 그룹이 창세기에서 시작하지 않는다는 사실을 받아들여야 한다. 그리고 특히 성서 텍스트를 위한 나의 문화적 한계성을 알기 때문에 다른 환경, 다른 문화에서 비롯된 해석을 듣고 모든 과거, 교회의 과거 전체와 함께하는 대면을 받아들이는 일이 필요하다. 시기마다 독서는 나름대로 진리를 지니고 있었기 때문이다. 하지만, 상대화는 아니다. 이는 현재 독서에 집착하는 나를 방해하지 않는다. 이는 단지 지금까지 교회가 모든 해석에서 항상 잘못을 저질렀으며 이제야 비로소 매번 예수가 말하고 싶었던 것과 연관되는 진정한 독서에 이른다고 선포하는 것을 내게 금한다. 역으로 나는 이렇게 말해야 한다. "내가 말하는 것은, 나는 이것을 확실히 믿는데, 오늘날 인간을 위한 **유용한** 독서, 현 사회 그리고 현재의 기다림인 것이다."

그렇지만, 우리는 '계급 독서'의 단언을 피할 수 없다. 그리하여 이러한 독서와 연관되기에 이른다. 과연 내가 모든 것을 읽는 '안경'은 어디에서 비롯되는 걸까? 이것이 일반적인 사회, 일반적인 문화, 시대적 사상이라고 믿는 것이 얼마나 잘못되었는가! 아니, 아니, 마르크스 이후로 우리는 "지배적 사상은 지배 계급의 사상"61)이라는 점을 알고 있기 때문에 선험적 추리, 독서의 틀, 우리가 모든 것을 해석하는 표현들은 지배 계급의 소산이다. 그래서 결과적으로 텍스트는 한 시대의 지배 계급에 의해 생산되어 다른 시대의 지배계급 사상을 통해 읽히고 이해된다. 이는 모든 사회에 '계급'이 있다는 일반적 단언을 내포하는데, 우리는 이 문제를 다음 장에서 살펴볼 것이다. 따라서 계급 독서만이 가능하며 계급 해석만 있을 뿐이다. 그러므로 텍스트에 착수하기 이전에 '어떤 사회 계급의 표현인가?'라고 자문해보아야 한다. 또 "무엇을 말하는가"처럼 겉으로 드러난

---

61) 알튀세르가 유명한 '이데올로기적 국가기구(AIE)'로 훌륭히 변형시키자 지식인들은 이에 대해 만족했다. 이데올로기적 국가 기구는 우리가 이미 잘 알고 있었던 바를 가져다주었을 뿐이다. 단 형식을 제외하면! 다른 관점에서 마르크스의 이런 사상은 내가 위에서 제시한 사상, 즉 오늘날 서양 세계의 지배적 이데올로기가 사회주의라는 것과 상반된다. 하지만, 구절 하나하나를 이해하려면 '부르주아의 변신'을 읽어야 하는데 거기에서 나는 부르주아계급이 어떻게 스스로 근본적 방식으로 남아 있으면서 아무 문제 없이 사회주의와 마르크스주의로 흡수될 수 있었는지를 제시한다.

순수한 질문도 던져보아야 한다. 나는 계급 이익의 목표로만 텍스트의 경향을 이해할 수 있기 때문이다. 극단적으로 말해 이 목표는 계급보호에 대한 내용 이외에 여타 내용이 없어서 결과적으로 텍스트가 말하는 바는 내게 흥미가 없다. 그 이유는 마치 우리가 이런 계급투쟁에 자리 잡은 것처럼, 지배 계급을 지적으로 억압하는 것을 목표로 텍스트를 이해**해야 하기** 때문이다.

하지만, 역으로 만일 내가 무의식적 수준에서 오로지 계급 독서만 행할 수 있다면 솔직히 진정한 작용이 있음을 선언해야 한다. 즉 내가 계급 독서를 해야만 한다는 사실이다. 나는 이를 피하지 않는다. 오히려 의식적으로 이것을 하자! 적어도 사실만은 명확하고 진실할 테니까. 내가 무의식적인 영향에 놓인다면 나는 그만큼 지배계급의 독서를 필연적으로 하게 될 것이다. 하지만, 내가 계급 독서를 하기로 마음 먹는다면 나는 분명히 선택할 수 있지 않겠는가! 그래서 지배받은 계급62)의 관점에서 지배받은 계급의 이익에 따라 텍스트 독서를 하게 된다. 만일 내가 빈곤한 자들과 억압당하는 자들 편에 있다면 나는 이런 계급 독서를 **해야** 하며, 지배받는 계급투쟁에 따라 텍스트를 해석하고, 조작해야 한다. 나아가 증명해야만 하는 것이다. 증명 끝. 마르크스주의적 기독교인들의 주해와 신학 모두는 이 추론에 근거한다. 우리는 이를 구체적으로 살펴보려 한다.

---

62) 우리는 무(無)에서의 창조 신비처럼 깊이를 알 수 없는 신비의 존재 안에 있지 않은가! 만일 지배 사상이 진실로 지배 계급의 사상이라면, 만일 이데올로기적 진전이 모두 정말 이런 지배의 재생에 근거한다면, 만일 '이데올로기적 국가기구'가 진정 불가피하게 거기에서 지배받는 계급의 특별한, 자율적인, 독립적 사상들이 떠오를 수 있다면? 혹은 지배받는 계급은 독창적인 사고를 할 수 있어서 이 계급은 진정 소외되지 않든지, 혹은 이 계급이 전적으로 지배를 당해 이 계급의 사상으로부터는 "가능한" 독서란 없다. 마르크스에게 이미 던져졌던 질문이다. '그렇다면, 그 계급의 고유한 사상은 어디에서 비롯되는가?'(바쿠닌−[역주] 러시아의 혁명가, 급진적인 무정부주의자.)그러자 마르크스는 대답할 말을 전혀 찾지 못하지 않았는가!

하지만, 만일 우리가 과정을 분석하고 싶다면 두 단계를 분별해야 한다. 첫 번째 단계에서는 우리 사회의 문화적인 것이 사물에 대한 일정한 해석을 우리에게 강요한다는 것이다. 이는 과학적 탐구와 가장 중립적인 과학적 사상이 포함된 모두에 대해서도 확실히 마찬가지이다. 그런데 이런 '독서틀'은 그것이 온전히 무의식적이고 무지할 때에만 실질적이고, 피할 수 없고, 회복될 수 없다. 내가 이 독서틀에 완전 동화되고, 내 인격 전체에 속속 스며들어, 두려움의 그림자조차 못 느껴야 한다. 이는 내가 색안경을 끼고 있다는 사실을 모를 때 물체들이 띠는 색을 전적으로 확신하는 것과 같다. 만일 내가 안경을 끼고 있다는 생각을 깊이 하다가 스스로 묻기 시작하면 아마도 안경이 물체를 변형시킨다는 것을 깨닫게 될 것이다. 또 안경이 색안경이면 혹시 안경이 사물의 색채를 바꾸지 않나 생각한다. 그때부터 나는 전적으로 확실하고, 객관적이며, 의심의 여지가 없다고 파악했던 것을 의심하게 된다. 그리고 내가 이런 의심을 품으면 전제나 표현들은 더는 제 역할을 하지 못한다. 내가 모든 것을 보고, 모든 것을 읽는 문화적 독서틀에 대해 완전히 무지할 때에만 우회에 대해 효과적으로 말할 수 있다. 이는 내가 물체 자체에만 이르는 확신이 있기 때문이다. 나는 온갖 종류의 전제들을 비평할 수 있다. 하지만, 이는 단지 내게 **더는 영향을 미치지 않고 표면적, (신비적이 아닌!) 신화적 역할만을 하는** 전제들이다. 내가 현혹임을 지적할 수 있다면 나는 바로 이 현혹에서 깨어나지만, 또 결국 내가 분별하지 못한 다른 현혹을 따르게 된다. 문화적 환경은 내게 항상 새로운 독서틀을 제공하는데, 내가 받아들이는 정도에 따라 무의식 속에서 이를 무시하면서 이전에 내가 물체를 보았고 왜곡했던 방식인 독서틀을 지적하고 거부할 수 있게 해준다. 이제 나는 두 가지 예를 들겠지만 이를 발전시키지는 않으려 한다.

마르크스는 이런 전제 사항들과 지배 계급의 왜곡되고 뒤틀어진 사상과 잘못된 인식을 쫓는 열렬한 추종자였다. 경제적이라기보다 훨씬 철학적인 그 체계의 **총체성**, 또는 역사 개념은 전혀 명시되지도 않을 뿐 아니라 노동과 진보를 절대 비난하지 않는 사상에 근거한다. 노동은 모든 것의 열쇠, 인간의 특수성, 인간을 인간답게 하는 방법, 가치의 원천과 기원, 잉여가치의 창출 가능성, 역사의 조건, 인간 개개인을 인간 모두와 연관시키는 일, 민족을 연합하는 일 등이다. 그런데 이런 사상은 사실 17세기 지배 계급 상황에서 나타난 아주 특별한 부르주아적 이데올로기이며 지배 계급의 독특한 이데올로기로써, 결과적으로 인간의 최고 가치로 확언된 노동의 이데올로기로 말미암아 타인을 일하게 하였던 계급의 지배가 합법화된 것이었다. 그리고 자유노동과 자유성을 잃은 노동을 구별해준 마르크스의 분류는 전혀 사건을 전환시키지 못한 채 오히려 18세기 부르주아 계급의 고귀한 사상으로 재탄생한다. 마르크스는 이 틀을 통해서 모든 것을 읽었다. 만일 여러분이 마르크스 체제의 노동을 제해버린다면 아무것도 남지 않는다.

노동과 결합한 다른 초안은 진보이다. 각 단계는 선행된 단계를 능가한다. 역사의 시기는 각각 앞선 시기에 비해 진보한다. 인간은 끊임없이 발전한다. 역사 속에서 인간 선사시대의 시작을 보도록 이끌어주고, 사회주의에서 계급투쟁의 결과를 보도록 해주는 것은 다름 아닌 진보에 의해 결정된 안목이다. 인간의 승리이며 역사 흐름의 피할 수 없는 결말과 같은 사회주의는 오로지 진보 이데올로기로만 보장된다. 그래서 우리에게 확언해주려는 바는 바로 역사에 대한 이런 '선先해석'으로부터 마르크스가 학문적 방식을 세우고 사회과학을 진정으로 제공해주었다는 점이다. 그런데 이런 학문은 비평적이지 않은 이데올로기에 근거한다. 타당성이 일체 증명되지 않은 이런 진보 이데올로기는 정확히 18세기 부르주아계급 사상의 표현이기도 하다. 마르크스는 부르주아적 사상가이다. 그는 이 사상의 근본에서 벗어나지 못했다. 그는 이것들을 보지 못했다. 그는 이 모두가 불안정한 전제들에 근거한다는 사실을 인식하지 못했다. "마르크스는 영원하지 않으며 그 시대와 사상을 나누었다"고 말하는 것만으로는 물론 충분치 않다. 이런 조건에서라면 그는 비평할 수도, 그 위에 모든 것을 구성했기 때문에 다른 체제보다 훨씬 과학적인 체제라고 주장할 수도, 계급투쟁을 역사 전체를 비추는 절대적 객관적 진리로 간주할 수도 없다.

심각성은 덜할지 모르나 좀 더 유사한 다른 예도 있다. 1950년-1960년 사이 나는 기술이 무엇이었는지를 설명하며 비판적이라 평가된 분석을 했던 적이 있다. 그때 나는 기독교 환경에 속한 신학자들에게 시편 8편으로 반박을 받았다. 우리는 과학적·기술적·경제적 확장의 황홀함에 빠져 있었다. 그래서 무한한 진보, 기술의 유리한 특성, 이 기술에 대한 인간의 완벽한 지배와 기술 덕분에 세상에서 앞에 놓인 어려움이 모두 곧 해결되리라는 확신에 차 있었다. 하지만, 나는 이런 고귀한 자들의 협력 속에서 역행하는 바보, 분별없는 까칠한 자라는 인상을 주었다. 사람들은 거기에서부터 시편 8편을 기술적 승리의 정해진 기준이나 이런 위대한 인간적 계획의 신학적 토대처럼 읽었다. 나는 텍스트가 정확히 반대로 말하고 있음을 보여주려고 애를 썼지만 소용없었으며,ㅡ"주(하나님)는 만물을 인간의 발아래 두셨으니", 하나님이 인간의 발아래 창조물을 두셨고 인간은 기술로 말미암아 그것을 탈취한다ㅡ 전혀 주목을 받지 못했다. 우리 사회 개발의 강화로 강요되었을 뿐 아니라 친애하는 우리 신학자들에 의해 무시당한 해석적 색안경 때문에 텍스트가 사라져버렸다. 1966년경 불안의 시기로 접어들자, 이후로 시편 8편은 결코 원용되지 않았다. 색안경은 사라지고 말았다. 사건이나 텍스트의 판독불능인 그들의 근본적인 변화는 단순히 독서틀이 이를 적용하는 사람에게, 또한 독서가 강요된 사람에게 완전히 무시되고 무의식화 될 때에만 일어날 수 있다는 점을 대변해준다. 독서틀이 이처럼 구별된 이상 이는 거부될 수 있기 때문에 더는 제 역할을 하지 못한다. 아무런 역할도.[63]

그런데, 지금까지 우리는 첫 단계만 얘기했을 뿐이다. 사실 두 번째 단계도 있는데 이는 우리가 그 상황을 지지하며 말해야 하는 단계이다. 역사적 객관성이 불가능하니 되는 대로 아무렇게나 얘기해보도록 하자. 또 '독서틀'이 불가피하니 내게 강요된 독서틀을 구별해주며 비평하려고 노력하는 대신 아무 틀이나 채택해보자. 계급 독서가 필수적이니 기꺼이 이 독서 안으로 들어가 보자. 끔찍한 부르주아가 부르주아계급의 독서를 하면서 거짓말을 하니, 우리도 잘못되었으나 좋은 쪽으로 변조된 프롤레타

---

63) 그렇다면, 이런 제한적 독서를 완전히 벗어나는 일은 불가능한가? 시간의 흐름과 사회적인 변화만이 독서의 틀을 낡게 만들어 우리 독서의 틀들을 깨닫게 해준단 말인가? 예를 들면 성서적 텍스트에 대한 진정한 독서는 전혀 없는 걸까? 근본적인 문제이다. 우리는 한편으로 우리의 역사적 문맥에서 결코 벗어나지 못하기 때문에 절대적이고 통합적인 독서에 결코 이르지 못할 것이다. 하지만, 다른 한편으로 현재 문화적 시각에 대한 분별이나 텍스트에 대한 진정한 독서의 성취는 탁월한 학문적 방식이 아니라 ─나는 이런 평범함과 표면적인 편의로의 회귀에 대해 사과하는데─ 언제나 성령이 이루어낸다. 성령만이, 그리고 온전히, 철저히, 오직 성령으로만 계급에 대한 사회적 이해로, 또 다른 텍스트에 대한 이해로 우리를 접근케 해줄 수 있다. 현실적이며 동시에, 지금 그리고 영원한 하나님의 뜻에 들어맞는 이해, 오직 성령밖에는 없는데 이는 오직 성령만이 역사적 환경과 철저히 독립적이기 때문이다. 또 성령은 빛의 영이기 때문이다. 안이하다고? 단순한 대답이라고? 그렇다면, 한번 시도해보라! 이것이 내가 말하고자 하는 바이다. 성령이 여러분을 속박하면 좋아하는 자신의 사상과 "개인적인" 사상에 의존하기가 쉽겠는가? 영이 잠시 주어진다고 해서 여러분이 결코 알 수 없는 이런 영의 자유로운 개입에 복종하기가 쉬울까? 오직 아무 사상도 없는 자들만 그런 우매한 대답을 할 수 있다. 따라서 나는 성령만이 텍스트를 말하게 할 수 있다고 주장한다. 하나님만이 자신에 대해 훌륭하게 말하기 때문이다. 그 이상은 아무것도 없다. 사회학적 독서틀에 대한 모든 담화는 이쪽에 위치한다. 내가 이를 제시했기 때문에 **초월자**만이 우리 세계처럼 특별히 조직된 세계의 자료들을 '이해' 할 수 있다.

리아계급의 독서를 해보자. 호교론적 독서, 선한 이유로 변조된 독서, 이 것은 "계급투쟁에 자리 잡은 독서"를 언급할 때 실제로 우리에게 제시된 것이다. 하지만, 우리가 보여주었듯이, 처음에는 비자발적, 무의식적인 변조와 연관되지만, 두 번째에는 순수하고 단순한 거짓말과 연관된다. 계 급 독서로는 텍스트의 진리를 결코 세우지 못하는데 이유는 우리가 지지 자들을 위해서 텍스트를 읽기 때문이다. 비교로 말미암은 선전에 대항해 투쟁하려고 선전을 사용하는 일은 정보의 정확성을 절대 회복시키지 못 한다. 그래서 이 상황을 지지하고 이런 상황에 속하는 일은 모순의 혼돈 속으로 빠져드는 동시에 유지할 수 없는 가설에 기초하는 짓이다. 유지할 수 없는 가설이라고? "텍스트는 의미가 없으며, 텍스트는 텍스트 외적 상 황설정에 의해서만 의미가 있다. 그래서 텍스트 밖에, 텍스트에 선행하는 계급투쟁 상황 안에 텍스트를 놓는다." 결국 모순적인 혼돈에 이르게 됨 으로써 텍스트는 필연적으로 지도층 계급의 결과가 되어 그 사상을 표현 하며 계급투쟁 안에 자리를 잡는다. 하지만, 이제는 지배받는 계급의 이 데올로기, 즉 텍스트 자체와 상반된 방식의 이데올로기로부터 텍스트를 해석해야 한다. 말하자면 텍스트가 언급할 수 없었지만, 우리 심정을 파 고드는 것을 텍스트에 포개놓는다. 결국, 호교론과 순수하고 빈곤한 텍스 트의 **특정부분을 삭제한** 잘 알려진 활용과정으로 돌아가지 않는가! 우리 가 이런 신학적 혹은 정치적 분야를 채택한 이유를 증명하기 위해 성서 텍스트를 **활용**하면 우리는 매번 신학적 의미에서의 거짓말로, 거짓 왕자 의 통치 안으로 들어서게 된다. 나아가 이는 우리에게 계급투쟁의 물질주 의적 주해를 드러내는 모든 것이 되어버린다.

4. 복음서의 유물론적 독서

1) 심사숙고와 동의점

현실을 무시한 채 복음서들에 대한 유물론적 독서를 명확히 얘기할 수는 없다. 따라서 이를 실행시켰다고 주장하는 이들의 작업에서부터 출발해야만 이 일을 행할 수 있다. 나는 여기에서 방법론에 대한 일반적 토론을 들먹이기보다 이 작업을 평가해보려고 한다. 나는 원칙적으로는 벨로Belo의 시도를, 그리고 단순화된 요약에 불과하나 실제로 아무것도 덧붙이지 않은 클레브노Clevenot의 시도를 활용하려 한다.[64]

벨로는 공산주의, 혹은 이런 의미에서 마르크스주의 혁명가가 되려는

---

[64] 페르난도 벨로, 『마가복음의 유물론적 독서』, 1975년, 미셸 클레브노, 『성서의 유물론적 접근』, 1976년, 『옳은 사상들은 하늘에서 떨어지지 않는다』, Le Cerf, Paris, 라는 1977년 책에서 카잘리스의 유물론적 독서에 대한 내용을 여기에 첨가할 수 있다. 벨로의 저서는 다음과 같은 방식으로 구성되어 있다. 첫 장은 생산 방식의 개념에 대한 형식적 이론 에세이인데, 여기에서 벨로는 생산방식에 대한 자신의 해석, 형식 그리고 적용을 내세운다. 두 번째 장에서는 두 가지 측면에서 이스라엘에 대해 다룬다. 우선 고대 이스라엘의 상징적 질서에 대한 연구 (근본적인 개념, 그리고 이 개념과 사회질서와의 관계)를 행하고 다시 1세기 팔레스타인의 도표, 설계도, 예수와 마가복음의 문화적 배경을 다룬다. 세 번째 부분에서는 시퀀스로 나누어진 이 복음서의 독서와 (유물론적) 설명이 이루어진다. 끝으로 마지막 장에서는 실천의 구상, 신학적 비평, 지배계급 이데올로기의 표현과 무력함에 대한 담화와 함께 물질주의적 교회론에 대한 에세이를 보여준다.

이유를 나름대로 갖고 있다. 무엇보다 이는 저서 초반에 봉헌에서, 섬겨야 할 제사에서 확실히 밝혀진 개인적인 이유다. 그런데 그는 정치적인 선택을 한 뒤에 선택 확인은 문제 삼지 않는다. 그래서 자신의 저서에서 정치적 연구나 사회-경제-정치적 분석도 하지 않으며 혁명 전략에 대해서도 탐구하지 않는다. 오히려 성서 텍스트에 대해 연구한다. 특히 성서 텍스트에 대한 정치적 분석을 시도한다. 나는 이것이 아주 합리적이라고 생각한다. 우리는 주장하는 바와 달리 언제나 반대로 분석했다. 그가 좌파정치를 분석한다는 점은 내게 아주 당연해 보인다. 우리 각자는 자신의 이데올로기65)에 따라, 환경에 속한 외향대로, 우리가 강하게 붙드는 문화적 선입견에 따른 독서의 틀을 지니기 때문이다.

그런데 바로 이 부분에서 우리는 제약을 받기 시작한다. 벨로는 이데올로기에 복종하지 않는다고 주장한다. 그를 제외한 세계는 모두 복음의 이데올로기적 독서를 한다. 벨로만이 과학적인 독서를 감행한다. 최초의 유일한 과학적 독서이다. 내가 전적으로 수용할 수 없다고 선언하는 부분이 바로 이 점이다. 우리는 항상 자아도취적인 주장과 대면한다. "2천년 전부터 지금까지 전 세계는 텍스트를 가린 채, 예수와 유물론적 독서를

---

65) 성서Ecriture 해석의 영역에서 우리는 자주 이데올로기적 선택과 대면하게 된다. 주해에 대한 현재 전문가들에게는 오직 세 가지 주석 방법만이 있다. 고전적이고 유서 깊은 역사비평, 구조주의, 현재 마르크스주의가 있다. 나는 마르크스주의를 위한 텍스트에서 이 주석이 과학적이지 않으며 솔직히 불가능하다는 걸 보여주려 한다. 예를 들면 비쉐르(Vischer)에 의해 멋지게 예시된 기독교-중심주의적 해석이나 상징적 해석은 참조해볼 생각도 하지 않은 채 제외하고 있다. 다른 해석들이 기본적으로 그랬듯이 이 해석이 '과학적'이지 않기 때문일까! 요즘 르네 지라르(René Girard)가 『세상건립 이후로 숨겨진 것들(*Des choses cachées depuis la fondation du monde*)』(1978)에서 소개한 해석의 새로운 틀은 성서 텍스트의 비희생적인 해석처럼 비춰진다. 그런데 이는 여러 가지 해석 중 하나가 아닌 진정한 방법이다. 이 해석은 어떤 이데올로기적 규범에도 포함되지 않기 때문에 나는 절대로 '성서연구가들'에 의해 연구되거나 '밝혀지지' 않으리라 확신한다.

왜곡했다. 따라서 과학적인 독서만이 우리를 진실로 되돌려 놓는다.” 내 나이 또래의 사람들은 이런 선포 앞에서는 실망감을 감추지 못한다. 나는 40년 전부터 성서에 대한 연구서들을 읽으며 이런 담화를 스무 번도 넘게 접했다. 마침내 최초로 자신의 진리 안에서 회복된 복음…. 배타주의와 마르크스 자체의 사상과는 거의 일치하지 않는 난공불락의 요새를 세워 진리 전체를 발견하는 탁월한 방식의 완고한 마르크스주의적 과학주의를 벨로를 통해 경험하게 된다.

하지만 계획이나 방법에 철저한 비평을 가하기 전에 내가 동의하는 부분들과 벨로의 공헌이 엿보이는 부분들을 먼저 지적해주고자 한다. 우선 무엇보다 가장 큰 공헌은 텍스트에 새로운 시선을 던져주고 매우 세심한 관심을 기울여 텍스트를 읽도록 요구한다는 점이다. 이는 구조주의적 접근의 두드러진 공헌이기도 하다. 이후 이야기récit와 서사narration 간의 일상적 구별에서 텍스트는 우리가 오히려 서사에 애착을 보임을 보여주는 장점이 있어서 **실천의** 이야기인 이야기를 재조명해줄 필요가 있다. 그래서 벨로는 거기에서 예수의 말씀을 붙잡으려고 자주 “기존의 말씀” 탐구에 몰두했으며, 예수가 명확히 행동으로 보여줬음에도, 복음을 일종의 가르침으로 축소시켰다는 올바른 지적도 해주었다. 따라서 이 행위를 새롭게 조명해줄 필요가 있다. 말씀은 수시로 벨로가 실천이라고 부르는 행위와 연관되거나 행위에 의해 이해된다.

또한, 벨로는 타락Souillure과 채무Dettes, 66) 법전의 대립을 통해 부분적이지만 옳은 해석도 선보인다. 구약에는 엄격히 대조를 이루는 중요한

66) 타락과 채무라는 두 흐름 간의 대립에 관해서는 텍스트의 희생적이고 비희생적인 독서에 대한 지라르(『세계 건립 이후로 숨겨진 것들』, 1978)의 더 심오한 독서를 비교의 시발점으로 제시해주어야 한다. 하지만, 이는 마르크스주의적 해석을 허락해주는 사회-경제적 기초를 전혀 따르지 않는다. 희생적 독서는 인간 존재와 사회의 기본적인 자료들에 훨씬 의존한다.

두 방향이 있다. 그 중 하나는 정결의식과 성스러움에 대한 돌파구, 그리고 제사의 측면과 함께 하는 타락 사상에 집중된 방향이다. 이는 성직자들의 종교적 지위로 세워진 종교적 체계로써 특히 레위기에서 찾을 수 있다. 다른 하나는 채무의 면제와 은혜의 측면들과 함께하는 채무 사상과 용서에 대한 돌파구에 집중된 방향이다. 이는 대중적이며 예언적인 환경에 세워졌고 특히 민수기에 나타나는 '사회적' 체계이기도 하다. 전자는 보수적인 이데올로기이지만, 후자는 혁명적 이데올로기일 수 있다. 벨로는 예수가 타락의 체계에 끊임없이 이의를 제기하며 채무의 체계에 온전히 중점을 두었다는 사실을 간략하게 보여준다. 이는 아주 흥미로울 뿐 아니라 아마 부분적으로 옳을 수도 있다.

하지만, 극도로 단순화시킴으로써 구약에서 엄청난 어려움에 직면한다. 민수기는 전형적인 성직자의 텍스트이다. 어떻게 민수기가 '대중적'이 될 수 있단 말인가? 역으로 선지서 안에서는 타락과 정결의식을 굉장히 자주 보게 된다. 가끔은 '채무'와 '타락'을 나누려고 한 절을 두 단락으로 구별해주기도 한다. 십계명이 어떻게 전형적인 "채무 체계의 금지사항들에 대한 총체"–금지사항의 총체인 십계명을 앞서 행하는 일은 이것이 얼마나 역행적인 주석인지를 받아들이는 것이 아닌가!–라고 선언할 수 있겠는가? 솔직히 초반의 두 계명은 순결함에 대한 명령이 아닌가? 따라서 흥미롭기는 하지만 텍스트를 무시함으로써 얻어낸 체계화되고, 강화되고, 강요되고, 단순화된 사상이다. 이것이 바로 우리가 재발견한 일반적인 사항이다. 벨로는 마가복음을 굉장히 세심하게 검토한 반면, 다른 텍스트들은 믿기지 않을 정도로 가볍게 다루거나 완전히 무시하는 경향이 잦지 않은가! "교회는 모임으로서의 공동체일 뿐 아니라 이웃사랑, 소망, 믿음으로써 경제, 정치, 이데올로기의 세 단계와 연결된 공동체의 **특**

별한 실천을 지시하는" 매우 흥미롭고 또 깊이 연구해볼 만한 사상이다. 설명이 좀 덧붙여진다면 나는 그런대로 동의할지 모른다. 우리는 확실히 성서 전체에 숨겨진 정치적 갈등에 집중하려고 다른 영역에는 얼렁뚱땅 동의해버리고 만다. 이미 자주 그런 식으로 해왔다.

이제 우리는 경제, 정치, 이데올로기라는 세 단계에 대한 독서 노력에 관심을 보이면서 이를 다시 재검토해보려고 한다. 벨로는 이를 창작이라고 소개하며 다소 거만하게 군다. 하지만, 이는 진부한 일에 불과하다.67) 어쩌면 벨로가 복음서 독서에서는 이를 한 번도 적용하지 않았다고 둘러댈지 모른다. 사실 우리도 지속적인 주석을 하려고 이를 체계적으로 행하기는 했지만 수많은 연구가 우연히 혹은 단편적으로 이런 유형의 독서를 행하고 있다는 사실을 받아들이도록 하자.

또한, 하나님과 돈, 하나님과 국가, 하나님과 왕, 살아있는 자들의 왕과 죽은 자들의 왕 사이에 근원적이고 엄격한 대립은 나는 진정 복음주의적이라 생각한다 옳을 뿐 아니라 흥미롭기도 하다. 단, 우리가 말을 아끼는 이유는 탁월한 독창성을 보이지는 않는다는 점이 아닐까! 이 점에서 우리는 상대적으로 선결해야 할 중요한 과제를 발견하게 된다. 벨로는 자주 개혁이라고 믿으며 다 아는 사실들을 반복한다. 우리는 그가 저술한 내용의 95%가 어느 정도는 오래전부터 이미 곳곳에 존재했다고 주장할 수 있다.

책을 읽는 동안 등장하는 예 중에서 종교에 대한 그의 이론은 19세기 초로 거슬러 올라간다. 아마도 성년聖年은 차치하더라도 이를 언급하려고 드보de Vaux, 68)까지 내세울 필요는 없다. 이는 한 세기 전부터 아무런 증

---

67) 일례로 내가 스스로 독창성을 뽐내려는 것은 아니지만, 경제, 정치, 이데올로기 간의 연관성을 상세히 분석한 『제도의 역사 *Histoire des Institutions*』(1954년)의 도입부를 그에게 참조하라고 할 수도 있다.
68) [역주] 프랑스 리옹의 부유한 상인으로서 종교 위기를 맞아 신약성서를 평민들의 언

거도 없이 저자에서 저자로 조심스레 다시 전달된 일반적인 논거이다. 상징적인 두 질서를 해석하기 위한 하늘/땅의 대조도 포이에르바하Feuerbach 이후로 상당히 알려졌다.69) 이스라엘의 정치-경제적 체계와 선지서들 간의 갈등도 일반상식이 되었다. 이스라엘에서의 관점들은 항상 현세적이고, 축복과 자연스레 연관되며, 이스라엘의 공동 운명과 연관되기 때문에 이를 말하기 위한 '유물론적 독서'는 필요하지도 않았다. 구약 주석가들 가운데 확실히 가장 영적인 자들이 이를 언급하고 반복하지 않았던가! 또한, 정치적, 상대적으로 경제적 중심으로서의 여호와의 신전에 대한 사상도 오히려 유명하지 않은가! 또 마가복음 텍스트 자체의 주석에서 우리는 비슷한 일반상식을 무더기로 대하기도 한다. 예수가 빈곤한 자들에게 둘러싸여 기존 권력의 전복을 겨냥한다는 것은 터툴리안Tertullein, 70) 이후로 변함없는 해석이다. 누가 종말론이나 계시록이 정치적 무능력 안에서 전개된다고 되풀이했는가? 대체로 벨로는 가장 평범하게 -일례로 욥기를 개인적 불행의 '문제'에 대한 책으로 삼는 일에는 반박이 없지 않은가!-, 또 뻔뻔스레 오류를 범하는 여러 해석의 놀라운 반복 자에 불과

어로 번역하였다. 자신의 재산을 모두 팔아 순례하는 복음 전도자가 되었다. 그로 말미암아 '리옹의 빈곤한 자들을 위한 박애'라는 운동이 1173년 결성되었다. 그리하여 12세기 말 프랑스에서 그리스도교의 순복음적인 신앙노선의 일파인 발도파(Waldenses)를 창시했다.

69) 하지만, 여호와의 용서, 은혜에 대한 사상이 하늘로부터 주어진 비를 땅이 받아들일 때에만 풍요로워진다는 유물론적 사실에 근거하려면 하늘이 항상 비를 만들어냈다는 것을 과학적으로 엄격히 증명해야만 하겠지만, 사실상 같은 경험도 수많은 다양한 해석을 이끌어내며 처음 확인된 사실로부터 완전히 대립하는 종교적이고 경이로운 형태들이 있다는 것도 증명해야 할 것이다.

70) [역주] 라틴어 작가이다. 2세기 말 기독교로 개종하여 카르타고 기독교 공동체의 상징적 인물이 되었다. 신학자이며 교회의 아버지로 그의 영향력은 서양 기독교 세계에 커다란 작용을 했다. 하지만, 그는 논쟁의 대상이 되기도 했다. 이방 제식에 대항해 투쟁하여 그 시대 기독교 신학에 큰 역할을 담당했지만, 말년에는 이방 몬타누스 교리 운동과 연합하기도 했다.

하다.71)

나는 예를 끝없이 들 수도 있다. 하지만, 나는 어떤 저자에게 선배들의 예를 반복하라고 하고 싶지는 않다. 이는 우리 모두의 몫이다. 하지만, 내가 벨로에게서 수용하기 어려운 점은 우선 허상적인 과학적 유행어 속에 있는 새로운 단어들로 이 평범함을 치장하여 어휘나 명칭 수준에서만 새로운 외형을 선사한다는 점이다. 그리고는 이런 용어는 아닐지라도 일례로 전혀 이해도 안 되고 그저 반복에 그친 부르주아적 주해를 웃음거리로 만들며 계속 이렇게 선포한다. "이것을 언급한 사람은 아직 한 명도 없다…."

2) 방법

이제 우리는 본격적으로 비평을 시작하려 한다. 근본적인 문제로 들어서기 이전에 우선 첫 비평 사례로 방법에 대해 언급하려 한다. 무엇보다 벨로는 놀랄 정도로 유행에 민감하다. 그는 자신의 텍스트를 과학화하려고 수많은 약어를 지어낸다. 젤로트의 전략stratégie des Zélotes은 STRZ로 반대자들은 AA로 표기할 것이다. 그러면서 그럴듯한 문장들을 선보인다. "국가검찰MPE에 의한 전형적인 파일시스템FS에서 젤로트의 전략은

---

71) 탁월한 예: 그는 우리에게 이스라엘에서의 이야기와 온갖 이야기들의 종말론적 독서는 이야기 전체의 창세기인 최초의 이야기, "태초에 하나님이 천지를 창조하시니라…"를 참조하라고 말한다. 텔로스(목적, 끝)는 아르케(시작)를 참조한다… 불행하게도 이스라엘을 위해서는 이것이 거짓이다. 간결하고 피상적인 독서만이 이런 그릇된 동화를 가능케 한다. 이스라엘은 당연히 끝에서부터 반복하지도 않으며 시작이 재생산되지도 않지 않는가! 오히려 모든 것이 정반대가 아닌가! (참조. 자끄 엘륄, 『머리둘 곳 없던 예수-대도시의 성서적 의미』)

STRAA(반대자들의 전략)에 부응할 수 없다" 등등. 이는 정말 유치한 장난에 불과하다. 그다지 중요하지도 않다. 그는 소위 바르트의 영향을 받는다. 벨로가 유행하는 말장난을 흉내 내니 우리도 학자답게 c/x의 문제제기- 일명 마가에서 마르크스까지-라고 한번 해보려 한다. 나는 이런 종류의 말장난을 계속 하고 싶은 마음이 굴뚝같다. 예를 들면 이런 건 어떨까? 마르크스를 거치면서 마가에서 가루쇼까지, 물론 (칼) 마르크스=가루쇼(마르크스). 어찌 되었든 이 또한 심각하다.

벨로는 단어들을 믿는다. 그는 새로운 단어들을 접합함으로써 문제를 새롭게 해주었다고 믿는다. 나는 이미 그것을 알려주었다. 불행하게도 그의 유물론은 대개 실제적 내용이 빠진 마르크스주의적 어휘 단어들에 대한 사용으로써 계급, 계급투쟁, 생산방식에 대해 말하기는 하지만 아주 평범한 담화에 이 단어들을 포개놓은 것에 불과하다. 우리는 이를 다시 재검토해 보고자 한다. 물론 그도 유행에 따라 전략, 코드, 체제 등 온갖 단어들을 사용한다. 하지만, 그가 자비를 말하는 손의 실천, 소망과 일치하는 발의 실천 그리고 믿음과 일치하는 눈의 실천에 대해 진지하게 말할 때면 가끔 웃음보가 터지려 한다. 왜 하필 손과 발인가? 왜 인격의 사상은 거부하며 끊임없이 예수의 몸을 강조하는가? 오로지 영적인 것에서 벗어나 물질화하기 위해서이다. 육체와 육체의 활동, 육체의 실천을 말하는 이가 어쨌든 유물론자이니까.[72] 하지만, 이는 칼 마르크스가 이미 『독일의 이데올로기』에서 "어법의 유물론"이라 칭했던 바이기도 하다. 그런데 이에 전적으로 무관심했던 벨로는 이런 결과를 대가로 치르고 만다. 일례

---

[72] 나는 이 유물론이 마르크스가 유물론으로 이해했던 것과는 분명히 상반되며 반대로 그가 "이런 유물론적인 육체적 실천이 전혀 걸림돌이 되지 않는다"는 용감한 미국의 부르주아이며 선구자적 자본가인 스키너(Skinner)의 행동주의적 개념에 전적으로 연합함을 그에게 알려줄 수 있다.

로 그는 BC 7세기 이후로 시각과 신앙 간에 행해진 근원적인 대립—눈은 신앙의 기관도 신앙 표현 등도 될 수 없다—을 모르는 듯하다. 절대적인 모순이 있음에도 이를 무시한다는 사실은 이스라엘 '종교' 의 특수성을 근본적으로 소홀히 한다고 볼 수 있다. 가난한 과부가 드린 헌금에 대한 예수의 말씀을 언급하며 벨로가 우리에게 사람들은 늘 "경제 장부" 안에 있고 예수는 "교회화의 공간에서 경제적 실천의 파괴화에 대한 교훈"을 주러 왔다고 근엄하게 선포할 때면 그의 어리석음을 엿볼 수 있다. 그는 확실히 마르크스에게 있어 "경제적 실천"이 무엇인지를 모르고 있다!

어휘 영역에 머물 때 걸림돌이 되는 요소는 한편으로 그가 단어에 적합한 의미를 자의적으로 부여해 증명을 끌어낸다고 믿는 일이며 다른 한편으로 텍스트에 공시connotation, 73)를 직접 제공하려고 강력한 감정적 잠재성이 담긴 현대적 단어들의 적용과정을 거치는 작업이다. 그래서 그는 우선 초반부에 일련의 정의를 실행하는데예: 생산능력, 실천, 생산관계, 생산방식, 순환방식 등등 이 정의들은 잘 정의된 마르크스주의적 어휘를 계속 이어가며 거기에 온갖 의미작용을 부여하여 마르크스주의자를 흥분시킨다. 하지만, 내가 보기에 이런 짓은 진지하지도, 솔직하지도 않다. 단어들의 자의적 사용의 충격적인 예로 그는 "païs"를 "젊은이들"로 번역하는데 ― 물론 어린이는 아니다. 이는 그의 계획과 다르지 않는가!― '젊은이들' 은 결국 힘을 대변한다. 그는 예수의 죽음에 대해 말하는 그리스어 동사가 '살인' 을 의미하기 때문에 이는 '살해당함' 를 뜻한다고 단호히 말한다. 예수가 스스로 **죽지 않았으며 타살**의 희생양이라는 생각은 벨로에게 중요하다. 죽음 사상으로 몰아가는 일은 갈등을 감춘 채 정신성의 부여를 목표로 하는 부르주아적 이데올로기이기 때문이다. 따라서 타살에 대해

---

73) [역주] 말의 명시적 의미에 대해서 감정적, 사회적, 문화적 의미를 내포함을 의미함

언급해야만 한다. 하지만, 불행하게도 타살이라는 단어는 의미가 명확해서 '합법적' 권력에 의한 불의한 형의 선고 사상과는 맞지 않는다. 한 단어에서 다른 단어로의 이동은 그 자체로 이데올로기적 작용이며 부르주아적 독서에 의해 실행된 작용과 유사하다. 예수에 의해 유지된 '미팅'이나 반역자 혹은 강도를 대신하는 '게릴라 병'에 대해 말할 때, 혹은 예수가 말한 **유일한 이웃**이 필연적으로 부유한 젊은 남자가 떠난 이후에 가난한 자라고 할 때도 벨로는 마찬가지이다. 마찬가지로 구성이나 작문 대신에 '텍스트의 **생산**'에 대해 거창하게 말한다.

하지만, 여기서는 벨로만 문제가 되는 것은 아니다! 이러한 단어의 전이는 확실히 순수하지는 않다. 왜냐하면, 텍스트가 여타의 산업 생산품과 견줄만한 '생산품'이라서 생산방식에 대해 마르크스주의적 분석을 적용할 수 있음을 간접적으로 단언해주기 때문이다. 우리는 문학 텍스트가 역사적 문맥, 사회적 그룹과 연관되어 일정한 이데올로기를 반영한다는 확인된 사실, 그리고 이 텍스트가 내적이고 총체적이지 않으며 벨로에게서 벗어났던 차이점인 노동의 분배, 산업생산의 법칙, 기술적 생산 도구, 구체화하고 순환하는 고정된 자본 등, 익숙한 혼동성이 언급하지 않은 것과 산업 생산 법칙에 복종한다는 단언 사이에 격차가 함께 존재한다는 사실을 무시한다. 그럼에도, 우리는 텍스트가 그렇게 잘 행해왔던 것처럼 다룬다. 그래서 독자가 인식하지도 못한 채 이미지를 통째로 집어삼키도록 오로지 계획된 한 어휘를 사용한다.

벨로의 논증 전체는 확고히 믿기는 하지만 전혀 증명되지 않은 어떤 이데올로기적 전제들에 근거한다. 신앙은 이데올로기이다. '성령'인 '하늘'의 명령에서 비롯된 모든 것은 신화적이다. 유물론만이 과학적이며 역사적 학문만이 역사적 유물론이 될 수 있다. 온전한 현실의 열쇠는 노동이다. 노동은 모든 것을 설명하는 생산이기 때문이다. 우리는 어떤 해석에서는 오로지 신앙의 지지에만 근거하는, 그래서 내가 감히 마르크스주의라고 고백도 못할만한 무언의 신앙고백을 만난다. 벨로는 자신이 보기에 확실한 것을 과학적 진리라 생각하지만 나는 이성에 기초하지도 비평받지도 않기 때문에 신화라 부르고 싶다.

이는 계급과 계급투쟁 사상과 함께 확연히 드러난다. 벨로에게 계급은 모든 사회, 모든 상황에서 영원히 존재한다. 이는 "당연한 일"이다. 우리는 이것을 증명하려 애를 쓰지 않아도 된다. 다른 두 그룹이 있어서 한쪽이 다른 쪽을 지배하면 이것이 바로 계급이다. 우리는 나중에 이 문제를 살펴볼 것이다.

그보다 앞서 우리에게는 접근방법에 대한 두 가지 의문이 아직 남아 있다. 첫째는 유행하는 과장된 언어를 사용하려 하기 때문에 벨로의 "참조목록"에 대한 문제이다. 우리는 이 작업에서 대립 된 영감靈感의 놀라운 혼합을 만난다. 위대한 영감을 제공해주는 네 사람, 벨로가 참조한다고 고백한 이들은 알튀세르, 구조주의, 바타이유와 니체이다. 그런데 수필 속의 명상에서는 그가 이런저런 것을 참조하고 이런저런 작가들의 사상을 인용하고 이런저런 사상을 인용할 수 있을 테지만, 이 경우는 분명 해당하지 않는다. 벨로는 철저히 과학적이며 엄격한 저서를 만든다고 주장한다. 그는 부분적으로 구조주의적 방법을 사용하는 한편 마르크스주의 유물론적 독서도 제공한다. 그가 사용하고 설명한 개념들이 마르크스의 개념들이기 때문이다. 하지만, 그는 부조화의 존재를 의심하지 않은 듯하다. 단지 마르크스 사상만이 전부이고 총체이며 이 사상은이 사상은 진정! 철저하고 치밀하다. 그래서 다른 방법들과 이를 혼합하려 할 때 다른 개념들을 사용하는 일은 절대 불가능하다. 벨로는 구조주의와 마르크스의 방법이나 사상 간에 근본적인 모순이 있다는 생각조차 하지 못한다.

반대로 르페브르Lefebvre, 74)는 해결되지 않는 이런 모순을 철저히 밝혀주었다. 특히 역사 위치 때문에 벨로가 역사적 유물론/변증법적 유물론 간에 분류를 채택했다는 점을 간과해서는 안 될 일이다. 그가 마르크스의 개념들을 다시 정의하며 이를 도용했다는 점도 묵인해서는 안 된다. 그런데 벨로는 그러면서 마르크스의 방법론을 파괴한다는 사실을 몰랐을까? 비록 자신의 방법론을 대신 세운다고 주장하더라도 자신의 것을 철저히 보여주고 세워야 하는데 그는 마르크스적 방법유물론이 철저하고 구조주의-언어학적 방법도 역시 그러하다는 전제를 언급할 때는 생기발랄하다가 자신의 것은 제시조차 하지 않는다. 이런 모순은 깨닫지도 못한 채 해괴망측함을 드러내고 있는데 우리는 그 중 몇 가지를 밝혀보려고 한다.

또한, 그는 니체의 개념들도 끌어들인다. 여기서 나는 니체가 체계를 지닌다고 주장하려는 것이 아니다. 어떻게 칼 마르크스 안에 니체를 삽입할 수 있단 말인가!75) 권력 의지나 영원한 귀환 같은 개념들이 무엇 때문에 마르크스에 의해 읽힌 역사의 해석 안으로 들어오는지…. 실제로 벨로는 자신을 사로잡는 사상의 혼합물을 만들어 '매우 흡족한' 혼합물에 불과한 것을 연계된 총체로 소개한다.

나는 끝으로 이 '방법'의 관용주의에 대한 두 가지 충고로 마무리하려 한다. 우선, 물론 유독 벨로만은 아니지만, 그는 끊임없이 혼란 상태를 일으킨다. 온전함은 온전함 안에 있다. 일례로 그는 이스라엘에서 제도를

---

74) 르페르브,『새로운 엘레아학파 철학』, 1971
75) 벨로는 확실히 마르크스 안에 니체를 도입함이 터무니없음을 알았지만 그는 다섯 가지 평가에서 아무 해결도 하지 않는다. 특히 노동력에서 힘으로 결국 비합법적 변화를 실행하면서 노동력의 마르크스주의적 개념을 권세 의지와 동일시함은 상상을 초월하지 않는가! 니체의 주관성을 요인들의 협력을 고려하는 전술의 작용으로 다시 가져오는 시도 또한 마찬가지이다.

채택하는데 곧 같은 명칭을 지닌 다른 곳의 제도들과 혼동한다. 독특함을 고려하지 않는다. 말하자면 역사를 참조하지 않는다! 그래서 유다 왕국은 다른 근동왕국과 비슷하며, 노예 신분은 항상 어느 곳에서나 노예 신분이고, 법은 모두 타락과 채무의 체계로 귀착된다. 물론 타락은 사회-인류학적 연구의 보편화로 명명되는 것과 같다. 그는 이스라엘에서의 타락이 이 단어가 다른 곳에서 포함하는 것과 차이가 있는지는 전혀 자문해보지 않는다. 즉 그는 차이를 무시한 채 성급한 동화를 진행해 항상 동일시되지도 않는 것을 동일시한다. 그래서 우리는 그가 '공산주의'와 공산주의적 혁명에 대해 말할 때 똑같은 방임주의와 똑같은 혼동상태를 발견한다. 물론 예수의 메시아적 실천이 근원적으로 공산주의적 전략이라고 —물론, 항상 맘대로 말할 수는 있지만— 선언할 수 있겠지만, 생산력의 향상은 결코 거기에서 비롯되지 않기 때문에 적어도 이 공산주의는 마르크스의 공산주의와 비교될 수 없다는 점을 지적해야 할 것이다. 분명 감정적으로는 수용할 수 있지만, 마르크스주의적 관점에서는 전적으로 불가능한 결과들이 여기에서 비롯된다.76) 이 혼란상태는 이미 널리 알려져 있는데 이는 미리 주어진, 명제의 예증으로서의 단어들과 텍스트들만을 사용하는 포괄적인 해석에 복종하기 때문이다. 벨로의 경우는 그래도 나은 편이다. 그래서 마가와 예수의 복음은 전적으로 벨로의 개인적 이데올로기의 보증이고 지지대이어야 한다.

마지막 충고는 벨로의 방법론적 경망스러움과 연관 있다. 일반적으로 그는 마르크스를 따른다. 그러다가 마르크스가 혼란스럽게 한다든가 어

---

76) 일례로 벨로는 오늘날 공산주의 전략의 동기 가운데 하나는 프롤레타리아의 유토피아와 생산의 '육체'에 대한 금전적 숭배 대상의 경제적 수준의 유토피아로 이동하도록 구성될 것이라고 말한다. 하지만, 마르크스의 해석으로 보면 이는 엄격히 수용 불가능하다. 존재하지도 않으니까! 유토피아의 이동은 있을 수 없고, 특히 문제시된 이동은 이전의 경제적 체계의 성숙을 통해서만 이행될 수 있다.

떤 결과에 방해되면 일치성을 고민해보지도 않은 채 망설임 없이 마르크스를 포기해버린다. 그런데 가장 궁금한 점은 부르주아적 주석을 향한 벨로의 태도이다. 일반적으로 이는 이데올로기로써 잘못된 주석이다. 우리는 역사학자들과 부르주아적 주석가들이 예수의 복음이나 실천을 전혀 이해하지 못했다고 스무 번도 넘게 이야기하지만, 벨로는 때때로 증명도 해주지 않은 채 이 주석가들의 결론을 당연시한다. 유일한 예: 벨로는 마가의 '진정한' 텍스트를 마가복음 16장 8절에서 멈춰버린다. 그러고는 9절에서 20절을 제외 시킨다.

논쟁: "모든 이들이 마가복음 16장 9~20절은… 텍스트에 속하지 않는다고 생각하는데 동의한다…." 모두라고? 그런데 이처럼 수용 불가능한 부르주아적 주석가들의 권위가 여기서만은 확실해진다. 왜일까? 이는 마가의 텍스트가 여기에서 멈춘다는 사실을 벨로가 자신의 논증으로 정리했기 때문이다. 우리는 이처럼 필요에 따른 활용을 자주 목격한다. 흥미로운 예도 있다. 마태복음 전체에서 '순응적' 사실은 벨로에 의해 이론적으로 수정된 것처럼 여겨진다. 하지만, 예수 자신도 '과격한' 인물이었고 '계급투쟁'을 잘 알고 있던 인물임을 여기에서 증명해준다. 그래서 마태복음 23장을 취해 큰소리로 읽도록 충고한다면 "여러분은 연극배우처럼 폭력으로 붉게 물든 채 끝을 맺을 것이다. 이는 진정한 집회가 아니겠는가? 이 이후에 예수가 온순했고 비폭력적이었다거나 계급투쟁을 무시했다고 어떻게 말하겠는가?" 말하자면 벨로는 이 텍스트가 자신이 행하려는 묘사와 일치하기 때문에 이 텍스트를 적절히 흥미로운 방식으로 채택한다. 예수 자신의 말씀ipsissima verba은 찾을 필요도 없으니 자신의 고유한 선언이 어디에 있단 말인가! 이는 부르주아적으로 수정된 신학 텍스트이며 예수의 말씀이든 아니든 —예수이어야만 했던 것의 모델에서 출발하

지 않더라도 우리가 이 말씀을 인식하는 것이 출발점이 되는데- 예수와
는 상반된 것을 말하게 하려고 완전히 수정된 텍스트에서 어떻게, 대체
어떤 과실로, 이 말씀을 지킬 수 있었을까? 벨로는 어디에서 이것이 예수
의 말씀이라고 인용하는 것일까? 함축적인 추론도 있다. 신학적 담화는
지배계급 담화의 측면에서 순응적이다.

　하지만, 이 텍스트는 순응적이지 않다. 예수가 혁명가였듯이 텍스트는
예수의 말씀을 몰고 온다. 그래서 여기에서부터 새로운 순환논리가 전개
된다. 선행된 논리에서 비롯된 전제는 텍스트가 혁명적 선언이기 때문에
진정 예수라는 것이다. 소개념: 이 텍스트를 읽어보면 여러분은 예수가
어떤 점에서 혁명가였는지를 보게 될 것이다! 얼마나 벨로의 '방법'이 헛
된가! 하지만, 사실 제일 단순한 원리는 이를 사용하는 저자들과 마찬가
지로 벨로도 복음서 안에서 자신의 가설에 필요한 것을 채택하고 필요에
따라 상반된 것을 내던진다는 점이다.

3) 유물론

　우리는 점차 토론의 핵심에 접어든다. 벨로는 우리에게 복음서의 유물
론적 독서를 알려준다. 나는 그가 우리에게 가져온 것 안에 유물唯物이 있
음을 찾으려 했다고 고백한다. 하지만, 나는 이를 보지 못했다. 유물론으
로 말미암아 무엇을 들을 수 있을까? 물론 많은 걸 들을 수 있다. 무엇보
다 우선 선택과 결정이다. 이를 따르면 성령도, 초월자도, 저 세상도, 특히
역사 속에서 '하나님'의 어떠한 개입도 없다. 철학적-일원론적 결정. 하
지만, 이는 방법론적인 결정일 수도 있다. 해석할 텍스트를 지닌 역사가

라면 누구든 분명 하나님의 개입을 차치해놓을 것이다. 이런 행동과 이런 사건은 과학적으로 하나님과 결부시킬 수 없다. 거기에는 유물이 전혀 없어서 부르주아적 역사가는 모두, 심지어 영성가도 같은 방법을 취할 것이다.

두 번째 측면: 각각의 역사적 과정은 경제를 바탕으로 한다. 여기에서도 1세기 전부터 과정을 경험하려고 유물론자가 될 필요는 없다. 경제적 '열쇠'에 의한 설명은 보편적이고 평범하다.

세 번째 측면: 사회는 무엇보다 계급 관계와 계급투쟁에 의해 특징지어진다. 여기에서도 우리가 이에 대해 뭐라고 하든 이는 결코 유물론적이지 않다. 이를 최초로 단언했던 사람은 마르크스가 아니다. (자체적인 용어로) 여러 사회의 움직임을 설명했던 자는 튀르고Turgot, 77)이며 이에 대한 이론은 『통령정부와 제정사』*Histoire du Consultat et de l'Empire, 1840*에서 티에르Thiers, 78)에 의해 완성되었다.

네 번째 측면은 아주 최근의 일로써 텍스트의 '생산' 조건들이어떤 계급, 어떤 세력관계 등 무엇인지를 탐구했을 때 텍스트에 대해 유물론을 행하기를 바란다. 하지만, 여기서도 여전히 새로운 덮개로 아주 오래된 방법을 덮어버린다. 이 방법에서 가장 탁월한 설명을 해주는 이가 바로 텐Taine, 79)인데, 그렇다면 여기에서도 진정한 유물론이 아닐뿐더러 증거도 완전히 부르주아적이며 좌파에 거의 참여하지 않은 역사가들이 이 설명을 하고

---

77) [역주] 프랑스의 정치가이자 경제학자. 파리 고등법원 소원관으로 있으며 『백과전서』 집필에 참여하였다. 재정총감이 되었으나 곡물통제의 철폐, 곡물 지방세·길드제의 폐지 등 자유 경제정책을 추진하려다 봉건 귀족의 반격을 받아 물러났다.

78) [역주] 프랑스의 정치가이자 역사가로 필연사파의 대표로 꼽히는 『프랑스 혁명사』를 집필하였다. 폴리냐크 반동내각에 항거하였고 루이 필리프의 시민적인 왕정실현에 협력하였으며 수상을 지냈다. 행정장관을 거쳐 대통령이 되어 부르주아공화주의의 확립과 안정을 위해 협력하였다.

있지 않은가!

벨로는 역사적 계급 작업과 역사적 유물론의 방법을 혼동한다. 이 모두에서 유물론적 선언은 전혀 필요치 않다. 역사적 유물론80)의 특별한 방법은 하나도 없다. 이 네 가지 요점에 효과적인 유물론은 **폐지**廢止와 **절대화**로 구성될지 모른다. 즉, 유물론은 거기에 다른 개입 요소를 지닐 수 없다는 단언으로 구성된다. 따라서 역사는 문제시된 권력이제는 역사적 학문이 아니라 역사에 의해 구성되며 다른 것은 전혀 지닐 수 없다. '하나님'이란 요소는 해석에서뿐 아니라 사실의 가능성 전체에서도 제외된다. 또한, 독립적인 영성 전체를 제외하고 발생하는 모든 것을 경제적 요인으로 설명한다. 또한, 텍스트 생산에 대한 물질적 조건들은 이 창작에서 다른 모든 요인을 배제한다. 즉 **유물론이 바로 이 배타주의**이다. 하지만, 단순하고 순수한 단언, 상반된 내기, 형이상학적 선택과 연관됨을 어떻게 간과하겠는가! 다시 말해 이런 의미에서 유물론적 선택은 유심론적 선택-마르크스는 이를 잘 알고 있어서 이를 결코 증명하려 들지 않았다-처럼 둘 다 증명할 수 없어서 문제시된 과학은 선결되어야 할 비이성적 선택에 근거한다.

하지만, 벨로의 작업에는 전혀 근원적인 선택이 없다. 사실 어떤 때는 이 수준에서 모두가 설명되고 모두가 전력과 생산력과 생산관계 등으로 귀결되기도 한다. 때로는 아주 애매한 방식으로 무엇과 연관되는지를 언

---

79) [역주] 프랑스의 평론가 · 철학자 · 역사가. A.콩트의 실증주의적 방법을 써서 과학적으로 문학을 연구하였다. 인종 · 환경 · 시대의 3요소를 확립하고, 『영국문학사』(4권, 1864)를 썼다. 프로이센-프랑스전쟁, 파리코뮌을 경험한 후 내셔널리스트의 경향이 강해지기도 했다.

80) 마가의 텍스트와 연관된 그의 방법은 바르트와 데리다의 경향인 언어학의 구조주의와 매우 흡사하지만 나는 이 영역에 특별한 능력이 없어 위험을 감수할 만한 어떠한 비평도 행하지 않을 것이다.

급하지도 않은 채 성령을 개입시키기도 하며, 부활에 대한 텍스트가 하도 막연해서 벨로가 부활을 "예수 가르침의 연속"으로 귀착시키는지, 정치적 저항으로 가져가는지, 예수 육체의 특별한 부활을 주장하는지 도무지 파악하기조차 힘들다. 요컨대 벨로는 유명한 역사적 방법을 단순히 '유물론자' 처럼 소개함으로써 엄격하고 합리적인 유물론에 대한 그의 지지를 우리가 불신하도록 해버린다. 그의 독서의 주요 관심사는 바로 그가 안락함과 성령 계시의 도움으로 모든 문제를 해결했던 일명 영적인 독서의 무기력함에 대한 의지를 거부한다는 것이다. 그런데 유물론자들이 아닌 우리도 이 점에 많이 동의하지 않는가!

4) 마르크스주의

이제 우리는 고통스러운 비평 쪽으로 들어설 것이다.

유물론적 해석 방법을 세우려면 텍스트 설립을 결정하는 물질적 요인들을 정확히 결정해야 한다. 벨로는 예수 시대의 팔레스타인에서 사회-경제적 환경에 대한 지식을 활용하려 한다. 그러나 그는 역사가가 모든 요인을 밝혀 서로 작용하도록 하기 위해 겪는 엄청난 고난은 두려워하지 않는 듯하다. 한순간을 정하는 일로는 충분치 않기 때문에 변화81)를 고려해야만 한다. 그래서 예수 시대나 마가복음이 작성되는 시기에 유대 지역에서 헬레니즘 세계의 요인들을 결정하려고 애를 쓰기도 한다. 30-70년

---

81) 다양성은 중요하다. 그래서 '자본주의' 는 항상 동일하지 않으며 마르크스주의자들에게 실제적인 대립을 일깨워주는 것은 자본주의의 실제적 다양성이다. 다행히 벨로는

사이에는 근원적인 변형이 있지 않았는가! 물론 벨로는 과감히 이를 배제할 것이다! 학식이 풍부한 자의 치밀함이란! 그렇지만, 일반화 몇 개, 애매 모호한 근사치 몇 개, 두리 뭉실 묘사된 것으로 과연 "텍스트 생산의 조건"을 연구하는 척할 수 있겠는가? 나는 바로 이 점을 비평하려는 것이다. 만일 물질적 요소들의 영향과 텍스트에 의해 이 자료에 주어진 의미를 증명하려 한다면, 이런 조건들을 정확히 알아야 하지 않겠는가! 그런데 나는 현재 가장 앞선 역사 과학의 상태에서는 이점이 불가능하다고 주장한다. 하지만, 벨로는 문제 자체를 무시한다.

그다지 전문가답지 못한 역사가일지라도 거의 매 쪽마다 드러나는 결함들, 사실에 대한 오류들, 고지식함과 오용들에 어안이 벙벙해지지 않을 수 없다. 나는 벨로가 직업적인 역사가가 아니라고 선언한 점과 2차적인 작업을 행했다는 점을 잘 알고 있다. 물론 그를 헐뜯으려는 의도는 아니다. 하지만, 2차적인 작업이라기보다는 적어도 4차, 혹은 5차적인 작업이 아닌가!82) 역사를 위한 이데올로기적 일반화를 취하면서 말이다. 예: 도쿠와 Dhoquois, 『역사를 위하여』 그런데 정확히 잘 실행된 2차 작업들이 그의 작업에서처럼 연구의 기본이 될 수 있는 것만큼, 이런 4차 작업 책들의 사용은 그만큼 위험하다. 내가 보기에 벨로의 이 엄청난 결함은 두 가지 중요

이 질문에 대해 생각하지 않는다. 마르크스가 19세기 자본주의에 대해 언급했던 것은 1세기 로마 '자본주의'에 학술적으로 적용된다.

82) 명확성을 기하기 위해: 역사에서 파피루스나 오스트라카(깨어진 자기 위에 잉크로 적힌 기록물) 같은 증거물에 대한 직접적 개별적 독서에 근거할 때 책은 1차 작업이다. 2차 작업은 더욱 일반적인 작업으로 정확한 총체에 대한 지식의 실제적인 종합을 제시하기 위해 1차 작업들을 활용하는 것으로 한정된다. 3차 작업은 (예를 들어 개론, 경제사나 한 시대에 대한) 보다 일반적이고 광활한 전개를 하고자 2차 작업을 활용하는 작업이다. 4차 작업은 (토인비나 자크 피렌 스타일로) 광범위하게 총체적으로 묘사한 글이며, 5차 작업은 의미, 이런 역사적 총체에 대한 설명을 덧붙이려는 이데올로기적, 이론적인 해석이다 (일례로 긴팔원숭이의 역사를 3차 작업으로 연구하는 엥겔스)

한 측면에 근거한다. 벨로가 알튀세르의 해석을 통해서 명확히 파악하는 마르크스의 사상과 벨로가 이론적 일반화바론의 탁월한 책을 제외하고에 의해서 아는 유대의 역사 경제적 상황이다. 그런데 이런 결합의 총체는 알려져야만 하며 벨로가 몇몇 요소에서 탁월하게 증명해준다는 사실은 더욱 충격적일 뿐 아니라 간과할 수도 없다.

그는 데리다, 알튀세르, 본 레드, 드보 등을 잘 알고 있다. 그런데 이런 저서들을 인용한다는 점은 이미 중요한 사실을 드러낸다. 이는 벨로가 최신 저서들을 잘 알고 있으나 이보다 앞선 것을 완전히 무시한다는 점이다. 내가 단언하건대 그는 마르크스를 파악하지 못하면서 알튀세르에 젖어들었다. 좀 더 심하게 말해 무지의 대양 위를 떠다니는 현재 박식博識의 얇은 막 같은 인상을 준다. 나는 –예를 모두 들 수는 없지만!– 여러 예를 제시할 수 있다.

그는 역사적 유물론–변증법적 유물론의 구분을 알튀세르 공로로 돌린다. 그는 이것이 스탈린의 공적이라는 점과 마르크스 이론가들이 1936-1946년 사이에 이 주제에 대해 열띤 공방을 벌였다는 점을 무시한다. 또 벨로는 몇몇 이론가들이 스탈린의 이론적 오류들은 이런 단절과 확실히 연관된다고 밝힌 점과 칼 마르크스에게서도 별 차이가 없다는 점을 묵과해 버린다. 따라서 역사는 변증법적이며 유물론은 변증법적인 동시에 역사적이다.

벨로가 마르크스주의에게서 차용한 여러 용어의 정의는 순전히 무척 환상적이다. 그래서 그가 "생산관계는 생산방식과 경제적 생산품 과잉공급의 점유자들 간에 경제적 소유관계"라고 할 때, 그리고 그가 이를 정치적 소송의 요소인 법률적 소유와 구분할 때, 그는 마르크스에 의해 주어진 개념을 두 배로 왜곡한다. 무엇보다 우선 생산관계들은 사회의 경제

구조 전체와 노동에서 사회적 관계 전체를 구성하기 때문이며 나아가 그가 무의미한 "경제적 생산의 과잉공급"이란 용어를 사용하기 때문이다. 보다 가치 있는 생산은 있을 수 있으나 '과잉공급'은 아니다. 그런데 이 유형의 이동은 순수하지 않다. 우리가 살펴볼 테지만 이런 막연함과 부정확한 흐름은 바로 하부 아시아적 생산 방식을 떠올려준다. 또한, 알튀세르에게서 실천의 놀라운 정의를 취하지만 한편 경제적 측면도 덧붙인다. 그래서 실제로 마르크스의 프락시와 이 실천을 동일시한다. 만일 마르크스가 프락시라는 용어를 고수한다면 이는 실천과는 의미가 다르기 때문이다. 프락시의 개념은 굉장히 난해하고 엄격해서 벨로는 이 개념을 "한정된 생산에 주어진 일차 소재 변형의 모든 과정, 그리고 한정된 방식, 즉 경제 궤도 밖으로 개념을 확장시키면서 한 가지 가치의 생산을 사용하는 한정된 인간 노동에 의해 실행된 변형으로 귀착시킨다."

그래서 마르크스에게 프락시는 이론과 연결되어 세상을 변형시키고 경제적이고 기술적 유형의 노동으로 역사를 만드는 방식이다. 이런 실천의 물결은 후에 점차 정치적 실천이나 이데올로기적 실천을 가볍게 말하게 해준다. 이는 일반 언어와 신문 잡지 언어에서는 다른 의미가 있지만 마르크스 사상에서는 정확한 의미가 없음을 뜻한다. 그렇지만, 이는 벨로에게 "파괴하는 실천"에 대해, "메시아적 실천"에 대해 말하도록 허락해 줄 것이다. 이 모두는 마르크스주의적 사상에서는 아무런 가치가 없다. 그래서 벨로는 자신의 '실천' 안에 무엇이든 쑤셔 넣으려고 오로지 프락시의 경제적 내용만을 포기함으로써 자신이 얼마나 유물론자가 아닌지를 드러낸다! 메시아 사상적 실천이 주어진 일차 재료-경제적, 정치적, 이데올로기적 관계-를 메시아 사상적 생산 방식을 사용하는 예수 육체의 실천인 인간 노동에 의해 새로운 관계들인 생산물로 변형시키는 과정이라는 그의 전환은 칼 마르크스의 분노를 살만하다. 그런데 벨로가 자신이 행했던 것처럼 바우어Bauer를 다루었기 때문에, 우리는 그가 정확한 내용도 없이 단어들의 단순한 결합, 옹호할 수 없는 융합 덩어리로 만들었으리라 풍자해본다. 여기에서는 생산이나 생산 방식에 대해서 아무런 언급도 할 수가 없다. 또 다시, 일상적 의미로 신문, 잡지의 평범한 의미 이외에는 우리에게 제안한 것처럼 지적인 단계적 형성은 필요도 없다.

그런데 이 영역에서 가장 심각한 비평을 불러일으킨다. 벨로는 아시아적, 하부아시아적sub-asiatique, 반아시아적para-asiatique 생산의 다양한 방식과 아시아적 재벌에 대한 도쿠아의 '분류'를 우리에게 재차 전달해준다. 나는 여기에 엄격히 대응해야만 한다. 우리는 엥겔스와 칼 마르크스의 흑인 노예제 지지적 생산 방식, 나아가 봉건적 생산방식, 또한 자본주의적 생산방식이 순수한 서민에 대해서 상당히 철저히 계승된다는 점을 잘 알고 있다. 우리는 두 텍스트(특히 고드리에Godelier, 83))를 강조했는데 이 텍스트에서 엥겔스와 마르크스는 가능한 여러 모델이나 변화와 함께 특히 자본주의에 이르려고 이 단계의 이것저것을 뛰어넘는 가능성을 지닌, 그들이 아시아적이라 부르는, 생산방식이 있었음을 부각시켰다. 이 아시아적 생산방식은 가족, 마을, 사용가치 수준에서 공동체적 유형의 소비에 대한 이윤의 생산이란 특징을 지니며, 경제 전체가 온갖 권력의 힘과 지역의 국가적 점유에 의한 동원을 암시하는 집단적 조직(일례로 대형 관계 공사)에 의존하기 때문에 생산력의 총체에 대한 정치력의 장악이란 특징을 나타내기도 한다.

하지만, 아시아적 생산 방식은 마을 수준에서 생산 활동을 **허락해주는**

---

83) 〔역주〕프랑스의 인류학자, 프랑스 고등사회과학원장이며 일찍부터 인류학을 마르크 스주의적인 관점에서 바라본 학자이기도 하다.

유일한 작업으로 일부 수익을 징수하는 강력한 중앙 세력의 개입을 대변해준다. 항상 마르크스에게서 그렇듯이 체제는 해명을, 그리고 단순히 '국가'의 폭력이 아니라는 정당성을 부여해준다. "과잉-생산"의 일부를 -하지만, 어떤 정당성도 부여하지 않은 채 단지 폭력에 의해!- 징수하고 교환을 조정하며 -하지만, 이는 상품 생산을 가정하지 않는가?- 정치력이 개입하는 사회를 지시하기 위해, 경제적 하부구조의 집단노동이 없을 때라도 하부-아시아주의에 대해 말한다는 것을 결코 의미하지 않는다. 엄밀히 마르크스 사상에서는 이 모두를 전혀 언급하려 들지 않는다. '생산 방식'은 기술 생산력과 동시에 생산관계의 전문성이라는 특징을 지니며 이 때문에 아시아적 생산방식을 언급하는 것이 합리적이다 벨로의 텍스트에서처럼 단지 생산관계에 의해서만은 아니다. 마찬가지로 생산력들이 상품으로 변형되지 않는 곳에서 과잉-생산에 대해 말하는 것은 우스운 일이다.

나는 전문가들을 위해 이 비평들을 상세히 설명할 수도 있다. 말하자면 우리는 내용 없는 단어들의 사용과 대면하는데 이 단어들은 마르크스 사상에 학문과 재개再改의 외형을 제시해준다. 벨로는 혹시 이렇게 말할지 모른다. "나는 마르크스 사상에 충실하려는 의도를 전혀 갖고 있지 않다." 그런데 만일 그렇다면, 왜 마르크스주의적 어휘를 전부 사용하며, 외형적으로 마르크스주의적인 논리 방식을 사용하고, 마르크스주의적 유형의 이론적 기초를 제공해주는 걸까? 만일 그렇다면, 왜 '학문적 유물론'을 언급한단 말인가? 철저히 파헤칠 필요가 있다. 벨로는 상상으로 만족하기 때문이다. 실제로 생산은 그저 농촌, 마을, 공동체나 가족 단위로 일정한 서비스에 대해예를 들면 집단적 보호 단순한 억압과 폭력을 말한다는 것은 터무니없기 때문이다- 경제적 풍요를 배출하는 아주 다양한 상태의 정치력의 중합과 함께 이루어지는 다양한 사회를 의미하지만, 정치력이 생산 주기에 전혀 녹아들지 않으므로 생산방식의 모델은 아니다. 생산방식이 한 총체에서 온갖 요소들의 통합을 전제로 하며 요소 간의 결합이 다양하다는 점을 전제로 한다는 점을 밝혀주기 위해 행한 그의 노력을 떠올릴 때(도) 봉건적인 생산방식의 온갖 양상과 특징과 전문성을 결정하기 위해 마르크스의 분석을 꼼꼼히 생각해본다면 "하부아시아주의"나 "아시아적 특권지배세력"이라는 명칭의 모순과 경솔함 앞에서 그저 아연실색하게 된다. 우리는 이스라엘에는 생산을 위한 중앙집권적 방식으로 조직된 집단노동이 전혀 없어서 '아시아적' 소유의 특징이 있었다고 결코 말할 수 없다.

5) 사회계급과 국가

이는 특히 두 가지 남용으로 우리를 이끈다. 벨로는 이스라엘에 대해 말할 때 계속 '계급'과 '국가'를 언급한다. 더구나 이 두 부분에 대해 광범위한 논쟁을 벌인다. 하지만, 나는 벨로가 여기에서 일상적인 실천을 따른다는 점에 동의한다. 정치력과 권위가 존재할 때마다 국가에 대해 말할 수 있을까? 사실 이는 견디기 힘든 방임주의이다. 로물루스의 카리스마적 힘과 현대 국가의 거대한 관료적 조직 간에 어떤 비교를 행한단 말인가? 메로빙거 왕조의 세습 체계와 아테네 아리스토텔레스의 합법적 체계 사이에 무슨 비교란 말인가? 이는 예를 들어 모든 포유동물을 인간이라 지칭하는 잘못을 저지르는 짓이기도 하다. 현대 국가의 추상적, 법률적, 관료적, 익명에 의한 조직에 국가라는 단어를 예비해두어야 하며 국가를 포함한 힘의 총체적 형태를 위해 '정치력'이란 단어를 고수해야 한

다. 하지만, 이는 벨로의 전개를 어느 정도 방해할 것인데 이 전개는 전적
으로 현대적인 특징들의 유태교 조직에 대한 그의 설명으로 이동하기 위
해 국가라는 단어의 양면성을 끊임없이 사용한다. 이는 온갖 역사적 범위
와 정치적 형태의 전문성 폐지와 자의적 일반화의 완벽한 제압의 대가이
다. 절대 왕정에 대한 벨로의 설명은 반역사적이며 솔직히 우스꽝스럽다!

우리는 온갖 사회에서 사회 계급의 존재를 가정할 때 같은 문제에 당면
한다. 그는 모두를 정의해주지만 사회 계급이 무엇인지 정의해주는 수고
를 감수하지는 않는다! 하지만, 누구나 무엇을 의미하는지 알아야 한다!
그런데 우리는 세부적으로 들어가면 더욱 놀라게 된다. 무엇보다 부유
함·빈곤의 구분이나 지배자·피지배자의 구분이 계급 분류와 일치한다
는 것은 벨로에게 확실해 보인다. 그는 비슷한 혼란에 대해 마르크스가
신랄히 비난을 퍼부은 수많은 텍스트를 무시하는 듯하다. 마르크스에게
사회계급들은 가난한 자들의 계급이 아니라 정치력을 소유한 계급, 즉 부
유한 자들의 계급이다. 마르크스는 무엇이 이유인지를 폭넓게 제시해주
고 있지 않은가! 하지만, 벨로 사상의 흐름은 특권 계급의 끊임없는 변화
속에서도 표출된다. 그는 상반된 두 현실이 있음을 완전히 무시하는 듯하
다. 마르크스에게 계급은 생산관계들과는 반대로 생산력의 구조에 대한
정확한 분석과 일치하며 터무니없는 사회계층이나 그룹 혹은 심지어 분
쟁 중인 침략자의 존재와는 일치하지 않는다. 마르크스는 일례로 7세기
프랑크족들이 어떤 면에서 사회 계급이 아니라 침략자인지를 설명하고
있지 않은가! 한 계급은 터무니없는 경제적, 사회적 배경에서 생겨나지
않는다.

하지만, 벨로는 이 모두를 별로 개의치 않는다. 벨로에게 계급은 정의
도 필요치 않으며 계급의 존재가 확실히 증명되는 형이상학적 총체의 일

종일 뿐이다. 따라서 이스라엘에도 계급들이 있다. 우리는 또다시 코미디에 이르게 된다. 제사장들, 다윗왕의 군대지휘관들이 계급이라니! 경제적 생산에서 그들의 역할은? 하나도 없다. 하지만, 이는 별로 상관없다. 그렇다면, 이 '계급'은 어떻게 구성될까? "왕이 나라의 젊은이 중에서 지역마다 군인들을 찾아서 추출해 자신의 측근으로 만든다…" 어떻게 지배 계급을 만드는지 보여주고 있지 않은가! 다윗왕은 이처럼 계급 체제를 구현하지 않는가! 하지만, 정말 우스꽝스럽지 않은가! 우리가 이 군사-정치적 층의 연약함과 확실히 의존적인 특성을 알면 '계급투쟁'에 대해 말하는 것이 문제 되지 않을 수 있다. 이는 이 사회 범주가 생산력을 지니지 않기 때문이다. 이 사회 범주는 이스라엘 땅 전체의 소유자가 아니며 생산을 조직하지도 않는다. 이 모든 것은 허위-마르크스주의와 허위-유물론의 헛소리일 뿐이다.

6) 역사

이제 오류나 결함의 두 번째 중요한 영역, 즉 역사로 넘어가도록 하자. 전체적으로 우리는 벨로가 예수 시대 유대의 법률-정치적 조직과 경제 상황에 대해 못 믿을 정도로 피상적인 지식만을 지녔음을 비난할 수 있다. 최근 이 분야에서는 사실에 대한 정확한 지식을 라벨(하부 아시아적 생산방식)로 대체하려는 유혹에 계속 시달린다. 벨로가 고전들과 특히 기념비적인 캠브리지의 경제사만을 인용하기 위해 각자가 중동이나 로마의 경제에 대해 정확한 관점을 제공해주었던 하이켈하임Heichelheim, 테니 프랭크Tenny Frank, 로스톱체프Rostovtzeff, 발라르쉐Valarché의 작업은 물론이 시대 경제에 대한 작업 전체를 소홀히 한다는 점은 분명하다. 어떻게 사실을 알지도 못하면서 생산력, 생산관계, 경제구조에 대해 말하려고 하는지. 이는 쓸모없는 학식의 과시가 아니다. 오히려 정확히 마르크스가 했던 것처럼, 오직 가능한 한 가장 올바른 지식에서부터 설명의 시도와 일반화를 이룰 수 있다는 그저 근본적인 문제와 연관되지 않는가! 나는 수없이 많은 오류를 들 수 있지만, 그저 몇 가지 예들만 제시하려 한다. 다른 많은 이들처럼 벨로도 빈곤한 자들 중에서 그들을 분류하며 '세리징세인'에 대해 말한다. 예수는 오로지 로마에 저항하는 자들과 빈곤한 자들에게만 둘러싸여 있었다. 하지만, 이는 터무니없는 무지이다. 솔직히 텍스트가 레위나 삭개오 등을 위해 순수한 의미를 담고 있다고 믿을 필요는 없다. 세리들은 부유한 자들이며 심지어 제국의 힘 있는 재정가이다. 왜냐하면, teloônès로 사용된 용어는 고용인이 아닌 과세 농장주를 위한 특별한 용어이기 때문이다. 모두가 농장 체계에 기초한다. 로마에는 공무원 관리이 없었기 때문에 소작주에게 징수할 세금을 알려주었다. 아우구스투스는 공영화를 시작한다. 그리고 벨로는 우연히 로마정부를 이야기하면서 기원전 14년까지 정확했으나 40년이 지난 후에는 결코 그렇지 않았던 공영화의 모습을 제시해준다.

말하자면 개인이 내야 할 세금 가치에 해당하는 것을 미리 로마 국고에 지급한 뒤 자신과 연관된 세금을 징수했기 때문에 개인의 이익은 연초에 지급한 금액과 연말에 차이가 났다. 세리들은 기원전 2세기부터 상당한 세금을 임대했고 일정한 금액을 재무관들에 지급하려고 거대한 재정회사와 연합하기도 했다. 아우구스투스는 이런 자본주의적 권력을 깨뜨려 세금 징수를 세분화하려 노력했다. 그래서 비록 부유한 인사라도 어느 정도 제국의 면세 권리나 도시의 출입 통행료를 임대할 수 있었다. 물론 막대한 금액은 아니었지만 모든 상품에 대한 연중 통행료4%에 준하는 금액을 미리 지급하려면 엄청난 재산이 필요했다. 유명한 세리들의 상황은 이와 같았다. 그래서 이들의 비참함은 자신들의 이익을 착복하려면 강요가 필요했기 때문에 모두에게 미움을 받는 침략자의 앞잡이가 되었다는 사실이었다. 그런데 현대화로 전환하는 작업들을 굉장히 즐기는 벨로는 세리들이 침략자들과의 교류로, 그리고 빈곤한 자들에 대한 착취로 부유해진 1940-1944년 독일군 협력자들과 비슷하다고 말하고 싶었을 것이다. 하지만, 벨로가 우리에게 그려준 계급투쟁의 순수한 구도는 더는 정확히 작용하지 않았다! 빈곤한 자들과 부자들이 있었고, 민족주의 젤로트당원들과 동조자들이 있었다는 것처럼 예수 측근의 자질구레한 특성을 강조하는 일은 그저 흥미 거리에 지나지 않는다. 하지만, 벨로는 자신의 이데올로기적 선입견 때문에 이를 볼 수가 없었다.

나는 이런 유형의 질문에 시간을 오래 허비할 수 없다. 복음서에서 언급한 창녀들은 항구에서 끌려와 동조자들에게 복종하는 거리의 가난한 소녀들과 완전히 다르다. 우리는 셀레시드 정권에서의 창녀의 신분을 완벽히 알고 있다. 오히려 '콜걸' 들과 비슷하다. 복음서의 창녀들은 부자에 속한다. 하지만, 경멸을 당함은 확실하다. 벨로는 농부에 대해 언급하며 놀라운 형식을 보여준다. "그들의 생산 중 개인적 가치는 누구에게나 같았으며 이는 봉건적 정치 관계의 가시성을 허락해주었다. 그래서 농부들은 '물물교환' 이라는 방식으로 손쉽게 교환을 한다." 이는 무지한 환상이다. 봉건체제에서 농부들의 가장 일반적인 특징 중 하나는, 오로지 땅에 뿌리를 박고 매우 특별한 경우를 제외하면 영주에 의해 이주를 당하거나 추방당할 수 없다는 것이다. 게다가 우리는 벨로가 이 시기에, 이 장소에서 봉건적 체제를 어디서 발견할 수 있었는지 찾고 있지 않은가! 벨로는 로마 제국이 아주 강력한 군대에 대해서만 권력을 철저히 행사한다는 일반상식을 따른다. 그는 로마 군대가 어느 부분에서 축소되고 수가 감소했는지는 확실히 소홀히 다룬다. 그는 내가 권리의 부르주아적 관념론자라고 비난할 것이다. 아니, 제국은 군대가 아니라 행정적 능숙함에 기초하므로 제국민 대다수는 열렬히 지지를 한다. 이처럼 지역민들이 흡족해했기 때문에 비교적 평온한 제국에서는 유대가 로마인들에게 이해할 수 없는 골칫거리임을 깨달아야만 했다. 이 지방이 75년 동안 세 번이나 행정적, 정치적인 신분을 바꾼다는 점을 간과해서는 안 된다. 로마인들은 타지역에서는 저항을 경험하지 못했기 때문에 폭력을 최소화하며 저항을 줄이려고 온갖 방법을 시도했다. 평소 그들은 민족 자체에서 비롯된 단호한 근원적인 대립과 맞설 때는 강요하지 않고 이 민족을 제국 밖에 내버려둔다는 전략을 세웠다. 그래서 픽트인, 바타비아인, 다키아인에게도 이런 식으로 대한다.

하지만, 유대인들은 다르다. 로마인들은 유대를 파르티아 제국 국경까지 밀어냈다. 그들이 유대를 "변방에" 내버려둘 수 없는 이유는 유일하게 격렬한 민중적 대립을 경험한 지역이기 때문이다. 만일 제국 안에 열 개 정도의 유대가 존재했다면 아마도 로마제국은 10년 안에 몰락했으리라! 67~70년의 전쟁을 이끌려고 전체 로마군의 절반을 소집해야 했기 때문에 국경과 지방의 가장 광활한 지역을 포기해야만 하지 않았던가! 원래 로마군은 용병을 계산하지 않는다면 약 25군단 정도로 수적으로 약세였다.

자잘한 오류들도 수없이 많다. 일례로 벨로는 우리가 예수에게 군인방식으로 자주색 옷을 입힌다고 말하지 않는가! 자줏빛 외투는 황제와 최고원수에게 마련되었던 것이고 여기에서는 백부장의 붉은 외투를 의미했다는 점을 모르다니 그저 놀라울 따름이다. 만일 사병이 이 옷을 착용하면 그는 중한 벌을 받았을 것이다. 십자가는 게릴라 병의 형벌이지만 반역은 노예들의 처형 방식으로 죄수들의 노예 신분을 드러내려고 열외로 적용되기도 한다. 그는 중동 환경에서 소테로Sôter, 84) 즉 구원자라는 용어의 중요성을 무시한다. 그런데도 그가 논문에서 이를 사용했다는 점은 무척 흥미롭다. 만일 예수가 소테로라 불린다면 이는 정치적 선언이며 대립이다. 기원전 3세기부터 셀레시드 왕들은 에우에르게테스85)와 소테로라는 호칭을 갖는다. 이 호칭은 아우구스투스가 거절했음에도 불구하고 아우구스투스에게도 부여되고 비공식적이지만 셀레시드의 후계자들처럼 여러 황제에게도 부여된다. 다시 말해 이는 종교적 호칭이 아니라 정치적 대립이다.

나는 벨로가 역사에서 간과한 몇몇 예들을 위주로 제시하지만, 일반적으로 역사가 이에 관심을 보이지 않자 벨로는 이를 은근슬쩍 치워버린다. 그는 두 번에 걸쳐 노예제 지지의 모순이 "아직 몇 년 동안은 저항하겠지만, 제국 몰락으로 이끌게 된다고 저술하고 있지 않은가! 정말 놀라울 따름이다. 제국을 쓰러뜨리는 데 500년이 걸리지만, 벨로의 눈에는 아주 짧았던 모양이다. 경제적인 것을 포함해 안토니우스의 시대처럼 모든 면에서 빛나는 세기라도 말이다! 이는 마치 쳇, 자본주의는 16세기에 나타나서 자체적인 모순으로 말미암아 얼마 가지 못해 곧 무너질 거야"하고 말하는 것과 같다. 하지만, 어쨌든 1500년에서 현재까지 뭔가 일어나지 않았는가! 나아가 벨로는 제국에서 모든 애국심이 사라졌음을 말하며, 이것

---

84) [역주] 프톨레마이오스의 두 왕인 프톨레마이오스 1세와 9세를 말한다. 또 한편으로 제12대 교황(재위 166~175.4.22)을 의미하기도 한데 그는 순교자이자 성인이다.
85) [역주] 프톨레마이오스왕조 제3대왕(재위 BC 246~BC 221). 프톨레마이오스 2세의 아들. 프톨레마이오스왕조 전성기의 왕.

이 로마인에 의해 변형된 부족과 촌락의 혼합, 즉 가장 다양한 전통의 끔찍한 혼합이라고 말하는 알파릭86)의 문장을 일반화시키는데…. 모든 것은 시기를 아는 것이다. 4세기에는 이 말이 참되지만, 벨로가 이를 적용하는 예수 시기에는 완전히 거짓이다.

이런 역사적인 무지는 특히 벨로 자신이 이해할 수 없는 부르주아적 역사가들을 공격하며 새로운 소식을 가져오는 척할 때면 벨로를 순진한 혹은 단순한 선언으로 이끈다. 책을 읽다 보면 벨로는 '하나님의 아들'에 대해 아주 전형적인 해석을 한다. 그러나 부르주아적 주석가는 분석적 코드를 파악하기보다는 이미 이루어진 독서의 틀에서 출발하기 때문에 자신을 이해할 수 없다고 선언한다. 그는 예수의 기도와 행위 사이의 관계를 굉장히 명확히 구분하며 부르주아적 이데올로기는 기도가 무엇인지를 착각하며 미리 안다고 생각하기 때문에 그 누구도 이러한 것을 설명할 수 없었다고 거듭 말한다. 벨로는 여기에서 떡의 기적에 대해 우리가 100번의 설교로 찾은 이미 싫증이 난 설명을 누차 제시한다.

이건 아니다. 그에 의하면 이는 주목해 볼만한 개혁인데 그 이유는 부르주아적 주석이 이 기적을 왕국의 도래의 증표나 성찬식으로의 위탁으로 소개했기 때문이다. 물론 우리도 이 말을 했다. 하지만, 나머지도 말하지 않았던가! 벨로는 복음서들이특히 누가복음 그리스도의 재림에 대해 말하는 것과 예수가 이에 대해 말할 수 있었던 것 사이에 존재하는 차이와 일반적으로 50-100년 사이에 생겨났던 이론적 변화들이 그리스도 재림 자체와 연관 있다고 주장하는 르낭Renan, 87)과 루와시Loisy, 88)로 거슬러

---

86) [역주[프랑스 종교사가이다. 사제서품 후 몇몇 신학교에서 철학과 신학을 강의했다. 근대주의의 위기를 체험한 후 가톨릭교회를 탈퇴하고 반종교적 합리주의로 전향(1910)하였다. 스트라스부르대학 비교종교학 교수(19-45)를 역임하기도 했다. 종교재판을 전개하여 이른바 신화학파의 대표적 존재로서 예수의 실재를 부정했다. 주요 저서로는 『Les-écritures Manichéennes』(1919)가 있다.

올라가는 낡은 배를 마치 새로운 사상인 양 소개한다. 벨로는 콘젤만 Conzelmann, 89)이 이런 '발견'을 했다고 생각한다. 하지만, 최근 작업에 기초한 기본을 무시하는 이런 학식의 아주 특징적인 예인, 이것은 성서에 따른 개요 어디에서나 드러난다. 또 벨로는 예수 주위에서 일어난 갈등이 정치적 갈등이었다는 사실을 새로운 일처럼 우리에게 소개한다. 예수는 부유한 자들, 로마인들, 권력자들, 경제 중심지로서의 사원과 대립했다. 벨로에게 있어 부르주아적 주석은 그를 절대 이해하지 못했다는 것이며 예수가 죽임을 당했던 정치적 이유에 대해 한 번도 자문해보지 않았다는 것이다. 꿈을 꾸는 걸까! 확실히 이런 해석이 가장 평범한 때이니. 나는 과정이 정치적이라는 점을 전혀 의심하지 않는 자들을 위해 (엥베르에게 참고문헌인) 체제 역사학자들이 예수의 과정에 대해 행한 연구만을 참조하려고 한다.

우리가 모두 밝히려면 끝이 없겠지만 마지막으로 예를 들도록 하자. 예수가 붙잡히는 순간에 벨로는 예수가 자신을 스스로 힘으로 방어하는 것을 깨달았던 유혹에 대해 당연히 언급한다. 이는 겟세마네 동산에서 기도한 이후 나온 칼 사건과 "내가 내 아버지께 구하여 지금 열두 군단 더 되는 천사를 보내시게 할 수 없는 줄로 아느냐?"라는 기원과 함께 매우 근거가 있는 듯해 보인다. 하지만, 벨로는 "부르주아적 주석은 예수가 이런

---

87) [역주[프랑스의 사상가이자 종교사가 · 언어학자이다. 프랑스 실증주의 대표자의 한 사람. 주요 저서인 『그리스도교 기원사』(7권, 1863~1883)는 예수의 인간화, 그리스도교의 문화사적 연구, 성서세계의 심리적 · 문학적 재현에 의의가 있다.
88) [역주] 프랑스의 가톨릭 신학자로 호교론(護敎論)을 연구하였다. 성서연구에 근대의 역사적 · 비판적 방법의 적용을 주장했다. 종교사 강의를 통하여 그리스도교와 성서를 신의 계시에 대한 역사적인 정당화로 보기보다는 윤리체계로 발전시켰다.
89) [역주] 독일 신학자이며 1954년 『성(聖) 누가의 신학』이라는 책을 출간했다. 그는 누가는 역사가라기보다는 자기의식적인 신학자이다고 주장했다.

수준에서 유혹을 받을 수 있다”고 읽는데 이르지 못하리라 단언한다. 그는 부르주아들을 위해서가 아니라 어리석은 자들을 위해 주석가들을 수직적으로 취하고 있지 않은가! 예수는 잡히던 순간과 십자가 위에서, 광야에서 받은 유혹과 같은 그러한 유혹을 얼마나 당했던가! 얼마나 많은 신학자가 2,000년 전부터 이것을 기록해두었던가!! 따라서 나를 당혹스럽게 만드는 것은 ―우리는 모두 여기에 머무는데― 과학적인 면에 대한 무지가 아니라 다음과 같은 이중적 현상이다. 우선 “다른 이들은 이데올로기적 독서를 하기 때문에 텍스트를 이해할 수 없다. 하지만, 나는 (최초로!) 과학적인 독서를 하기 때문에 그 누구도 아직 언급하지 못한 점을 제시해준다.” 나아가 텍스트 ‘생산’ 조건을 제공할 수 있는 것은 현실과는 아무런 연관이 없으므로 미리 제시된 해석이 아닌 오로지 역사 사실들에 대한 지식에서 조건을 제공하며 이런 해석의 결과인 텍스트의 “유물론적 독서”는 오직 확증만을 가져다준다. 얼마나 이를 예상해야 했던가!

　내가 여기에서 역사적, 경제적, 마르크스 지식의 영역 안에서 이루어진 비평을 개괄적으로 그려준 이유는 박식함을 자랑하려는 것이 아니다. 나는 결코 이와 같은 단점을 지닌 작가를 헐뜯는 문학적 비평 수준에 머물지 않는다. 더구나 이는 벨로의 책과 연관해서 일시적으로, 우연히, 이 책에 한정시키는 비평도 아니다. 내가 제시하고자 했던 바는, 계획 자체, 성서의 온전한 유물론적 독서, 유물론적 신학의 실현에 대한 근본적인 불가능성이다. 이는 계획 자체가 모순적이며 현상에 대한 실제적 지식에 근거하는 총체적 해석과 연관되기 때문에 근본적으로 불가능하다. 이상적인 해석은 ‘바람직’ 하지는 않지만, 계획은 일관성이 있었다. 언제나 가능한 사상으로, 또한 사상에서 비롯된 총체적 구성과 연관되기 때문이다.

　하지만, 여기에서 적어도 역사적 유물론―다른 모든 유물론은 이상주의이다-과 관련 있다면 이는 역사적 사실의 현실과 연관된다. 그런데 이런 역사적인 사실들은 가장 철저하고 탁월한 전문가일지라도 자신이 극히 일부만 알고 있으며 언제든 재검토 가능한 종합은 힘들게 용기를 내야 한다는 점을 보여준다. 어쨌든 우리는 역사적 사실에 근거한 광활한 총체적 설명을 결코 진행시킬 수 없다는 것이다. 역사적 현실을 형식, 체제, 모두 이루어진 사상으로 대체하는 일이 훨씬 실용적이기 때문이다. 그리고 이는 유물론적 신학이나 복음서의 유물론적 해석을 제시하려는 자가 제멋대로 지닐 수 있는 모든 것이기 때문이다. 벨로의 작업이 진솔하게 드러내 주고 있지 않은가!

7) 함축적 영향

마지막으로 나는 두 예를 통해 비평의 종착역에 이른다. 가끔 벨로는 자신이 진행하는 바를 충실히 실현하지 않는 듯하다. 그래서 그는 복음서의 영성화에 당연히 반박한다. 하지만, 우리는 더이상 결코 거기에 있지 않다. 그는 전형적인 지칭을 고수하려고 그가 당연히 부인하는 떡의 기적으로 말미암은 무리의 포만상태가 그의 유물론적 의미로 이해되어야만 한다고 우리에게 말한다. 그러면서 벨로는 다음과 같은 사항도 펼친다. 예수는 물질적으로 무리의 허기를 채워주었기 때문에 메시아로 인식된다. 따라서 이는 메시아인 예수의 비영성과 그의 정치적, 경제적, 이데올로기적 특성을 보여준다고 생각한다. 기본적인 것은 빈곤한 자들에게 떡을 주는 실천이며 메시아적인 것이 이런 실천이고-"당신이 지닌 것을 빈곤한 자들에게 주시오"- 예수의 몸이 된 것이 바로 경제적 실천이며 현재는 이런 상징적이 아닌 구체적 실천으로만 남아 있을 것이다. 한 주석가가 유물론적 허기는 분명 중요하나 유일하지는 않다고 하자 벨로는 반박한다. 벨로에게 허기는 유일하다. 그래서 거기에서 출발한 메시아적 움직임은 "공동체적 인간의 아들"을 명백히 보여준다. 이처럼 우리는 "정치적 전략, 포만감의 세계적 식탁"-이것이 소망이다-을 향해 나아간다.

하지만, 유감스럽게도 이런 견해는 이미 강력히 묘사되었다. 이는 바로 도스토예프스키의 대심문관이다. 만일 유일한 문제가 무리의 물질적 포만감, 유일한 대용물인 세계전략, 이를 효과적으로 성취할 유일한 상속자라면 이는 대심문관이다. 또한, 벨로는 저술한 바를 기록하면서 역사적 결과를 전혀 실현하지 않을 뿐 아니라 이것은 두 번째 시도와 일치하지도 않는다! 이런 과실의 다른 예: 벨로는 유행하는 언어로 끊임없이 '전략'에 대해 말한다. 무리의 전략, 젤로트당의 전략, 예수의 전략, 대적자의 전략, 로마인들의 전략 등. 신앙은 예수90)에게 가까이 가기 위한 작은 전략으로 정의한다. 그는 당연히 예수와 젤로트당의 전략 사이의 차이를 보여준다. 하지만, 그가 예수의 전략이라 일컫는 것 앞에서는 다소 황당해진다. "이 사회의 온전한 정치적 코드의 전복"을 의미하기 때문이다. 하지만, 원하든 아니든 전략은 단지 행하는 방식이 아닌 일종의 위치 확립이다. 전략은 승리를 위한 행동 조직을 내포한다. 그래서 예수를 위한 벨로

---

90) 여기에서 텍스트의 축소를 진행하는 벨로의 방식을 밝혀주는 사소한 예가 있다. 이는 예수를 향해 중풍병자를 데려와 지붕을 발견하는 사람들과 연관 있다. 텍스트에서는 "예수가 그들의 믿음을 보고"라고 말한다. 텍스트에 무엇도 덧붙이지 않고 선입견도 품지 않는다면 오로지 한 단어로 우리는 이렇게 말할 것이다. 예수가 본 것은 병자를 자신에게로 데려오려고 애쓰는 사람들이며 믿음을 결정하는 것이 바로 이것이다. 따라서 우리는 믿음이 예수의 육체에 가까워지려는 대수롭지 않은 전략이라고 말할 수 있다. 좋다. 하지만, 나는 좀 더 정확히 해주고 싶다. 예수가 본 것은 지붕을 발견한 사람들이고 그가 믿음이라고 일컬은 것은 바로 이것이다. 따라서 믿음은 지붕을 발견하는 행위이다….

처럼 특히 정치적 전략에 대해 말할 때는 더욱 그러하다. 또한, 그는 은밀함의 전략이 메시아적 논리에서 죽음의 거부를 가정한다며 정치적 전략을 확증한다.

그렇지만, 예수는 분명히 시작부터 이길 수 없음이 확실하다. 예수는 현재 모든 권력에 대해 불안정한 상태이기 때문이다. 무리는 일정기간 동안 오해로 말미암아 그를 따른다. 이런 전략이 '메시아적'이며, 전략으로써 존재한다고 말할 수는 없다. 예수의 지리학적 변화에 대한 언급도, 정치적 코드의 전복에 대한 언급도 전략이나 생산과 일치함을 제시하기 위해 충분치 않기 때문이다! 그런데 벨로는 다소 모호하게 한 가지 사항을 지시하고 있는데 예수가 외부 무리에게 호소하려 했으며 은밀함의 전략이 이방인을 향한 유출을 함축하고 있었다는 점이다.

대체 뭘 말하려는 의도인가? 예수가 외부 지지자를 찾으려고 유대 땅을 떠나야 했단 말인가? 바로, 이것이 전략이다. 그런데 왜 하필 늑대의 소굴인 예루살렘으로 들어갔을까? 예수가 어떤 사회-정치적 지지도 없이 완전한 전복을 전개하려 한다면, 그가 승리할 수 있을 만한 구체적인 세력의 동요를 일으키려 하지 않는다면, 전략에 대해 말하지 말자. 예수는 출발부터 세상의 기준들에 따라 반드시 승리한다. 이 유명한 전략과 함께 예수가 순간적으로 자신이 승리할 것이고 대적들을 물리치리라고 상상할 수 있었다면 그는 정말 우매한 자가 아닌가! "예수의 전략이 대적들의 전략으로 승리한다"고 기록하는 일은 사리에 어긋난다. 그의 행동 방식도, 그의 진출도 모든 정치의 기본적인 논쟁이 되는 정치로 축소되지는 않는다.

그러나 벨로는 단순히 마키아벨리의 계략이 아닌 왕국의 전략을 의미한다는 점을 강조하고 있지 않은가! 그렇다면! 완벽하군! 이는 '왕국'이 이런 분석에서 벗어난 특성과 규모를 지닌다는 뜻이다. 왕국의 전략과 연관되기 때문에 이는 레닌이 보여준 마키아벨리의 전략 유형인 부유한 자와 지배자에 대항하는 단순한 반항과 계급투쟁과 같지 않으며 다른 목적성이 작용하는 다른 행위, 다른 '정치', 다른 개입의 총체이다. 따라서 왕국은 이런 관점에서 우매하다고 평가된 전략, 그러나 다른 측면을 찾았을 때 돌이킬 수 있는 전략을 요구하므로 유물론적 분석의 영역과 관련되지는 않는다.

복음서에서는 예수의 행동에 대한 이해에 명백한 오해가 있다. 예수가 단어의 현대적 의미로 정치적 투쟁을 이끌었다는 점은 오히려 전혀 증명되지 않는다. 1세대 기독교인들이 갈등을 정치적으로 해석했다는 사실도 반대이다.요한계시록 참조 이는 예수의 계승자들이 갈등을 완화하고, 정신성을 부여하고, 정치성을 제거하는, 항구적으로 사용된, 논쟁을 최소화할 만하다. 어떤 측면에서는 이것이 옳지만, 정치적인 면에서는 옳지 않다. 역으로 비록 예수가 정치적 언쟁을 이끌지 않았지만, 그는 분명 그 시대그리고 모든 시대!에 무력혁명도 정치적 혁명도 아닌 범위에서 사회 구조와 인류의 파멸에 대항해 투쟁했다. 이는 권력의 사건도 경제적 구조도 아니었다. 우리가 무정부주의에 대해 언급하며 보게 되듯이 그는 훨씬 깊이 자리를 잡았다. 논쟁이 되었던 것은 일례로 사회주의 세계에서 실행될만한 활동이 포함된 온갖 경제적 활동이고 그 결과로 그가 거부했던 것은 정확히 삶의 유물론적 해석의 기초 자체였다.

벨로가 우리에게 복음서에 대한 이데올로기적 담화를 제공해준다고 해도 같은 이데올로기는 아니다. 다만 올바른 프락시와 연관될 때에만 칼 마르크스에게 올바른 이데올로기가 있다는 사실을 벨로는 기억해야만 했으리라. 또한 올바른 프락시는 자본주의 사회에서는 불가능하다는 것도…. 벨로는 텍스트 내내 인식 가능한 현실을 비이론적이며 추상적인 구성으로 해석된 상상력의 총체로 끊임없이 대체한다. 다른 한편으로 그는 자기의 해석과 일치하지 않는 모두를 부르주아적 이데올로기로부터 밝혀내며 유난히 단호하게 선언하기 때문에 온갖 토론을 금한다. 이처럼 자신의 이데올로기와 일치하지 않는 기록을 어떤 '과학적' 토론도 거치지 않은 채 모두 단어에서 제외해버린다.

결국, 그는 '기독교' 초기부터 우리가 항상 행한 바를 다시 시작한다. 자신의 사상, 자신의 선택과 관심을 정당화하려고 성서 텍스트와 예수를 사용하며 이 사실로 말미암아 복음서를 왜곡한다. 벨로가 빈곤한 자들을 섬긴다고 생각하면서 정치, 좌파, 개혁을 선택했다는 것은 전적으로 존경할 만하다. 그가 자신의 선택과 일치하는 신앙의 총체를 채택한다는 점도 자연스럽다. 내가 확인한 바로는 한편으로 이것이 복음서에서 그 시초를 취한다는 점이며, 다른 한편으로 사람들이 그의 선택을 합리화하기 위해 복음서를 사용한다는 점이다. 이것이 그를 기쁘게 하든 아니든 복음서의 또 다른 측면이 있고 이런 측면 없이는 내가 깊이 믿는, 정확히 정치가 포함된 기본적인 이의도 발생하지 않는다.

8) 결론

이런 장황한 비평을 끝으로 나는 간략하게 결론지으려 한다. 내가 벨로의 저서에 대해 자세한 분석을 실행한 이유는 벨로가 자신의 계획을 잘못 실행했음을 제시하려는 것이 아니라, 그도 내가 극복할 수 없다고 믿는 한계들에 부딪혔다는 점을 표명하기 때문이다. 사실 내가 일례로 벨로의 오류들과 역사적인 단점들을 거부하더라도 이것들은 우연한 일이 아니다. 우리가 역사적 현실을 깨닫는 범위 내에서 벨로가 사실들, 역사적 현실을 경험하고 수용했다면 그는 해석의 틀과 주제를 거부했어야만 했다. 유물론적 독서는 경우에 따라 어떤 자료들에 적용될 수 있지만, 비합리성을 인식해야만 하는 예수의 현상처럼 한계를 벗어나는 현상을 고려하는 사람들에게는 분명히 적용될 수 없다.

별 볼일 없는 한 유대인 반역자의 실패가 천 년 이상 문명의 동력이 된다는 사실을 어떻게 설명할까? 예수와 동등한 수천 명유대인 반역자들, 반역한 노예들, 영적 메시지를 알려주는 관념론자들 등등 가운데 예수가 이런 방식으로 나타났다는 사실을 어떻게 설명할까? 결과적으로 유물론적이고 역사적인 방식이 설명해야 할 것이 바로 이것이기 때문이다. 예수의 전략이 이런저런 유물론으로 설명된다고 말하기에는 충분치 않지만, 이 전략이 왜 승리하고 다른 전략들은 실패했는지를 설명해주어야만 할 것이다. 우리는 이를 실행하지 않았기 때문에 흥미롭지만 아무런 설명도 해주지 않는 주석을 수많은 다른 주석들에 추가했다. 유물론적 독서에는 또 다른 불가능성이 있다. 왜냐하면, 이 시기 텍스트에 사용된 단어의 의미를 권력, 생산 구조, 우리가 상징적이라 결정한 코드, 우리가 신화적이라고 결정한 코드의 단순한 관계로 한정하는 것이 불가능하기 때문이다. 바로 이것이 허위-과학이다. 복음서의 유물론적 독서는 이 독서의 예를 따라 모호함, 막연함, 엄격함의 모습을 가장한 불확정성과 실현 불가능한 현실이 아닌 도달해야할 목표를 따라 정의된 활용 개념의 단언에 대해 거기에서 벗어나기 위한 온전한 자의성 사이에서 동요됨을 피할 수 없다. 따라서 우리는 가장 비평적인 요점 중 하나에 이른다. 이런 도구 없이도 우리가 복음서 텍스트에 대해 발견할 수 있고 이미 대부분의 발견을 이룬 몇몇 양상을 찾은 이런 독서는 한쪽에 반박할 수 없는 텍스트 자체의 영역을 남겨둔다.
그래서 리쾨르Ricoeur, 91)가 말했듯이 '초과의미'가 있다. 과연 어떤 초과
일까!

그러나 유물론 방식은 그 자체 독창적인 개념으로 온전할 수 있다는 걸
보여준다. 이 방식은 모든 것을 참조한다고 주장하는데 **그렇지 않다면 유
물론이 아니다.** 결국, 유물론적 방식은 이 세상 그 누구도 지닐 수 없는 지
식과 정보의 총체를 가정하기 때문에 불가능하다. 효과적인 유물론적 분
석을 행하는 일은 우리가 생산관계와 권력에 대해 간략하고 피상적인 견
해가 아닌 온전히 일관성 있는 지식—마르크스가 노동계급과 영국 경제를
위해 세우려고 애쓰던 지식—을 지닌다고 가정하는 것이다. 그러나 이는
역사적으로 불가능하다. 그때부터 우리는 부족한 지식을 총체적 분류나,
완전히 연극처럼 창작된 '허위—사실들'이나, 우리가 알 수 있는 지식의
인정된 변형으로 대체해야만 한다. 이 순간 이런 독서는 이데올로기적으
로 된다. 따라서 우리의 최선은 유물론적 **의도와 경향**으로 그러나 그 이
상이 아닌 독서를 해야 한다고 말할 수 있다. 그러므로 오류란 몇 세기 전
부터 성취된 의미의 퇴적물을 걷어내는 새로운 설명 방식을 찾지 않는 일
이며 이를 설명하기 위해 사회 경제적 측면을 내걸지 않는 것이고, 오류
는 눈부시고 열정적인 그러나 저자의 이데올로기적 전제인 유물론적 작
업은 어떤 명분으로 작업을 감행해도 규명되지 않기 때문에 진정한 내용
이 없는 특성을 이런 시도에 부여해주는 유물론적 라벨을 적용하는 것으
로 구성된다. 내게 '유물론적' 독서는 평범해서 가능해 보이는데 이는 저

---

91) [역주] 데카르트, 베르그송, 마르셀, 메를로 퐁티로 이어지는 프랑스의 철학의 맥을
계승하는 철학자로 불린다. 또 후설의 『현상학의 이념들』을 프랑스어로 번역했다. 여
기서 현상학을 통하여 인간 존재의 유한성을 밝히고 그러한 유한성으로 초월적 존재
인 신을 해명하려고 노력하였다.

자의 참여에 대한 표현이며 가장 자연스런, 상징적인, 우이적인, 그리스
도 중심적인, 비평적인, 구조주의적 독서보다 더 과학적이지 않으며 더
순수한 이데올로기가 아닌 하나의 견해이기 때문이다. 하지만, 가능한,
전유적인, 철저한, 완벽한, 지금까지 난해한 텍스트 의미를 밝혀주는 단
하나의 독서라고 주장할 때 이런 허위유물론적 독서는 그저 이데올로기적으
로 심지어 이상주의로 되어버린다.

5. 귀납적 신학

유물론적 신학 탐구

성서 텍스트의 유물론적 독서를 행하는 일로는 확실히 충분치 않아서 특별한 신학적 방식, 극단적으로 유물론적 혹은 마르크스주의적 신학 방식에 대한 구상을 시도해야만 했다. 이런 탐구에서는 두 용어가 서로 자주 활용된다. 그래서 우리도 이런 의미에서, 우리가 이미 언급했던 라틴 아메리카 해방 신학들을 한쪽에 놓아두며, 솔Sölle, 92), 카잘리스Casalis, 93), 카르도넬Cardonnel, 94), 지라르디Girardi의 작업과 비슷한 작업을 진행하려 한다. 나는 여기에서 이 탐구를 가장 멀리 진행시켰던 카잘리스 저서를 예로 들고자 한다.95) 복잡한 동시에 일관성 있는, 한 가지 방법의 구상으로 소개되어 추론의 흔적과 떨리는 심정이 담긴 한 권의 책을 분석해 나가는 일은 어렵다.

---

92 [역주] 독일의 자유주의 신학자이며 기독교 광신도에 대한 글을 쓰기도 했다.

93) 카잘리스,『옳은 사상은 하늘에서 떨어지지 않는다』Cerf, 1977.

94) [역주] 신부이며 프랑스 카톨릭 신학자로 혁명적 신학의 대표적인 인물이다.

95) 나는 한편으로 벨로의 『말씀과 사회』1978에 등장한 "보편성과 문맥성(Universalité et Contextualité)"이란 논문을 다룰 것이다. 이 논문에서 우리는 신학의 의미와 하나님의 형상에 대해 아주 주목할 만한 연구를 진행시킨다. 그런데 물론 우리는 거기에서 "실천"과 복음 전체를 경제적 실천의 메시아 신앙으로 축소하는 중심 사상들도 발견한다.

1) 연역적 신학과 귀납적 신학

우리는 몇 달 전부터 유명세를 타기 시작한 연역적 신학과 귀납적 신학의 논쟁으로부터 시작하려 한다. 순수한 논쟁 수준에서 연역적 신학은 미리 구상된 원칙들에 의해 총체적 견해를 시작하여 거기에서 결과를 연역해낸다. 귀납적 신학은 원칙들을 무시하고, 부조화적인 세계로 들어가, 시행착오를 거쳐 나아가며, 거기에서 점차 귀납적으로 일관성을 탐구하고 가능한 일반화를 찾아낸다. 일례로 어떤 경우에는 성서를 최초 자료로 놓고 성서 텍스트를 종종 '원칙'으로 변형시키는데 거기에서 윤리적 결과들을 추출하기도 한다. 나는 1947년에 집필 한 『세상 속의 그리스도인』에서부터 이를 단호히 거부했다.

또 다른 경우 영적 혹은 종교적 경험에서 출발해 계시의 체험을 거친 후 이런 경험을 통해 점차 성서에서의 계시에 대해 보다 깊이 있는 이해로 나아간다. 이런 경향은 근래 많은 역사적 연구에 의해 확인되었다. 이 연구는 성서 텍스트가 항상 성령의 입을 통해 내려온 것만은 아니며, 성서영감설은 없지만 세대를 통한 계시 해석의 더딘 정신적 작용과 일치함을 보여주었다. 따라서 이것이 출발점이다. 우리는 카잘리스와 함께 다른 단계, 즉 사고가 생생한 경험에 의해 엄격히 정의되고 결정된다는 단계로 넘어간다. 더 넓은 의미로 명확히 말하면 우리는 우선 살아가고 이어서 살아가는 것에 따라 생각한다.

그런데 바로 이곳에 마르크스주의적 동화가 들어선다. "먼저 살아가고 이후에 생각한다"라는 원칙은 마르크스의 것은 아니지만 "간에서 담즙이 분비되듯 사고는 뇌에서 분비된다"는 너무나도 유명한 공식으로 넘어가는 일종의 유물론적 양상과 일치한다. 하지만, 마르크스는 결코 그런 단순한 견해를 갖지 않았다. 유물론은 근본적으로 인식의 현상들이 물질적인 삶의 현상 이후에 나타난다는 표명이다. 그러나 인간에게 물질적인 삶은 마르크스가 말한 바로는 이를 특징짓는 것이 노동이기 때문에 언제나 사회적인 삶이다. 따라서 사고를 창출해내는 것은 노동, 수단, 노동관계, 노동조직이다. 노동이 자주성을 잃으면 사고는 이데올로기를 창출한다. 그리고 노동의 상실은 계급의 분리를 이끌고 사고는 계급 상황에 의해 결정되며 나아가 행위 전체실천 전체는 계급으로 기능을 부여받는다.

삶은 사회계급의 소속과 체험적 실천으로만 정의되기 때문에 계급투쟁 상황에서 정치적 실천을 고려해야 한다. 이런 관점에서 신학은 하나님으로부터 비롯되지 않고, 영원한 진리를 제시하는 순간을 표현하지 않을 뿐 아니라 내 계급 소속에 의존하는 이데올로기이며 다른 모든 이데올로기처럼 내가 속한 계급을 합법화하고 변호하려는 목적을 지닌다. 물론 지배계급과 연관된다. 다시 말해 카잘리스가 분명히 제시해주듯이 결코 연역적 신학은 없다. 선택된 성서에 따른 원칙들은 지배계급의 실천에 따르는 신학이며 성서에 따른 해석, 신학적 구성은 성서에서 오로지 허위로 추론되기 때문이다. 실제로 원칙들은 지배계급의 상황을 나타내며 이런 실천으로 귀납된다. 신학 전체는 귀납적이다. 따라서 우선 계급의 실천, 내 계급소속에 따른 일정한 존재와 행동 방식을 지닌다. 기독교인을 특징짓는 일은 계급선택을 진행하는 것이다. 이 선택은 예수의 모방에서 유래한다. 예수도 역시 계급 상황에 있었으며 빈곤하고 소외된 계급에 과감히 뛰어들었다.

이런 실천으로부터 이 실천에 대한 성찰인 신학은 계급투쟁의 체험과 예수가 가르친 것과 일치하는 새로운 귀납적 신학을 창조하면서 계급을 정리하는 자료들을 수집하는 일로 구성된다. 왜냐하면, 예수의 가르침은 스스로 참여의 구현이었기 때문이다. 이처럼 바람직하고 바른 신학을 지니려면 예수 편에 서야 한다. 예수는 빈곤한 자들의 편이었기 때문에 그가 가르친 모든 것은 이런 실천을 초래한다. 따라서 빈곤한 자, 억압당하는 자들, 피착취 자들을 지지하는 일은 예수와 같은 실천을 하는 것이다. 그래서 예수가 말한 것을 진정으로 이해할 수 있는 곳에 머무는 것이다. 그래서 신학은 이런 실천개혁신학, 해방신학 등으로 귀납될 수 있다. 내 생각에는 이것이 출발점이다.

하지만, 연이어 두 가지 질문이 뒤따른다. 우리에게 소개된 신학이 성서적이거나 종교적이거나 혹은 이전에 행해진 모든 기독교적 사상에 근거한다 해도 이 신학이 진정 실천에 기초하고 있을까? 행해진 모든 사상과 선결되어야 할 명제의 자료체는 없을까? 나아가 문제시된 실천은 무엇일까? 첫 번째에 대해서는 텍스트를 주의 깊게 읽으면서 무의식적으로 혹은 손댈 수 없고, 비평할 수 없는 확실한 자료들처럼 완전히 감춰지고, 희미해진 방식으로 나머지 모두를 추론하는, 설명하지도 증명하지도 않는 일정량의 원칙들을 제시한다는 점은 아주 분명하다. 우리는 일종의 사도신경이나 함축적인 십계명처럼 이를 몇 쪽에 걸쳐 열거할 수 있다.

조항 1 – 마르크스는 항상 옳으며 마르크스주의는 과학이다. 마르크스주의의 과학적 특성은 증명할 필요도 없으며 '자명' 하다. 어떤 상황에서든 마르크스는 최후의 기준처럼 취해진다. 그런데 마르크스주의적 지성인들에게조차 우리는 마르크스주의의 과학적 가치96)에 대해 매우 신중

---

96) 괼트랭(Geoltrain)이 마르크스주의의 "시성식(諡聖式)"을 행했다는 뒤마(Dumas)로부터 카잘리스를 변호해줄 때면 나는 그가 이 책을 대충 건성으로 읽고 몇몇 주요 대목만을 참조했다는 느낌이 든다. 뒤마가 말하듯 이 시성식은 매 쪽 출현하며 (괼트랭

한 채로 있다.

조항 2 - 정치가 그 무엇보다 우선이다. 한 인격의 진실을 판단하는 것은 계급투쟁에서 정치적 실천에 달렸다.

조항 3 - 계급투쟁은 과학적 진실[97]이며 최후의 현실이다. 이는 모든 것을 이해하고 모든 것을 설명해줄 수 있다. 물론 계급이 무엇인지 언급하는 것은 조심해야 한다. 그래서 카잘리스는 지나치게 억압당하는 자와 빈곤한 자들의 투쟁을 명확한 마르크스주의적 의미가 있는 계급투쟁으로 바꾼다. 우리는 여기 마르크스주의적 체제에서 빈곤한 자들을 옹호하는 사람들을 반드시 이끌어야 하는 지적인 동향을 지닌다.

조항 4 - 사회주의는 빈곤한 자들과 억압당하는 자들의 표현이며 공산당은 진실로 그들의 이익을 옹호한다. 따라서 사회주의 승리는 빈곤한 자와 사회주의의 동일화인 그들의 승리이다.

조항 5 - 혁명은 마르크스에 의한 용어로는 사회주의일 수밖에 없다. 다른 혁명에 대한 생각은 필연적으로 모두 반혁명적이다.

조항 6 - 실제적 사회주의 체제들에 대해 말할 필요도 없고 굴락을 마르크스주의의 필수적인 내적 논리까지 거슬러 올라가게 할 필요도 없다. 분명 몇몇 오류가 있겠지만 어쨌든 빈곤한 자들이기 때문에…. 고려하지 않을 수 없다.

조항 7 - 항상 합리적인 혁명과 혁명적 행위가 본이 되는 혁명은 신학적 이유나 반드시 반혁명적일 만한 신학을 위해서는 결코 재검토되어서

이 자신의 대답을 제한하는) 계급투쟁이란 단 하나의 문제를 대상으로 하기보다는 마르크스 사상에 대한 온갖 자료와 이 사상이 특별히 현대 세계의 진정한 해석 기준처럼 여겨진다는 사실을 대상으로 한다.

97) 엘랑스텡은 주목할 만한 방식으로 마르크스주의가 과학적이라고 자신을 스스로 대변하는 바로 그 순간 마르크스주의는 이데올로기로 들어선다고 선언한다 (1978년 10월 4일, 『Le Matin』)

는 안 된다.

조항 8 - 민중, 즉 억압당하는 자들은 본능적으로 항상 합리적이다.

조항 9 - 투사만이 오직 혁명적 프락시를 지니기 때문에 유일하게 예수의 말씀을 이해할 수 있다. 따라서 그는 투사의 단 하나의 범주(공산주의, 사회주의 투사들) 만을 지닐 수 있다.

조항 10 - 예수를 그리스도로 인식하고 고백하는 일은 궁극적으로 전혀 중요하지 않다. 참조 사항은 오로지 예수의 실천98)과 동등한 실천뿐이기 때문이다.

이와 같은 것들은 기본원칙들로써 이것으로부터 카잘리스의 논증 전체가 진행되며 선포되지 않은 것은 말할 것도 없고 증명되지도 않는다. 그런데 이런 신조의 항목은 하나하나 물론 기본적으로 논란의 소지가 있다. 항목들은 명백히 도를 넘는다! 하지만, 나는 거기에서 두 가지 결과만을 이끌어내려 한다. 우선 이 신학이 연역적 신학이라는 점이다. 카잘리스는 어거스틴, 토마스, 루터나 칼빈의 신학처럼 '전형적인' 신학도 엄격히 귀납적이라고 주장한다. 신학이 지배계급에 속한 결과로서 얻어지기 때문이다. 신학은 지배계급의 사상을 반영한다. 그래서 신학은 성서적 가

---

98) 예수의 이런 실천에 대해 우리는 다른 많은 이들이 예수를 혁명 지도자로 삼고 싶어한다는 사실을 알지만, 이는 그가 계급의 한 당원이기 때문에 더는 충분하지 않다. 그는 자주성을 잃은 계급의 우두머리가 되었다. 물론 그와 같은 해석을 지지하려면 텍스트를 엄격히 강요하고 거기에 극도로 철저히 환상을 줄 수 있도록 하는 것들만을 붙잡으려고 선별을 실행해야만 한다. 또한, 우리는 (분명 1세대부터) 예수의 실천에 대한 기억을 변형하는 착취계급의 편에 있는 것은 교회의 나중 작업이라고 말하면서 나머지를 치워버린다. 하지만, 적어도 다음과 같은 질문에 접근해야만 할 것이다. 먼저 예수의 제자들이 억압당하는 계급 가운데 가장 탁월한 표본이었는데 어떻게 그들이 그들 지도자의 죽음에서부터 그의 실천을 그렇게 변형했을까? 라는 질문, 혹은 그들이 이미 착취계급에서 승리했는데 예수가 어떻게 억압당하는 계급의 리더였을까? 라는 질문이다.

르침의 덮개를 뒤집어쓰는데, 거기에서 우리는 사실 미리 제시해주는 이와 같은 신학을 연역적으로 끌어낸다고 주장한다. 반대로 억압받는 계급의 훌륭한 실천을 지닌 자는 거기에서 재발견된 예수의 실천 신학인 진정한 신학을 추출해낼 것이다. 하지만, 이 모두는 허황된 환상이다. 상황을 되돌려 놓아야 한다.

사실 우리는 마르크스주의적 원칙들을 (혹은 허위나 유사 마르크스주의!) 성서에 따른 원칙들로 대체하며 연역적으로 실행한다! 카잘리스의 신학은 연역적 신학이다. 두 번째 지적은 소위 이런 귀납적 신학과 함께 우리는 솔직히 더도 덜도 아닌 그러나 그저 참조 틀만 바꾼 자연신학의 회귀와 대면하게 된다. 인간 생활의 주요 환경이 자연환경이었던 시절에는 침략하는 이 자연으로 근심했고, 인간의 자연에 대해 토론이 이루어졌으며, 위대한 시도란 이런 자연신학의 방향을 바꾸도록 하거나 적어도 기독교신학과 절대적 필요성이나 자연법칙 사이에 화합을 발견하는 일이었다. 하지만, 상황이 변했다. 인간의 환경은 사회가 되었기 때문이다. 인간 확산과 구속이 사회 환경에서 비롯되기 때문에 인간은 우선 사회적 존재, 관계의 핵심 등으로 인식된다. 따라서 당연히 명백하게 기본적인 것처럼 생각되는 바는 사회적 조건이다. 그때부터 동일하나 대상이 변한 시도는 사회, 인간조건, 위치 그리고 사회 안에서, 인간 조건에서 신학이 파급되도록 하는 것이다. 그러나 이는 바로 밝혀진 진리의 동일한 변조變造이다.

프락시 신학은 자연신학의 특징을 모두 지니며 특히 같은 혼합주의를 유발한다. 같지만 다른 주제에 근거한다. 그래서 전통적인 주제들은 자연종교의 결과이지만 우리가 오늘날 만나는 주제들은 사회 종교의 결과이다. 하지만, 우리가 소개하려고 하는 소위 비非종교적종교적이라고 하는 기독교는 오래된 종교적 형식에 대해 그저일 뿐이지만, 오히려 정치, 혁명, 경제 성장,

행복, 사회 경제적 평등, 식민지에서의 해방 등에 대해서는 완전히 종교적이다.99)

마지막으로 여기에서 오해를 말끔히 없애도록 시도해야 한다. 1947년 혹은 장 보스크Jean Bosc와 내가 작성한 방법 노트에서 전문적 개신교 연합과 같은 시기에 내 저서의 시작부터 나는 체험le Vécu과 계시된 것le Révélé 사이에 대조 원칙을 제시했다. 자료로 수용된 계시된 것은 우리가 해석을 통해서만 물론 취할 수 있으나 우리 해석과는 무관하다. 그 이유는 우리의 해석이 우리 사고의 행위지만 사고는 단지 체험의 해설이 아니기 때문이다. 물론 사고는 단계 형식 자체와 지식과의 배합을 표현하는 문화적 틀에서 비롯되지만, 문화 전체와 상반된 틀을 진지하게 취한다면 사고는 계시된 자료와 함께 돌이킬 수 없는 현실과 대면한다. 이는 정확히 모든 성서 텍스트, 복음서와 마찬가지로 선지서나 사도서신의 텍스트가 우리에게 가르치는 바이다.

이런 계시로부터 문화, 사회, 정치 전체와 반체제 인사들의 논쟁이 포함된 주어진 사회의 기본적인 논쟁이 등장한다. 계시는 "내 사고가 당신의 사고가 아니기" 때문에 '하늘'에서 온다. 이는 어떤 사고이든 실천의 명령에서 비롯되지 않는다. 어떤 인간적 활동도 초래하지 않는 것은 완전한 타인의 사고이다. 이런 계시에 충성하는 온갖 단계는 전혀 사회적이거나 경제적이지 않은 이와 같은 모순을 불러일으키며 화합이 있을 시에는 이 화합이 반항적인 성향으로 이루어진다 해도 그 즉시 우리의 의심을 자아낸다. 마르크스주의-기독교 화합에 대한 탐구도 역사의 흐름 속에서 일어났던 온갖 탐구들과 같다. 따라서 계속해보면 체험하기와 "계시 안에서 사고하기" 사이에는 모순이 있다. 하지만, 이 사고하기는 끊임없이 반

---

99) 자끄 엘륄의 『새롭게 사로잡힌 자들 *Les Nouveaux Possédés*』

복하고 다시 시작해야하므로 체험과 실천의 논쟁으로부터 성서의 재독에 참여해야 하며 반대 과정도 확실히 필요하다. 그래서 계시 자체로 이해되고 깨달은 계시로부터 체험, 사실, 실천을 확인해야 한다. 단순한 예배행렬은 결코 없다. 옳은 생각을 찾기 위한 프락시로부터도 아니며, 하늘에서 직접 와서 해야 할 일을 명확히 시사해줄 만큼 다 이루어진 생각에서부터도 아니다.100)

다시 말해 귀납적 신학도 연역적 신학도 지닐 수 없다. 이것처럼 저것 또한 부정확하기 때문이다. 대조는 계시가 구현되기 위해 (예를 들어 윤리가 성서Ecriture 이해에서 나오도록), 그리고 체험은 표현되기 위해 (억제되지 않고 예를 들어 성서Ecriture의 이해가 오로지 경험만이 아닌 경험에 따라 실행되기 위해) 끝없이 재시도 되어야만 한다. 이런 변함없는 모순, 대조에 의해 실행된 이 단계가 진정 유일한 변증법적이기는 하지만, 이 단계는 계시된 자료가 초월자에 의해 정말로 주어지고 성령이 우리 모두와 성서 텍스트 사이에서 효과적인 관계를 구성한다는 것을 배제하지 않으며 오히려 이를 전제한다.

프락시와 이론의 밑바닥에 닿은 원형성이란 물론 성령을 배제한 채 계시 밖에서 오로지 경험에서 하나님에 대해 언급한다는 가능성을 가정한다. 이는 내가 보기에 어떤 독서 방식이든 간에 성서Ecriture가 우리에게 가르쳐주는 것과는 반대로, 이중적으로 진행되는 듯 보인다.

이제 우리는 두 번째 질문에 이른다. 소위 귀납적 신학은 선한 신학인 프락시신학, 억압당하는 자들 편에서의 계급투쟁의 프락시에 근거한다.

---

100) 우리가 개신교신학 연구의 개혁에서 표현하려 했던 것은 신학 하기, 경험, 체험하기, 사고하기의 대조에 의한 이런 단계이다. 하지만, 카잘리스가 이해한 의미의 귀납적 신학과는 전혀 연관되지 않았다.

그래서 우리 문제는 다음과 같이 둘로 나뉜다. 우선, 어떻게 억압당하는 자들의 편에 있는가? 또 하나는 어떤 프락시와 연관되는가?

첫 번째 요지는 "이데올로기적 소속"에 대한 아주 흥미로운 개념이다. 현재까지 인식되었던 것과 같은 기독교는 지배계급의 합리화와 그릇된 양심의 신적–관념적 표현에 불과하다. 말하자면 진실의 선언으로써 삶, 마찬가지로 초월자에 대한 경험의 형식에 대한 탐구는 새로운 존재 방식을 발견하는 일로 이 모두는 존재하지 않는다. 이는 계급 상황에만 연관되지 않으며 그 자체로 순수한 환상에 불과하다. 일례로 계급에서 그처럼 나올 수 있다고 믿는 순수한 환상 말이다! 우리는 억압당하는 자이거나 억압하는 자들의 계급에 속해있다. 좋다. 하지만, 유감스럽게도 여러분이 프롤레타리아로 전향한다면 모든 것은 바뀐다. 그리하여 계급 '상황'에서 선택된 계급의 '위치'로 이동하도록 하는, 마르크스에게는 없는 놀라운 선회가 있다.

프롤레타리아는 계급 상황에 있으며 억압당하는 자이다. 하지만, 절대 다르지 않기 때문에 **이데올로기적으로** 프롤레타리아 영역으로 들어서기를 선택한 부르주아는 선한 편에 서려고 할 수 있는 바를 정확히 행한다! 바로 **이것**이 전향이 아니겠는가! 그가 억압당하는 자, 착취당하는 자, 상품 제조자가 된 것을 누가 믿게 할 것인가? 카잘리스는 '대중'들이 그들 중 한 명처럼 마르크스를 환영했다는 사실을 대담하게 저술하고 있지만, 이는 그가 사실들을 잘 파악하지 못한 채 자기 상상력에 사로잡혀 있음을 증명해준다. 이는 마르크스와 바쿠닌Bakounine, 101) 사이의 토론 자체였다. 하지만, 적어도 바쿠닌은 프롤레타리아의 존경을 받았고 혁명의 방향

---

101) [역주[러시아의 혁명가, 급진적인 무정부주의자. 사회민주동맹을 설립, 제1인터내셔널에서는 마르크스와 대립했다. 그의 급진적 무정부주의는 에스파냐 · 이탈리아 · 러시아의 혁명운동에 큰 영향을 주었다.

을 취할 권리가 없다는 사실도 알고 있지 않았는가? 이런 '전향'을 하려 했던 모든 지적인 부르주아들과는 상반된다. 결국, 계급 정치, 다시 말해 마르크스주의적 혁명 행위를 지지하도록 하는 이데올로기적 움직임은 - 기독교의 유일한 테스트인 빈곤한 자에게 참여하기 때문에 기독교인인 - 프롤레타리아라는 타이틀을 주지만 계급 상황 밖에서 하나님과의 만남을 나타내는 이데올로기적 움직임은 아무 의미가 없다.

마지막으로 프롤레타리아 계급에 있기 위해 중요한 일은 마음과 프락시의 실행에 동조하는 것임을 명심하라. 따라서 이 계급은 프롤레타리아적 조건, 소외, 가장 가치 있는 것을 생산하는 상품적인 노동 담당자들로 구성되며 다른 한편으로 이 모두를 전혀 담당하지는 않지만, 마음으로 그들과 함께 하는 펠리니의 비텔로니들이 이야기하듯이 용기 있는 관심을 지닌 자들로 구성된다. 나는 이런 형식이 충격을 안겨 주리라는 사실을 알고 있다. 사람들은 그들의 투쟁, 그들의 전투로 들어섰다…. 그렇다. 하지만…. 마르크스를 위한 이 전투와 투쟁은 우리가 몸담고 있는 조건과 다른 것에서 파생될 수 없다. 그래서 철저히 따져보아야만 한다. 프락시와 양심의 현상을 효과적으로 결정하는 것은 사회-경제적 조건이라서 사람들은 합리적인 유물론자이기는 하지만 이는 부르주아가 프롤레타리아의 프락시를 결코 지닐 수 없음을 의미한다. 혹은 프락시를 결정하는 것이 이데올로기적 선택이므로 사람들은 유물론자가 아니다.

사실 마음의 움직임과는 전혀 연관되지 않는다는 증거는 우리가 찾는 우리 문제의 두 번째 부분. 즉 '어떤 프락시를 의미하는가?' 라는 것에 대한 해답과 연관된다. 유물론적 신학의 신학자들은 실제로 무엇을 하는가? 대담하게 게릴라전에 참여해 그 가운데 몇 명이 생을 마감한 라틴 아메리카의 몇몇 성직자들은 제쳐놓도록 하자. 그들을 한쪽에 놔둔다고? 하지만, 그들을 모델로 삼는 이들이 바로 자신들인데…. 주의하라! 그렇게 생각한다면 교회를 사회-경제적 현실에 비추거나 오로지 순교에 따라 평가하는 짓을 멈춰야 하지 않겠는가! 만일 내가 이를 거부한다면, 만일 내가 일반적 프락시로 교회를 판단한다면, 나는 해방신학의 서너 명의 순교자들에 대해서 뿐 아니라 동시에 마르크스주의 기독교인들의 일반적인 육체와 그들의 프락시에 대해서도 내 시선을 돌려야 한다. 게다가 어쨌든 마르크스주의적 관점에서는 사회적 프락시에 **개별적 표본**은 없지 않은가!

그렇다면, 마르크스주의적 기독교인들의 프락시는 구체적으로, 실제로 무엇일까? 마르크스주의적 기독교인들은 모두 지성인들이다. 오직 복음을 이해할 수 있는 계급투쟁의 실천 덕분이라고 그들에게 선언할 수 있도록 해주는 것은 과연 무엇이며, 다른 것보다 많은 가치를 지니지 않은 사상으로써 다르다고 선포할 수 있도록 해주는 것은 무엇인가? 프락시는 빈곤한 자들의 편이 되었다는 사실로, 그들의 편에 섰음을 선언하는 사실로 축소될 수 없기 때문이다! 그렇다면, 그들의 '프락시'는 무엇인가? 내가 보는 바로 이 실천은 강연을 행하고 사설을 쓰고 심포지엄과 학회를 위해 여행하고 시위에 참여하고 청원서와 성명서에 서명하고 세미나를 조직하는 일로 구성된다. 경우에 따라 주먹을 불끈 쥔 채 실제로 시위대를 따르고 극우성향의 투사들을 만나고 '혁명적' 선언들을 행하기도 한다. 그런데 나는 한편으로 이것이 프락시가 아니라고 주장하며, 다른 한편으로 마르크스주의적 기독교인 중 한 명과 프롤레타리아에 의해 행해진 현 실태가 결코 똑같지 않다고 주장한다. 이는 프락시가 아니다. 왜냐하면, 실제로 프락시는 사회적 관계의 변형에 참여함을 가정하고 더구나 프락시가 경제적으로 자리 잡은 직업의 실행과 분리될 수 없어서 이런 변형이 이동할 수 있는 것은 지식인 누구에게나 보편적인 이런 시위를 통해서가 아니기 때문이다. 구두로만 혁명적인 이러한 실행들은 부르주아적으로 교수, 변호사, 목사나 성 도미니크회 수도사를 이어가는 마르크스주의적 기독교인들의 직업과는 공통점이 전혀 없어서 이를 프락시로 채택할 수는 없다.102)

또 한편으로 이런 존경할만한 당원들과 한 명의 프롤레타리아가 이루어낸 동일한 현 실태는 전혀 비교되지 않는다. 프롤레타리아에게는 직업적인 일에서 행한 것과 자신이 참여한 대중적 시위나 파업 간에 차이가 없다. 이처럼 참여할 때 문제가 되는 점은 바로 자신의 삶이다. 따라서 그가 바꾸고자 하는 바는 자신의 존재 자체이며 자신의 미래이다. 하지만, 다른 한편으로 지적인 즐거움이기도 하다. 그래서 파업이 실패하면 이는 노동자에게 심각한 결과를 초래한다.

하지만, 마르크스주의적 기독교인에게는 실망 이외에는 어떤 결과도 없다. 마르크스주의적 기독교인들은 빈곤한 자들의 편, 마르크스주의의 편, 혁명의 편에 섰다고 "말하는데" 참여한 지식은 누구나 이를 행한다. 그들은 순전히 말로만 참여하기 때문에 이는 혁명적 실천이 아니며 마르크스의 의미에서 프락시는 더더욱 아니다. 이는 그들이 어떤 현실과도 접촉하지 않으며 주인의 명령 아래서, 비천한 노동 환경과 생활환경에서 그들의 손으로 일하지 않기 때문이다. 그래서 마르크스에게서는 프롤레타리아가 무엇인지를 잊지 않는 것이지 마르크스가 혁명적 요인이 누구인

---

102) 이에 대한 혼동은 극대화된다. 괼트랭(「개혁」, 1978년 4월)은 "카잘리스는 세계적 단계에서 사회를 공유하고 계급투쟁의 용어로 표현하는 갈등 속에 새겨진 실천부터 말한다"라고 저술할 수 있었다. 하지만, 정확히 말하면 다음과 같다. 카잘리스가 행한 일은 정치적 흐름에 학설상 자신을 동조하도록 이끄는 확신과 자신의 견해로 세상 사람들처럼 말하는 것이다. 하지만, 결코 실천으로부터 말하는 것이 아니다. 그 이유는 타인의 실천이기 때문이다.

지 생각하는 것이 아니라는 사실을 잊지 말아야 한다. 그들은 현실의 상상과 환각의 영향을 받고 있다. 학회가 혁명적일지라도 마르크스의 측면에서는 현실이 아니기 때문이다. 이는 우리가 1945~1968년 사이에 보았던 것만큼 이 지식인들도 우둔하게 착각할 수 있는 것이다. 거기까지 나아갈 수 있다.

왜냐하면, 우리 마르크스주의적 기독교인 중 상당수는 스탈린과 스탈린주의의 신실한 추종자였고, 더구나 20번째 학회와 헝가리의 끔찍한 역사조차도 그들을 잠자코 있도록 하기 때문이다. 나는 그들 사이에서 이런 통상적인 슬로건을 얼마나 여러 번 들었는지 모른다. "소련연방에 강제수용소들이 있을지라도 소련연방은 사회주의와 진정한 혁명의 편에 남는다. 소련 강제수용소는 히틀러의 강제수용소와는 전혀 공통점이 없으며 소련의 독재자는 나치 전체주의와 공통점이 전혀 없다. 중요한 점은 이 체제에 의해 추진되는 목표, 즉 정당한 정의와 빈곤한 자들의 승리이기 때문에 소련연방을 비난해서는 안 된다. 왜냐하면, 반사게임을 하는 것이기 때문이다. 그래서 공산주의로 가는 길동무가 되어야만 한다…." 오늘날 마르크스주의적 기독교인들이라고 선포하는 자들에 의해 끊임없이 되풀이되는 연설은 이러했다.

하지만, 내게 심각해 보이는 점은, 많은(거의 모든) 마르크스주의적 지성인들이 스스로 잘못을 몸서리치게 주시하며 자신들이 어떻게 그처럼 착각할 수 있었는지를 자문해보는 순간, 우리 신학자들은 노력을 배가시켜 '스탈린의 동지'였던 자들에게 찬성하여 자아비판의 어둠을 감지하지도 못한다는 점이다. 그들은 냉정한 양심을 지닌 채 이런 힘든 시기를 잊고 아무 일도 없었다는 듯 마르크스주의적 연설을 계속한다. 그런데 이것이 가능한 이유는 그들이 프락시에 대해 어떤 경험도 해보지 못해 경험이 없기 때문이다. 그들의 실수와 망각은 혁명적 실천도 프롤레타리아적 실천도 지니지 않았고 지금도 갖고 있지 않음과 연관 있다. 이는 확실히 그들이 이에 대해 비평하는 것을 불가능하게 만든다!

이는 **이야기된** 실천이지 실행되거나 체험된 실천이 아니다. 결과적으로 우리는 이에 대한 어떤 신학도 표시할 수가 없다. 우리가 **타인의** 실천을 이야기할지라도, 혹시 이런 실천이 효과적이라도 이는 아무 소용이 없다. **자발적인** 실천에서부터, 그리고 이런 실천 수준에서만 날조되지 않은 양심을 형성하고 마르크스주의적 관점으로 생각할 수 있기 때문이다. 그렇지 않으면 확실히 부르주아적 지성인 누구라도 노동자적 프락시를 **이야기할** 수 있고 거기서부터 마르크스가 형식적으로 거부한, 바로 그 거짓 양심을 면할 수 있을 것이다.

그렇다면, 그들이 프락시에 대해 전혀 경험하지 못했는데 혁명적 프락시만이, '계층적' 독서만이 복음서들을 이해하고 진정으로 성서를 읽게 해준다고아니면 순전히 사상의 측면에서! 선언할 수 있도록 해주는 것은 무엇일까? 이는 순전히 수사학적일 뿐이다. 따라서 신중해져야 한다. 마르크스를 위해 이런 프락시를 지닌 채 탈이데올로기화 된 인식을 지니든 아니든 잘못된 인식을 고수하기 때문이다. 그런데 한편으로, 카잘리스는 이에 실수하지 않는데, 만일 마르크스에 따른 철학 체제를 행하고 싶다면 바로 노동적 프락시에 기초해야 한다는 점이다. 철학은 프롤레타리아 혁명에서 성취되고 프롤레타리아 혁명은 철학에서 성취된다. 따라서 신학을 위해 우리는 똑같이 말할 수 있다. 유물론적 신학은 프락시에 기초할 때만 가능하다. 물론 이런 프락시가 존재한다는 조건에서이다. 유물론적 철학을 위해 일반적으로 프롤레타리아적 프락시를 참조할 수 있다면 우리는 **기독교인들의** 프롤레타리아적 프락시를 참조할 권리만 있기 때문이다.

그래서 예수의 프락시를 참조하는 일은 문제가 되지 않는다. 우리가 이미 보았듯이 우선 프롤레타리아가 없었고 현대적 의미에서의 혁명적 실천해석이 일련의 단어놀이와 점진적인 변화와 텍스트 몰이에 근거하며, 마지막으로 마르크스적 혁명 이데올로기가 우리 뇌에 강요되었던 순간부터 예수가 혁명적 프락시를 지녔다고 선언하기 시작할 수 있었기 때문이다. 말하자면 우리는 원래 있는 예수에서 출발하는 것이 아니라 사회 환경에서 획득된 이런 전제로부터 출발하는 이 예수를 발견한다.

아무튼, 마지막으로 다음과 같은 질문을 던져보아야 할 단계에 이른다. 무엇이 좋은 프락시인가? 누가 이 프락시를 선택하는가? 스탈린의 프락시는 1954년까지는 논의의 여지없이 좋은 것으로 여겨졌다. 그리고 모택동의 프락시도 마찬가지였다! 하지만, K 관계 이후로 스탈린의 프락시는 더는 좋지 않았고 이제 우리는 모택동의 프락시도 전적으로 재검토되어야 한다고 배운다. 더 좋은 일은 상황이 변했기 때문에 우리가 더는 같은 실천을 고수할 수 없다고 사람들이 우리에게 말한다는 점이다. 이는 소급적이기 때문이다. 결정적으로 스탈린은 전혀 공산주의자가 아니지 않은가! 우리는 카우츠키Kautsky, 103)를 깎아내리려 이미 레닌 입장을 대신하고 부하린Boukharine, 104)을 깎아내리려고 스탈린 입장을 대신했음을 들었다. 그들은 근원에서부터 프락시를 착각했다.

그런데도 여러분은 좋은 것을 선택할 수 있다고 주장하는가? "실천이 진실의 유일한 기준"이라는 형식은 순전히 위선이다. 선택에 대한 어떤 결정적 기준 없이도 가능한 실천이 수천 가지이기 때문이다. 여러분은 결

---

103) [역주] 독일의 사회사상가로 마르크스주의 옹호론을 전개하였다. 저서에 『프롤레타리아트독재』, 『유물사관』 등이 있다.

104) [역주] 러시아 지성인이며 볼세비키 혁명가이며 정치가이다. 그는 소련 공산당 내에서 탁월한 이론가, 저술가였다. 그러나 스탈린의 경제 정책에 반대하다가 예조프 시치나때, 반혁명 분자로 몰려 처형되었다.

정적인 하나를 갖고 있다고 생각하는가? 빈곤한 자들을 지지하고, 빈곤한 자들을 돕는다고? 그렇다면, 빨리 공산주의에서 벗어나라. 공산주의 실천에서는 자본주의가 결코 행하지 못했던 훨씬 더 많은 빈곤한 자들을 근본적으로 배출해냈으며 실제로 빈곤한 자들뿐 아니라 역량 있는 혁명주의자들조차 전혀 보호해주지 못했기 때문이다. 이는 내가 한 말이 아니라 설립자 계보 전체가 한 말이다. 마르크스는 최초로 빈곤한 농부들과 거지들과 모든 면에서 궁핍한 노인들, 즉 주변 인물들은 아무 관심도 없다고 확언해주었으며 레닌도 마찬가지로 식민지 민족들은 절대 프롤레타리아를 위한 '담보'가 아니라고 했다. 그렇다면, 그들 스스로를 위한, 그리고 그들 스스로 안에 있는 빈곤한 자인가? 공산주의는 마르크스주의자인 순간부터, 그리고 권력 정복을 꿈꾸는 당원으로 구성된 순간부터 이를 극적으로 비웃는다.

*　　*　　*

마지막으로 우리는 한 가지를 질문해야만 한다. 이런 유형의 귀납적 신학이 예수 그리스도에 대한 믿음의 관점에서 이해될 수 있을까?

마르크스의 "실천-이론"의 예 위에 구성된 이런 귀납적 신학은 실제로 일련의 오해에 근거한다. 우리가 보았듯이 마르크스주의적 프락시와 복음적 실천 사이에 그릇된 동일시가 있을 뿐 아니라 이념, 이론과 계시가 된 말씀 사이에도 그릇된 동일시가 있다. 마르크스는 이론이 사상으로 이끌어질 수 있음을 계속 열정적으로 거부했다. 이론은 과학적 특성에 철저한 구성이라서 다소 정확하고, 그럭저럭 일관성이 있는 이념들과는 절대 연관되지 않는다. 실천에 의해 끊임없이 검토해야 할 바는 바로 이론이다. 마르크스에게 이념들은 별로 중요하지 않다. 그래도 이런 관점에서는 신학이 이론의 형식이라 할 수 있다. 나는 신학이 과학이기를 정말 바라는 바이다. 신학은 단지 실천 안에서만 근원과 이유를 지닐 수는 없다. 마르크스는 생각지 못했지만, 신학은 우리가 그리스도인으로서 부담을 져야하는 하나님의 말씀에 의한 계시라는 또 다른 요인 때문이다.

그렇다면, 예수의 말씀이 그의 실천에 대한 표현과 하나도 다르지 않다고 말해야만 할까? 우선 마르크스의 관점에서 보면, 예수와는 (과학적) 이론이 아니라 선언이나 명령과 연관된다는 점을 주목해 보자. 그러므로 어떠한 동일시도 불가능하다. 다음으로, 예수가 확실히 말씀으로 그가 행하는 일을 표현하고 설명하기는 하지만, 그가 토라, 선지서들처럼 전적으로 다른 영감의 근원을 지녔다는 것을 어떻게 거부할지 주목해보자. 실천이 아닌, 예수가 있는 그대로 수용한 과거 말씀에 대한 참조, 그리고 예수가 스스로 확언하고 우리가 기도와 교제 안에서 하나님으로부터 오는 영감, 즉 예수의 아버지에 의한 직접적인 영감을 예수에게서 박탈하는데 어느 정도 힘들어했을 만한 또 다른 영감의 근원을 말한다. 복음서들의 파괴를 최소화하며 이것에서 벗어나 예수의 모든 '가르침'을 실천의 명시로 가져가는 일은 전적으로 불가능하다. 만일 우리가 신학을 하는 것이라면 예수는 이를 하지 않았다. 만일 우리가 우리의 신학이 우리 실천의 표현이어야 한다고 말할 수 있다면 이는 권위의 첫 번째 근원으로써 예수 말씀의 제거를 함축한다. 그래서 이런 신학은 '기독교적' 특징을 지닌다고 할 수 있다.

더구나 소위 이런 귀납적 신학은 직접적으로 가장 확실한 성서 텍스트와 역행한다. 바울 서신서의 구성을 예로 들어보도록 하자. 우리는 규칙적으로 모두 두 부분이 있음을 알고 있다. 우선은 예수 안에 있는 하나님의 계시, 예수에 관한 복음과 연관된 가르침이며 두 번째로 이의 결과로 로마서 7장 1절의 유명한 "그러므로", 105) 가르침에서 유래한 실천 전체에 대한 묘사이다. 실천은 시작점으로서가 아닌 복음과 예수에 대해 바울이 행한 신학적 구성의 결과로 온다.

그렇다면, 마지막으로 바울이 전혀 이해하지 못했고, 선한 신학이어야 하는 것에 대해 마르크스의 교훈을 따르지 않았기 때문에 바울이 악한 신학자였다고 가정하자. 특히 바울이 일례로 다마스로 가는 길에서처럼 자신의 선결 경험으로부터 신학을 구성한다는 구체책에 호소하지는 말자. 또다시 한번 마르크스의 관점에서 경험은 프락시가 아닌데 상대적으로 바울도 그가 말한 것이 주관적 경험에 근거하지 않는다는 사실을 강조한다. 바울은 자신이 받았던 객관적인 계시에 온 힘을 실어주려고 주관적 경험을 멀리한다. 하지만, 새로운 신학적 흐름 가운데 한층 더 심한 중압감을 받은 바울은 제쳐놓도록 하자! 대신 예수의 명시된 말씀을 참고할 필요는 있다. 나는 '실천하기'에 대한 예로 두 가지를 들려고 한다. 모래 위에 지어진 집의 유명한 비유와 말씀의 진실을 증명해보라고 요구하는 바리새인들에게 한 예수의 대답요한복은 7장 17절이다. 비유에서 틀은 "내가 하는 말을 듣는 자는 이를 행하고…." "내가 하는 말을 듣는 자라도 이를 행하지 않고…."이다. 따라서 반응은 다음과 같다. 모든 것의 열쇠는 실천하기인데 집이 견고하고 안 하고는 실천하기에 달렸기 때문이다.

하지만, 실제로 우리는 반대로 말씀을 듣는 것이 우선 먼저라는 점을 보게 된다. 움직임이 아니다. 행동하기행위의 이론을 행하기 행위를 암송하기. 이는 이 말씀을 듣는 것이며"내가 말한 말 그 이상이 전혀 아니며 심지어" 내가 행한 것처럼 행하는 것도 의미하지 않는다 그다음 이 말씀을 실천할지 안 할지를

---

105) [역주[우리나라 성서에서는 이 표현이 나타나지 않고 곧바로 "형제들아…"로 시작되지만 프랑스어 성서에서는 표현되어 있다.

결정하는 것이다. 내가 말한 예수의 인성의 유효성의 믿음에 대해, 그리고 경청의 기본에 대해 실천하기. 따라서 중요한 점은 예수의 가르침에 일치하는 실천이지 기독교 이론이 구성될 수 있을 만한 것에서 출발하는 실천이 아니다. 그래서 예수의 가르침은 시내산 위에서의 이 계명이나 계급투쟁, 사회적 정의 등과 전혀 연관되지 않는다. 하나님이 하시고 예수가 전한 말씀은 모든 실천과 모든 행위에 앞서 진실을 전해주며, 실천을 일깨워주지만, 출발부터 존재한다.

또한, 요한의 문장요한복음7장은 훨씬 더 의미심장하다. "나를 보내신 이의 뜻을 행하고자 하는 자는 내 교훈이 하나님께로부터 왔는지 내가 스스로 말함인지 알리라." 따라서 아주 분명하게 '교훈'에 대해 '알도록' 해주는 '행하기'가 있다. 이는 우리 토론을 위해 굉장히 중요하다. 하지만, 무엇을 '행한단' 말인가? 하나님의 뜻이다. 이 계시가 된 뜻은 우리 실천에 앞서 존재한다. 예수의 가르침이 진실한지를 구별할 수 있는 실천을 집행하면서이다. 이는 이런 하나님의 뜻을 실천하여 완성함으로써 예수가 가르친 것과 하나님이 명하신 것 사이에 일치와 합치를 발견함을 내포한다. 이처럼 실천하기는 실천이 아닌 가르침의 진실을 구별하도록 해준다. 그래서 이는 내게 성서에 따른 구절 모두와 완전히 일치하는 듯 보인다. 말씀의 진실을 알게 해주고, 완전한 의미로 접근하도록 해주는 일이 행하는 것이라면 이 텍스트에 따라서 무엇을 발견한단 말인가? 내 교훈이 나로부터인지 하나님으로부터인지! 다시 말해 예수가 가르친 것, 그의 교훈은 결코 실천의 이론이 아니라 하나님이 그에게 계시해준 것의 표현이다. 처음부터 교훈 전체, 가르침 전체를 명령하는 것은 하나님의 결정이며, 실천하기는 실천의 귀납과는 전혀 상관이 없는 계시를 파악하고 이해하도록 해주는 테스트에 불과하다. 마르크스의 "행동하듯이 생각하기"는 비록 사회적으로, 부분적으로 확실할지라도 성서적으로, 근본적으로 잘못이다.

이제 마지막으로 위대한 선언을 떠올리며 마무리하려 한다. "내 생각이 너희의 생각과 다르며 내 길실천은 너희의 길과 다름이니라."사55:8~9 이런 근본적인 판단이 있는데 어떻게 인간적인 실천에서 복음적으로 진실된 것을 유출해낼 수 있겠는가? 모든 인간적 실천은 거짓이다. 모든 인간적 생각은 거짓이다. 따라서 옳은 생각과 옳은 실천은 하나님 안에서, 하나님으로부터이다. 만일 실천에서 신학을 유출해낸다면 어떤 실천이든 이는 거짓 신학이 될 것이라서 "인간의 마음에 절대 떠오르지 않는 것"에 대한 계시에만 기초할 수 있어, 우리가 앞선 자료로 간주해야 하는 것에서부터 현시대 상황과 복음적 강요를 체험하는 능력에 따라 신학을 세울 수밖에 없다. 그래서 신학은 항상 되풀이되어야 한다.

하지만, 신학의 첫 기초는 기독교인 삶의 실천이 아니며, 정치적 실천이나 계급실천은 더더욱 아니다. 신성한 실천과는 상반된 철저히 인간적인 실천들은 신성한 실천을 닮고자 했더라도 이는 항상 예외적으로 "여러분의 실천"이며 "예수가 빈곤하게 되었기 때문에 빈곤한 자들과 함께 하는" 실천은물론 이는 오늘날 우리의 확신이라서 이 실천은 우리에게 토론의 여지가 없는 듯해 내가 여기에서 제한하는 것은 충격적으로 보일 것이다! "하나님이 전지전능하기 때문에 권력자들과 함께하는" 예전의 실천에는 전혀 근거하지 않는다. 하지만, 하나님의 권능은 왕들의 권능이 아니며 예수의 빈곤은 이주 노동자들의 빈곤함이 아니니 상관관계도 훨씬 적지 않은가! "너희의 길실천은 나의 길과 다르다" 그래서 경험에서 비롯되거나 어떤 실천에서 나온 귀납적 신학은 절대로 가능하지 않다. 이런 신학은 허위신학이다. 실천은 신학의 비평적 초석이며 그래야만 한다. 결코, 그 이상이 아니다.

2) 믿음의 독특함

　기독교인이 사람들에게 봉사해야 하고 빈곤한 자들 편에 서야 함은 오늘날에는 당연하다. 사실 이는 단지 19세기에 비하면 우리 시대의 심오한 재발견이다. 왜냐하면, 교회도 계속 이런 방향성을 추구해왔기 때문이다. 공식적이며 콘스탄틴적인 교회의 단 하나 유일한 양상을 대표하는 것은 사악한 거짓말이다. 오늘날 이런 섬김과 '보호'에서 기독교인들과 비기독교인들 간의 협동은 당연하며 다양화될 것이 자명하다. 그런데 이런 두 요소를 받아들였던 자들은 마르크스주의적 기독교인들이 아니다. 하지만, 그들의 위치가 거기에서 수용 불가능해진 때는 이런 사회적 실천만이 오직 하나님의 말씀을 이해하도록 해준다고 생각했던 때이다. 한편, 나는 비기독교인들과의 협동에서 주님이신 예수를 고백하고 깨닫는 데 이르는 자들을 한 번도 보지 못하고 있다. 그래서 나는 여기서 근본적으로 강경한데 입술의 고백과 마음의 신앙이 결정적인 요소이기 때문이다. 그들의 프락시는 그 무엇도 예수가 그리스도임을 발견하도록 허락지 않는다. 다른 한편으로 만일 프락시가 이데올로기나 일정한 이해의 형식을 낳는다면, 나는 기본적으로 같은 프락시가 같은 지식과 현실에 대한 같은 이해를 낳아야 한다고 생각한다. 이는 마르크스주의자들의 전제 중 하나였는데, 그들이 아는 희극 중 하나는 같은 프락시를 지니지만, 근본적으로 상반된 이론과 교리를 지닐 수 있었음을 확실히 보여주고 있지 않은가! 그런데 사람들은 우리에게 같은 사회 혁명적 실천에 참여한 중요하지 않은 기독교인들과 비기독교인들에 대해 말한다. 기독교를 이해할 수 있게 해주는 것이 이 실천이라면 이는 명백함을 동일하게 창출해낼 것이다.

그런데 전혀 그렇지 않다. 기독교인들에게는 다른 것에서 전적으로 벗어난 범위가 있다. 이는 바로 엄밀히 말해 결코 실천에 의존하지 않는 신앙의 범위와 예수가 그리스도라는 가장 중요한 인식의 범위이다. 즉 프락시가 아닌 근원적인 신앙이다. 오해에서 벗어나자. 물론 나는 같은 프락시가 비기독교인을 기독교인이 되도록 이끌어야한다는 단순한 생각을 근거로 내 논증을 펼치지 않는다. 다만 내가 말하고자 하는 바는, 신앙과 비신앙 간의 거리감은 프락시가 같을 수 없음을 만들어 낸다는 점이다. 그래서 만일 기독교인이 분명히 같은 프락시를 채택한다면, 이는 그가 신앙의 근본을 포기하고 비기독교 과정으로 들어서서 빈곤과 하나님의 왕국에 대한 탐구보다 먼저 빈곤한 자들과 그들의 경제적 이익을, ―전적인 동일시는 완전히 도를 넘기 때문이다― 정치적 왕국의 이익으로 이행시켰음을 의미한다. 이런 동일시에서는 기독교106)의 특수성 자체에 대한 포기가 있다. 또 기독교가 특별하지 않다면 기독교와 예수 그리스도에 대해 단호하게 계속 이야기할 필요가 없다. 정치 사회적 참여는 오로지 신앙의 결과인 전향일 수 있다. 신앙을 체험하는 방식. 하지만, 이런 신앙이 유일하다면 신앙은 필연적으로 살아가고, 참여하고, 활동하는 다른 방식도 이끈다. 혁명에 대한 진정한 지식을 내게 발견하도록 해주는 것은 전투적인 활동이 아니며 전투적인 활동에 나를 참여시킬 수 있는 것은 하나님과의 개인적인 관계이다.

우리는 굉장히 난해한 질문 앞에 서 있다. 우리는 자본주의와 부르주아적 지배에서 비롯된 악을 전부 확실히 보고 있기 때문이다. 혁명적인 의지는 확실히 부정적으로 설립된 것처럼 보인다. 이는 억압되고 소외된 세상에 대한 부정이다. 하지만, 무엇을 향해서인가? 무엇의 명목으로 인

---

106) 『쟝 보스 논문집』에서 기독교의 특수성에 대한 나의 논문 참조

가? 카잘리스는 복음의 명목으로서도 아니며 우리가 혁명가가 되어야 하는 것은 기독교인이기 때문이 아니라고 우리에게 말한다. 그렇다면? 마르크스의 이름으로다. 마르크스주의 과학은 모든 것을 밝혀주고 설명해준다.

하지만, 마르크스주의는 과학이 아니며 더구나 모두가 프락시에 근거하고 있음을 우리에게 가르쳐준다. 그렇다면, 공산당과 공산주의 국가들의 프락시는 무엇인가? 이런 방향에 참여하도록 설득당할 수 있는 우리는 무엇을 보고 있는가? 폭력, 거짓, 노예화, 인간의 상실에 기초한 전술이다. 정복 국가들은 부르주아 국가들보다 훨씬 민족주의적이고 훨씬 제국주의적이며 훨씬 군국주의적이며 온갖 한계를 넘어 억압적인 체계를 개발하며 부르주아 정부에 의해 부분적으로 확인된 형식적인 자유조차 제공하지 않는 새로운 프롤레타리아의 창조자들이다. 서양 사회들보다 끊임없이 훨씬 관료화되고 계급화된 온갖 사회들…. 그렇다면? 결국, 무슨 명목으로 독재 외에 어떤 구현도 전혀 보이지 않았던 가상의 공산주의 체제를 믿도록 해야 하는가? 마르크스주의적 기독교인들의 연합에 참여해야 하는 것은 이런 명목 때문인가? 성서의 정치-유물론적 재독再讀을 행해야 하는 이유는? 우리는 완전히 망상에 빠져 있지 않은가! 망상은 빈곤한 자의 지지에서 마르크스주의와의 동조로 이동하도록 하며, 또 마르크스주의는 이상이며 과학과 다르다고 생각지 못하게 하며, 단지 이론과 연관된 프락시일 뿐이고 만일 프락시가 그러하다면 이론은 잘못되었다는 점을 생각지 못하게 한다.

다른 표현이 없어서 마르크스주의에 사로잡히고 1968년 5월 성령 세례로 개종한 카잘리스는 근원적으로 이를 보고 들을 수 없게 되었다. 이런 무능력은 확연히 드러나 자발적인 실명상태로 변한다. 그래서 때로는

"우리가 세워야 할 세계를 예언적으로 보는" 것과 연관된다는 점을 우리에게 설명해주고하지만, 이는 엄격히 말해 전혀 마르크스주의자가 아니며 '기독교적' 형식으로, 이 형식은 나머지를 흘려보내고 이 마르크스주의적 세상이 실제로 어떠한지, 나아가 전혀 예언적이지 않음도 잊게 해준다! 때로는 그럴듯하게 양보하며 "모두가 혁명으로 해결되지 않음은 분명하지만, 한날의 괴로움은 한날로 족하다!…"를 우리에게 선포해준다. 그러니 공산주의 혁명에 참여하십시오. 그러면 여러분의 자녀나 손자 손녀들이 여러분이 지어낸 체제에서 벗어날 것입니다! 우리는 역사를 알고 있다. 노래하는 내일을 보장해주려고 희생한 1, 2, 3세대들을! 그런데도 만족한 듯 이를 예수의 말씀으로 덮어버리지 않는가! 최악의 부르주아적 신학자들도 결코 달리 실행하지 않았으니 그들 역시 어쨌든 자본주의의 내일이 행복과 정의와 자유일 것이라는 점을 확신할 수 있었다. 마르크스주의적 기독교인들은 정치에서 우리는 우리가 돌아갈 하나님에게 개인적인 신앙의 표현으로써 예수가 우리에게 주는 것을 말할 권리가 없다는 사실을 배워야 했을지 모른다. 그들은 이를 말하면서 정확히 자신들이 어떤 점에서 정치적 현실을 아직 이해하지 못했는지 드러내 준다.

하지만, 카잘리스는 사회주의의 길이 오류로 점철되고 사회주의가 그와 같은 잔학함을 더해왔더라도 기독교는 2000년 전부터 서로를 비난할 이유가 없고, 어떻든 현상이 죽음이라서 혁명은 위험하지만, 소망을 포함하고 있다는 것을 깨달았던 198쪽으로 나를 되돌려 보내며 내가 방금 저술한 것에 대해 부인할 수 있다. 사실 우리는 이제 스탈린에서 레닌까지, 그리고 레닌에서 마르크스까지 거슬러 오르며 마르크스주의적 혁명에서 기대할 수 있는 것이 무엇인지를 알고 있다. 이는 소련연방에서 일어났던 일과 별반 다르지 않다. 소위 쿠바나 앙골라에서 다르게 일어난 이유는 이것이 정확히 마르크스주의적 공사주의가 아니기 때문이다! 혁명이라고? 하지만, 무슨 혁명인가? 무엇에 따르는가? 속단주의는 빈곤한 자들의 혁명이라고 선언한다.

그러나 이것이 무슨 뜻인지를 밝히는 데 조심해야 한다! 하지만, 세 가지 인용된 형식에서 우리가 마지막 형식을 분리시킨다면 나머지 둘은 무슨 의미가 있을까? 이 형식들은 한 신학자에게는 끔찍해 보인다! 이는 초월자, 온전한 자, 아브라함과 이삭과 야곱과 예수 그리스도의 하나님의 배제를 의미하기 때문이다. 또한 사람들은 '사회주의-기독교' 처럼 '주의'를 구별하기 때문이다. 하지만, 서로 우열을 가릴 수가 없다. 그런데 만일 예수가 영원한 창조자인 주님의 아들이 아니라면 기독교는 아무런 가치가 없다. 역사밖에 있는 초월자가 없다면, 카드치기나 도박 이외에 소망을 품을 이유가 더는 없다. 또 나는 이런 동일시에 대해 여러 전제를 더 이야기할 텐데 이는 마르크스에 의해 해독된 성스러운 역사Hiostoire가 진정한 하나님이기 때문이다. 사회주의의 진정한 오류는, 거기에서 나머지 모두가 파생되는데, 바로 새로운 종교를 설립하고 역사, 프롤레타리아, 사회주의 혁명이라는 신들을 세워놓았다는 점이다. 이는 오로지 신들에게만 봉헌되었던 제물만큼 끔찍한 종교적 희생제물을 바칠 수 있기 때문이다.

＊　　＊　　＊

하지만, 기독교인들은 매번 이상화된 사회주의 안에서 전통적인 기독교 사상을 전파하기 위해 이 사상에서 재출발해 피드백을 실행하며 사회주의와 마르크스주의 덕분에 문제가 되는 사상을 재발견하려고 한다. 카잘리스는 이를 "새로운 인간 탄생을 향한 진정한 혁명"이라고 강하게 어필 한다. 물론…. 그렇다! 그가 표현한 것에 의해 무엇이 '진정한' 혁명이 될 수 있는지를 알지는 못하지만! 그렇더라도 역으로 형식을 취해보도록 하자. "새로운 인간 탄생"에서 출발해보자. 이는 현재까지 혁명처럼 주어졌던 모든 것을 단번에 지워버리도록 하지 않은가! 어디에도 탄생이 전혀 없으며 탄생의 시작조차 없고 진정 새로울 만한 인간의 시초도 없기 때문이다. 대신 새로운 체제, 새로운 억압자들, 새로운 지배계급, 새로운 제도, 새로운 경제구조, 새로운 도덕이 있었다. 새로운 인간? 어디에도 없다. 소련연방이나 독일에도아, 거기에서! 히틀러도 나치개혁을 특징짓는 것은 새로운 인간의 탄생이었다고 말했었지! 중국에도, 베트남에도, 캄보디아에도, 쿠바에도 없다. 물론 없다. 그리고 다른 모든 것보다 떨어지지만, 마르크스주의도 새로운 인간을 준비하지 않는가! 마르크스주의는 몇몇 구조들을 뒤바꾸며 산업세계의 인간을 아주 분명하게 다시 취할 뿐이다.

원칙들, 프락시, 마르크스주의의 이론과 함께 인도된 어떤 혁명도 새로운 인간에 이를 수 없다. 왜냐하면, 모두가 최고의 가치로 노동을 그리고 역사의 흐름으로 진보라는 19세기의 함축적인 두 가지 전제에 근거하기 때문이다. 그러나 마르크스주의에서 비롯된 새로운 인간은 만일 이를 탄생시키려고 애쓰는 만큼의 공포와 혈기가 없었다면 나는 이를 비웃고 싶은 쓸쓸한 유혹에 휩싸였으리라! 왜냐하면, 그가 오히려 복고풍의 상당히 저급한 취향의 모습을 지녔기 때문이다. 무엇이 내게 그것을 말하도록 하는가? 우선 소련 연방에서 인식되고 보편적으로 도덕, 가족, 19세기 서양 부르주아 예술을 재현하는 도덕, 가족, 예술, 사회관계들이다. 하지만, 더 나아가 간결한 '붉은 책'에 앞서 중국 혁명의 성서였고 다시 전처럼 되려고 하는 리우샤오치의 『선한 공산주의가 되기 위하여』*Pour être un bon communiste*라는 놀라운 소책자에 푹 빠져야 한다. 선한 자유주의 프로테스

탄트는 모두 19세기 서양의 경건한 도덕주의자에 의해 저술되었다고 평
가되는 유치하고 정직한 이 도덕책을 읽으며 기쁨으로 온몸을 떨 수밖에
없었다. 과장되고 무의미한 형식에 만족하지 않는다면 바로 이것이 혁명
에서 비롯된 '새로운 인간' 의 모습이다.

　마찬가지로 우리는 이런 기독교를 불어넣는 사회주의로 축소된 기독
교에서 빠져나와 그때부터 둘을 연결하는 가능성과 새로운 기독교를 사
회주의에서 찾았다고 주장한다. 또한, 모두가 정치 역사적 프락시에 귀결
될 때, 예수 진리의 발견이 이런 실천에서 비롯될 때, 하늘을 믿는 자들과
믿지 않는 자들 간의 조화가 프락시-믿지 않는 자들을 위해 분명 바람직
한 형식, "하늘을 믿는 것"은 그들에게 전혀 중요하지 않으며 이 형식에
대한 카잘리스의 동조가 사실 그에게도 전혀 중요하지 않다는 사실을 내
포하기 때문이다.-에 머물 때이다. 게다가 이런 프락시는 역사를 만드는
것이기 때문에 사실 한편으로 "여러 책임이나 역사적인 연대와의 나눔 안
에서 취해진 모든 식사는 투쟁과 소망의 축하, 그리고 성찬의 가치를 지
니는데 그 안에 함께 모인 기독교인과 비기독교인들은 메시아적 실천으
로 하나가 된 제자들처럼 보일 수 있으며 진리를 만들어낸다." 이는 "**내가
진리다**"라는 것을 사라지게 한다. 대신 진리를 행하는 자들이 정치적 실
천가들이다. 사회정치적 투쟁에 참여하기만 하면 제자이다. 너그러운 사
회주의자들에게서 이미 수천 번 반복되어 놀라울 정도로 평범해진 형식
화, 하지만, 전혀 아무것도 제쳐놓지 않은 채 성서에 따른 메시지의 총체
를 배출하는 형식화이다.

　하지만, 이와 같은 전제들은 다른 측면, 즉 "**국민의 목소리는 신의 목
소리이다**"라는 것을 저술하게 해준다. 이는 우리가 자주 들었던 바가 아
닌가! 이런 형식은 5세기에 정치화하는 중에 있던 가톨릭교회가 사회를

기독교인들과 이방인들 간에 실제적인 혼합주의, 종합, 조화에 기초하려 했던 바로 그 형식이라는 점을 어떻게 보지 못할까? 왜냐하면, 이것이 무지한 성별聖別해제 안에서 4세기, 심지어 좀 더 나중에, 온갖 방법으로 '개종' 시키기를 꾀하기 전에 등장한 교회의 의도였음을 잊어버리기 때문이다. 국민의 목소리는 신의 목소리이다. 그래서 어떻단 말인가? 역사를 그들의 실천으로 만드는 자들은 바로 인간들이며 그럼으로써 예수 그리스도의 하나님을 깨닫든 그렇지 않든 그들은 하나님의 뜻을 성취한다. 그들은 단지 하나님이 역사를 이루고자 하는 일만 행한다. 그래서 우리는 거기서 출발한다. 그때부터 정확히 두 번째 형식, 즉 **"프랑크민족을 위하시는 하나님의 행적"**이 파생되기 때문이다. 다시 말해 프랑크민족들은 하나님이 원하시는 그러한 역사를 실행한다. 어쨌든 왜 안 되겠는가? 하지만, 프랑크민족 이후로 십자군들도 같은 확신을 지닌 채 역사를 만든다. "하나님은 이를 원한다" 나는 여기에서 사람들이 이렇게 말하면서 나를 말릴 것이라는 사실을 안다.

"이는 정확히 십자군들이 역사를 만든다고 선포하는 기독교인들의 수용 불가능한 주장이다." 그런데 나는 왜 비기독교인들은 하나님이 원하시는 그런 역사를 만드는 사람들이 될 수 있는데, 기독교인, 무리, ―왜 안 되겠는가?― 기독교 국가에게는 명확히 금지되는지를 이해하지 못하는 걸까? 그로 말미암아 우리는 망설임 없이 **"우리와 함께 계신 하나님"**Gott mit uns으로 나아간다. 어떤 하나님을 말하는 걸까? 전혀 중요하지 않다! 하나님은 자신의 진영에서 하나님을 이해하는 자와 늘 함께 한다! 만일 그가 소유권자와 억압하는 자의 편에 있다가 여전히 그렇다고 해도! 빈곤한 자들과 억압당하는 자들 편에 서서 계급투쟁의 진영으로 이동하더라도 이는 절대 상대편 각자에 의한, 각 편의 온갖 갈등 속에 있는 하나님의 전형적인 동원의 변모는 아니다. 진리가 정치로 귀착되고 당의 이유가 하나님의 이유와 일치하는 순간부터 쉽사리 난관을 벗어나기는 힘들다. 그래서 그 어디에도 더는 하나님도 진리도 없다. 빈곤한 자들의 정치적 '이유'는 다른 것보다 선하지 않다. 빈곤한 자가 세상에서 가장 강력한 국가가 되는 순간부터 더는 빈곤하지 않기 때문에 결과는 당연히 항상 같다. 빈곤한 자는 언제나 구석에서 잊혀간다. 정치는 빈곤을 결정적으로 어지럽히는 가장 확실한 방식이다. 다른 사람들의 이유가 아닌 빈곤한 자들의 이유는 -이 '이유'가 마르크스주의적 기독교인들에게는 의심스럽지만- 예수가 스스로 빈곤해졌고 빈곤이었기 때문에 성스러운 것이 사실이다. 하지만, 주의하라! 우리는 빈곤한 자들의 이유가 마르크스주의와 일치하는 것을 본 프락시이는 또다시 마르크스주의를 가리킨다의 아주 멋진 진보에서 출발하지 않았는가?

더 나아가 마르크스는 푸르동에게 소중했던 '민족'에 대한 사상, 즉 **"국민의 목소리"**를 절대 받아들이지 않았고 묵인했다. 왜냐하면, 프롤레타리아가 모두 빈곤한 자들은 아니더라도 어쨌든 이를 잊어서는 안 되고 마르크스는 빈곤한 농부, 산업화 되지 않은 빈곤한 자들을 결코 수용하고 싶어 하지 않았다 다른 한편으로 형식 안에 있는 **'국민'**은 노동자나 일꾼들이 아니라 귀족, 세습귀족, 부자 등이 포함된 **주민 전체**이기 때문이다. 더 나아가 역사에서 빈곤한 비기독교인들의 개입과 하나님혹은 예수 그리스도?의 행위 사이에, 그리고 마르크스주의적 이론과 기존 기독교 사이에 일치를 찾는 체함은 엄청난 오류의 대가이다.

방금 우리가 분석한 모든 것은 같은 과정을 드러내는데 기독교적 마르크스주의적 조직이 힘들게 설립되는 이유는 방향의 이동과 지적인 혼동 때문이다. 카잘리스 저서가 신경을 거스리는 측면 가운데 하나는 철저함의 부재와 정확성의 상실이다. 내가 악한 마음을 품었다면 이는 우연이 아니라고 말했을지 모른다. 하지만, 이런 흐름과 이런 불분명함 덕에 우리는 올바른 생각들의 천국에서 항해해보지 않았는가! 일례로 카잘리스는 끝없이 '계급'을 이야기한다. 물론 카잘리스만은 아니지만, 그는 계급이 무엇을 의미하는지를 전혀 명시해주지 않는다. 부유한 자와 빈곤한 자, 사회적인 강자와 약자, 권력자와 약한 자들이 있음은 너무나 기본적인 사실이다. 왜냐하면, 이는 사회 전체의 일반적인 경향이기 때문이다.

하지만, 이는 마르크스가 사회계급이라 부른 것이 전혀 아니다. 그는 아주 철저히 '빈곤한 자들'이나 '민족'은 계급을 구성하지 않으며 억압당하는 상황은 더더욱 아니라는 점을 명시해준다. 그래서 그는 계급 개념을 확장시켰을 때 노예가 하나의 계급이었다는 사실을 받아들이려고 깊이 고민했었다! 만일 우리가 카잘리스가 위치한 수준에 머문다면 **마르크스주의적 관점에 있었듯이** 계급투쟁과 계급에 대해 말할 권리가 없다. 약한 자들과 억압당하는 자들 편에 선다는 사실이 계급투쟁인 듯 했지만 마르크스는 반대로 말했다. 그리고 이는 기본이다. 선한 의지를 지닌 인간을 공산주의적 고지식한 바보로 전락하게 한 것이 바로 점진적인 변화이다. 계급투쟁이 과학적 이론이며 여러 사회의 역사를 결정하는 규율이라고 선언한다면, 이를 공표하려고 한편으로 역사를 무시하고 한편으로 이데올로기에 맹목적인 지지를 보내야 한다. 억압하는 자와 억압당하는 자들 간에 갈등이 항상 있음을 확인하는 일은 '과학적 이론'도 전적인 설명도 아니다.

다른 변화: 우리가 이미 수 없이 얘기한 유명한 프락시! 물론 카잘리스는 마르크스가 프락시에 의해 이해한 것을 조심스레 정의한다. 하지만, 우리는 이미 이것이 복잡하다는 것을 보았다.107) 하지만, 동화를 작동시

키려면 흐름을 내버려 둬야 했다. 기독교는 실천, 신앙 실천하기를 전제로 한다는 것은 자명하다.

그리고 이런 실천은 개인적인 가치 없이 단순한 실천만은 될 수가 없다. 그래서 반드시 사회 안에서의 실천이기 때문에 정치적 실천이다. 하지만, 정치적 실천은 프락시이다. 프락시를 말하는 이는 마르크스를 언급하고 마르크스를 얘기하는 이는 프락시가 계급들의 투쟁과 같다고 한다. 따라서 신앙의 실천은 계급투쟁이다. 물론 카잘리스는 너무 노련해서 확실히 그처럼 무지하게 예속시킬 수는 없다. 하지만, 현실에서, 자신의 저서의 모든 전개를 구술해준 이는 바로 카잘리스이다. 따라서 신앙을 실천하고 싶어 하는 선한 신앙을 지닌 인간이 마침내 계급투쟁에 참여하는 곳이 바로 이런 함정을 만드는 현실이다. 만일 계급투쟁의 실천이 빈곤한 자들을 위한 공산주의적 실천이 아니라면 계급투쟁은 필연적으로 지배계급과 착취자의 자본주의적 실천을 나타내기 때문이다.

하지만, 더 힘든 일이 있다. "올바른 실천을 누가 정의하는지 아는" 문제를 제기한 뒤마Dumas; 1978년 4월 『개혁』에게 준 응답에서 필트랭은 명확한 해답이 있음을 선언한다. 예수는 구체적인 행위로 말미암아 사회적, 정치적, 기존의 종교적 구조와 대립한다. 그는 소외된 자들 편에 가담한다. 이 실천은 기독교인에게 규범적인 선택을 보여준다. 따라서 옳은 실천의 기준이 되는 것은 예수를 닮아가는 일이다. 필트랭의 진심에서 우러나온 매우 전형적인 이 대답은 형식에서 새롭게 됨으로써 —시대와 문화에 따라 전적으로 다양한 관점에 기초한 예수 닮아가기— 엄밀히 말해 유물론적 관점과는 일치하지 않는다. 철저한 마르크스주의적 유물론적 사상에서는 옳은 실천, 즉 역사적 효력을 지닌 실천이라는 아주 분명한 기

---

107) 나는 칼 마르크스에게 속한 프락시의 개념에 대한 논문을 작성했다.

준이 있고 다른 기준은 없다. 그래서 우리는 마르크스주의자만 알 수 있는 마르크스주의적 신학을 선두에 놓으려고 애씀으로써 결정적 기준인 것을 보존하는 최소한의 일관성으로 묶인다. 혹은 기준은 빈곤한 자들, 소외된 자들 편에 선 예수를 닮아가기라고 결정하지만, 한편으로 옳은 실천의 기준을 전혀 취하지 않으며 ―이런 실천은 상황 선택이 아니라 어디로 인도하는 참여 행위이기 때문일까?― 다른 한편으로 기독교적 방침 결정에 던져진 일종의 이데올로기적 구름인 계급투쟁, 지배 계급, 제국주의, 경제적 착취 등에서의 해석인 허위-마르크스주의적 모든 잡동사니로 혼잡해져봤자 쓸데없는 짓이다. 하지만, 우리는 이런 유형의 토론으로 들어서는 즉시, 우리가 계급투쟁을 이야기하자마자, 중간에서 그만두지 않는 성실성을 보여야 한다. 올바른 프락시의 유일한 기준은 역사적 효력이기 때문이다!

심지어 방임주의, 혁명이나 빈곤한 자들과 함께 익숙해진 변화조차도. 이중적 난관은 다음과 같다. 우선 누가 빈곤한 자들인가이며, 다음으로, 무엇을 해야 하는가이다. 허기로 죽어가는 비천한 자를 의미한다면 이는 분명하다. 하지만, 그에게 먹을 것을 주는 것으로 충분한가? 이중적인 질문은 굉장히 힘들다. 누가 빈곤한 자들인가? 공산주의 체제의 수용자들은 캄보디아나 베트남이나 티베트 등에서도 빈곤한 자들이다. 그들 고유의 정치적 체제로 말미암은 아프리카 희생자들은 우파이든 좌파이든 같다. 모두 빈곤한 자들이다. 하지만, 경제적으로 부유하지만, 병환 중이고 죽은 자도 빈곤한 자이다. 사회적 멸시나 증오의 희생자도 빈곤한 자이다. 오늘날 프랑스에는 멸시당하는 직업에 속하기 때문에 빈곤한 자인 공무원들과 정치인들이 얼마나 많은지…. '빈곤한 자들'로 묶어 대충 말하는 것으로는 충분치 않다! 승리한 혁명에서 빈곤한 자들은 옛 부자들이며,

1793년 귀족들이고, 1919년 러시아의 부농들이고, 1944년 제2차 대전시 독일협력자들이다. 이들이 바로 빈곤한 자들이다. 하지만, 카잘리스는 이를 전혀 고려하지 않는다. 그에게는 예외적인 그룹으로 (소위 계급), 그리고 또 예외적으로 자본주의 체제와 제국주의의 희생자라는 측면에서 경제적 빈곤한 자들이 있다. 다른 이들은 그에게 관심이 없다. 나는 카잘리스에게 있어 **빈곤한 자들은 사회주의적 교리로 그렇게 지칭된 자들**인데 카잘리스 안에서 이데올로기의 힘이 너무나 크기 때문이라고 아주 단호히 말할 수 있다. 물론 그는 예수가 가까이 다가선 자들이 바로 빈곤한 자들이라는 점을 선포하면서 이를 정당화한다. 여기에서 또다시 이런 선언이 역사적으로 오류라는 점을 알아야만 했으리라. 나는 우리가 이야기했던 점을 참조하려 한다. 세리들과 창녀들은 멸시당하고 도덕적으로 내던져졌으며 1944~1945년 흑인 노예시장의 매매에서처럼 소외되었기 때문에 빈곤한 자들이다. 백부장은 아들이 아팠기 때문에 빈곤한 자였다.

역으로 예수가 수없이 맞섰던 바리새인들은 금전적인 면에서 부자도 아니고 ―생활수준은 오히려 빈곤함― 착취적 계급도 아니다! 하지만, 마르크스주의적 이론에 의해 주어진 선한 기준들을 갖춰야 하고 그것으로 충분하기에 현상들은 이에 따른다. 빈곤한 자들을 향한 행위 또한 단순하다. 어쨌든 개인적 사랑에서 비롯된 개별적 행위는 비난을 받는다. 이는 계급상황을 정당화하려는 위선이기 때문이다. 불행 속에 처한 개별적인 빈곤한 자를 돕는 것이 아니라 정치화하는 것을 의미한다. 즉 유일한 단하나의 비극은 자본주의이고 계급의 착취이기 때문에 이유까지 거슬러 올라가서, "의식화시켜"서 빈곤한 자를 혁명 과정에 참여하도록 하는 것이다. 혁명은 빈곤에 대한 대응책이다.

하지만, 우리는 혁명과 더불어 같은 변화, 같은 모호함을 지닌다. 사람들은 우리에게 기독교인은 혁명가가 되어야 한다고 거듭 말한다…. 나는 1945년경과 그 이전에 이 사실을 기록했었다. 하지만, 카잘리스가 피상적으로 다루지 않는 것은 바로 "무슨 혁명을 말하는가?"인데 1937년 무니에 Mounier, 108)가 필요한 혁명이라고 일컬었던 혁명도 분명 아니고 내가 1968년에 같은 용어로 불렀던 혁명도 아니다. 카잘리스에게 있어 이런 질문은 연구할 필요가 없는 것이다. 어쨌든 혁명만이 있기 때문이다. 지배 계급의 제거로 공산주의에 이른 마르크스주의적-레닌주의적 혁명 말이다. 어쨌든 이를 아는 것이 상당히 중요하다. 왜냐하면, 수많은 기독교인이 정확히 기본적인 혁명은 아니지만, 한편으로 기본적인 혁명에 동의할 수도 있기 때문이다.

그러나 다른 한편으로 카잘리스의 형식은 그가 투사에 대해, (어떤 참여이며 어디인지도 언급하지 않은 채…) 기어이 참여에 대해 열성적으로 말할 때는 상당히 위험하다. 어떤 포괄적 그룹화이든 이런 단정을 연서할 수 있기 때문이다. 마찬가지로 우리가 이에 대해 말할 권리가 있는 것은 바로 우리가 행위의 내부에서 자신의 목표와 함께 전체적인 연대 속에서 행위에 참여할 때뿐이라고 그가 선언할 때 위험하다. 그러면 문제다! 이는 내가 파시스트나 스탈린주의에서 수천 번 들은 담화이다. "여러분은 밖에서 판단할 권리가 없으니 우선 우리 목표와 온전히 연합하고 동조해야 합니다. 그러면 여러분은 말할 수 있을 겁니다." 아니, 그렇지 않다. 바로 그 순간 더는 말할 수 없다. 이는 히틀러주의나 스탈린주의의 시기를 **귀납적으로경험적으로** 슬쩍 바라본 자들의 경험이다…. 그러니 우리가 어떻게 이에 참여할 수 있었겠는가?

---

108) [역주]18세기 프랑스의 정치가. 도피네의 삼부회의를 소집, 1789년 제3신분 대표로서 '테니스코트의 서약'을 지도했다. 입헌왕제파의 대표로서 국민의회 의장을 지냈다.

그렇다면, 유일한 혁명인 공산주의는 어디에 이르기 위함일까? 우리는 여기에서 또다시 극도로 복잡한 흐름 속에 잠긴다. 그래서 공산주의적 혁명의 결과로 넘어간다. 그런데 두 가지 지시가 보인다. 첫째, 억압당하는 자들이 권력을 잡으면 그들은 부르주아나 제국주의자들이 그들을 대했던 것보다 훨씬 덜 잔인하고 덜 힘들게 한다. 우리는 분명 넋이 나간 채로 서 있는다! 1917년 이후, 심지어 중국에서도 온갖 공산주의 혁명이 자행한 끔찍한 학살들을 생각해보면, 그들이 단연 식민주의가 아프리카에서 극악하게 행했던 짓을 넘어선다는 점을 알고 있다. 당연히 그렇다. 하지만, 카잘리스는 이를 알고 싶어 하지도, 이에 대해 얘기를 듣고 싶어 하지도 않는다. 1950년처럼 그는 소련연방에 있던 집단수용소에 대해 하는 얘기를 들으려 하지 않았다. 선천적으로, 또 교리적으로 억압당하다가 권력을 행사하는 자들은 반드시 옛 억압자들을 뛰어넘는다. 두 번째 지시는 어쨌든 베트남, 쿠바, 앙골라에서 모두가 존경받고, 인간이 마침내 진정으로 발전할 수 있는 우애 있고 인간적인 새로운 문화가 탄생한 것을 본다는 사실이다. 카잘리스가 더는 소련연방도 중국도 감히 덧붙이지 못한다는 사실은 흥미롭다. 우리는 끝없는 비참함이 패배한다는 사실을 알려주는 작은 국가들을 참조하려 한다…. 그런데 거기에도 얼마나 환상과 판타지가 많은가! 카잘리스는 혁명이 이전 상황보다 훨씬 심각한 비천함에 다시 잠기게 한다고 왜 말하지 않는가? 크메르족은 역사가 흐르는 동안 삼 년 전부터 경험한 경제적 비참함 같은 비참함에 처해보지 않았다. 또한, 꿈이 아닌 실제적인 다른 예들이 얼마나 많은가! 베트남에서 패배한 비참함에 대해 나는 유감스러운데 하지만, 비참함은 북쪽에 의한 −비참하지 않았던− 남쪽의 착취로 말미암아 패배한다.

혁명으로 야기된 이 사회들은 카잘리스에 의해 확언 된 특징들을 지니는가? 적대적이었던 민족 그룹의 학살을 생각한다면 앙골라를 고집하지 않는 편이 훨씬 낫다. 결국, 민족 대부분이 공산주의적 움직임에 적대적이었고 쿠바 군대의 도움이 없었다면 공산주의적 독재가 결코 구현되지 못했을 것이기 때문이다. 쿠바는 새롭게 된 민족인가? 쿠바는 유난히 근본적으로 군대조직화한 민족처럼 비춰진다. 그 이유는 앙골라, 에티오피아, 소말리아, 자이레에서 최소 세 부대의 파견으로 행한 간섭이 바로 제국주의와 군국주의의 표출이기 때문이다. 또 쿠바가 소련연방의 명령을 받는 상냥한 소련군을 대표하는 것도 사실이다. 하지만, 나는 카잘리스가 체코슬로바키아에서 왜 소련의 개입을 한탄하면서 쿠바의 개입을 잊고 있는지 잘 이해가 가지 않는다. 고결한 베트남에 대해서는 베트남 북부가 공산주의 지배하에 있지만, 그들이 온갖 수단을 동원해 벗어나려 하고 있으며 베트남 남부도 때로는 캄보디아까지 선호한다! 또한, 도망친 자들은 끔찍한 부르주아 착취자들이 아니라 농부와 산골주민들이니…. 그렇다면, 혁명의 이데올로기를 행하고 복음의 마르크스주의적 재독을 실행해야 하는 곳에 진정 도달하기 위함일까?

하지만, 이는 근본적이다. 공산주의는 일명 프락시이다. 공산주의의 이상적인 모델이 없어서 이에 대한 적용은 때로는 불운이 되기도 한다. 즉 이와 같이 생각한다는 것은 부르주아적 이상주의자로 남는 것이다. 혁명적인 프락시만이 있다. 따라서 나는 공산주의를 가치, 과학성, 이상에 대해 평가하지 않고 오로지 실천, 혁명적 프락시에 대해서만 평가한다. 그리고 나는 소련연방관료주의, 독재, 순응주의, 노동수용소 등, 중국 그리고 여러 위성국가에서 이 프락시의 구체화를 볼 때, 나는 마르크스주의가 전 인류의 실질적인 부정이며, 이런 마르크스주의의 명목하에 다른 무엇이 없어서 성서Ecriture와 성서의 재해석을 행하려고 애쓰지 말아야 한다고 말할 책임이 있다. 나는 이런 명목하에 유물론적 신학을 구성하려고 시도하지 않는다.

　결론이 남아있다. 이런 시도는 어떤 가치가 있을까? 우리는 이런 시도가 어떻게 조직되며 어떤 사회적 과정으로 설명되는지를 보았다. 우리는 거기에서 인간적인 시선으로 의미를 발견했다. 그리고 우리는 이런 시도가 어디에서 비롯되고 어떻게 강요되며 무엇과 일치하는지도 발견했다. 그렇다면, 결론적으로 거기에 무슨 가치가 있는 것일까?

　우리가 마지막 두 장에서 행했던 비평들은 (벨로와 카잘리스의 저서) 상황과 관련 있고 두 가지 특별한 저서와 연관 있다. 이런 비평들은 작용의 밑바닥과 온갖 양상에 이른다. 확실히 이런 단계는 마르크스주의자들이나 마르크스주의에 대한 탁월한 이해에는 전혀 관심이 없다. 최선의 경우, 우리는 이런 일치를 위한 신학이 필요치 않지만, 기독교인들의 지원은 레닌이 이야기했듯이 전술의 보완으로 사용된다. 상호적으로 이는 신학도 성서에 따른 이해도 전혀 진전시키지 않는다. 우리가 유물론적 독서로 얻는다고 주장하는 모든 것은 이미 이전에 알려진 여러 독서로 획득된다. 이런 독서는 단지 후회스러운 혼란들만 창출해낼 뿐이다. 신학에서, 신학은 고전적 자연주의 신학보다 주목할 만한 어떤 변화도 만들어내지 않으며, 교회정치사에서 주기적인 열기의 돌발처럼 재출현했던 유행에 따르는 시도들에 놓일 뿐이다. 진정으로 혁명의 지식이나 그리스도 안에서의 삶을 진전시킬 만한 것은 전혀 없다. 나는 심지어 빈곤한 자들과 관련해 이런 신학이 있는 자체로 최악이라고 말하고 싶다. 왜냐하면, 이 신학은 복음을 지상에서의 모든 약속이 이삼천 년 전부터 이미 알려졌던 것으로 축소하고 사회주의가 그들에게 이야기해주고 복음이 소망에 제공했던 유일하고 대체될 수 없는 영역을 그들에게서 빼앗는 것 외에는 그 무엇도 가져오지 않기 때문이다. 이 신학이 지배 계급에 사용되기 때문에! 이 신학이 사회-정치적인 유일한 현실에 시선을 돌리도록 했기 때문에! 이 영역은 이 신학이 파괴하고 싶어 하며 "영원에 대한 갈망"을 인간 안에 충족시키는 유일한 것이기 때문이다. 그래서 소위 빈곤한 자들의 신학은 그들을 더 빈곤하고 더 빼앗기고, 더 투옥하고, 사회주의의 실패 이전, 즉 초월자의 신학 시기 동안의 상태보다 훨씬 더 반감을 사도록 해버린다.

3) 카잘리스 저서에 대한 부연설명

나는 오류들을 강조한다는 것이 굉장히 현학적이라는 점을 잘 알고 있다. 하지만, 오류들이 이처럼 심각한 토론에서 논쟁으로 사용될 때면 해석의 잘못이나 무시들을 참을 수는 없다. 그런데 카잘리스에게는 오류들이 많고 이들은 순수하지도 않다! 나는 마르크스에 대한 그의 참조의 아주 기본적인 특징으로 넘어가는데 그는 독일 이데올로기의 부정확한 인용인 선언문과 권리 철학 비평 이외에 다른 것은 결코 멀리 나가지 않는다. 이는 차치해두도록 하자. 이런 사상에 대한 실제적인 지식이 있었다고 해도 반드시 인용하지는 않았을 테니까. 역사적 관점에서 그에게 여러 오류의 책임을 돌릴 수 없는데 이는 이 오류들이 오베르Aubert에서 빌려왔기 때문이다. 더구나 예수에게 주어진 명칭하나님의 아들, 구원자이 특히 아우구스투스부터 콘스탄틴까지 황제에게 붙여진 고전적인 호칭-황제 명칭-이며 이후 예수에게 적용된다는 것을 들으면 우리는 아연실색하게 된다. 그래서 예수의 명칭은 구약이 아니라 이방 정치에서 비롯됨을 보여준다. "이는 구원의 개념 안에 정치적 구성요소를 개입한 것이다." 그런데 이 모두는 오류의 연속이다. 황제들은 공식적으로 절대 구원자라는 명칭을 지니지 않았다. 그리고 오류를 제외한다면 하나님의 아들이란 명칭도 없다. 아우구스투스는 신성한 모습을 떠올릴 수 있는 모든 명칭을 단호하게 거부했다. 아우구스투스는 지역적인 습관들을 파괴하지 않으려 극동 지역을 위해 '구원자' 소테르라는 명칭의 부여를 감수했다. 그가 말한 바로는 황제는 '신성', 즉 신과 비교되는 성품이었다. 그러나 데우스deus라는 명칭을 취했던 황제들은도미티아누스, 칼리굴라 약간 정신 나간 자들로 간주되었다. 반대로 도미티아누스는 서양 일부지역과 이집트의 동양 일부에서는 '주' 主, 큐리오스였다. 그런데 예수가 진정한 큐리오스라고 선포하는 일은 예수의 정치를 황제와 동일시하는 것이 아니라 고귀한 명칭을 지닌 황제를 버리고 싶어 하는 논쟁적인 행위이다.

구원자소테르라는 명칭들은그리고 아주 우연하게도 하나님의 아들 중동에서 셀루시다 왕들에 의해 취해지기는 했으나 항상 소테르, 에베르제트, 에피판, 폴리오크레드 등 네 가지로 취해졌다. 일정한 종교적 명령들은 아첨 때문에 이런 셀루시드적 명칭들이 황제에게 전이되었지만, 절대 공식화되지는 않았다. 그리고 소테르라는 명칭이 장엄해서 예수에게 부여되었음이 확실하다 해도 나는 잘 어울리는 나머지 세 가지를 왜 마찬가지로 부여하지 않았는지 이해가 가지 않는다! 사실 황제 전하는 반대로 기독교 제국과 더불어 드러났고 정치와 기독교의 심오한 오용에 대해 말할 수 있는 것은 실제로 이 순간이다. 하지만, 예수의 일정한 명칭들을 정치적 오용으로까지 몰고 가는 일은 잘못된 분석이다. 소테르와 관련지어 본다면 이는 확실히 큐리오스처럼 거짓 구원자의 상실에 대한 논쟁적 행위이다. 따라서 이는 정치적 권력의 예측이 아니라 거부이다.

상상을 초월한 동일한 오류: "성자 토마스는 대부분의 호칭이 로마법에서 차용된 중세의 정치공무원들의 아홉 가지 범주를 천사들의 아홉 범주와 일치시킨다.” 나는 경탄에 빠져들었다! 중세 공무원들이라고? 공무원들을 찾는 일은 적어도 한 편의 논문으로도 평가받을 만하지 않은가! 아홉 범주라고? 중세가 얼마나 잘 조직되었던가! 또한, 로마법에서 빌려온 명칭들까지도! 만일 우리가 로마 공무원들에 대해 말한다면 적어도 동로마제국에서는 14등급(쥐스티니엥 법전, 위엄의 명칭, 비잔틴에는 6등급의 명칭과 12개의 기능이 있었다. 하지만, 중세 서양에는 이런 것이 전혀 전해지지 않는다! 중세 공무원의 9등급이 어디에서 빠져나갔는지 알 수 없지 않은가! 중요하지 않은 오류라고? 박식한 다툼이라고? 물론이다! 거기에서 신학이 정치에 삽입되는 것으로부터 파생된다고 증명하고 싶어 하는 것을 제외하면 아무런 중요성도 없지 않은가! 나는 이런 유형의 논쟁과 부르주아를 기절초풍하게 하는 거짓 과학을 참을 수 없다! 카잘리스가 자신의 논문을 확인하기 위해 어떤 점에서(겉으로는 박식하고 과학적인 온갖 논쟁을 활용하는지를 목격하는 일은 아주 흥미롭다.

책에 있는 예를 들어보자: 그는 17세기 멕시코 인디언의 훌륭한 시를 인용하면서 저자는 백인들이 들어오기 전에 사람들이 어떤 점에서 행복했고, 기독교와 함께 어떤 점에서 불행이 도래하는지, 그리고 기독교인들이 얼마나 잔인한 자들인지를 묘사해준다. 카잘리스도 “비기독교적 신학 반대”의 예로 이를 인용한다. 물론 그는 ‘기독교적’ 질서를 정당화하려고 이방 사제들에 의해 실행된 종교적 지배의 현상에 대해 왈가왈부해서는 안 된다고 강조하는데 나도 물론 이에 찬성한다. 하지만, 그는 멕시코의 상황이 백인들이 상륙하기 이전에 최악이었기 때문에 이 시가 그저 거짓이라는 사실을 무시한다. 정복되어 노예로 전락한 모든 민족에 대한 아즈텍 독재(톨텍 등는 끔찍했다. 카잘리스의 논쟁을 뒤집어야 한다. 기독교인들이 황금시대의 꿈에 기초한 완전히 근거 없는 이 허위–대항–신학을 받아들여야 하는 것은 그들이 중죄들을 실행했기 때문이 아니다. 우리 주장들에 이런 신학이 사용되기만 한다면 우리는 '무엇에든' 뛰어들지 않는가!

카잘리스의 모든 오류를 들춰낼 수는 없다! 그가 1973년 당시 "소련연방분명히 이후의 소련은 다른 어떤 결점이 있을 수 없다에서 몇몇 지식인들에 대해 검토한 구속 사실"을 중요하지 않게 선언한 골비처Gollwizer, 109)의 텍스트를 그 나름대로 재현하는 일, 우리가 그를 비난하는 바이기 때문이다 그는 반역자이거나 게릴라 병이라고 결정하면서 강도强盜의 정치적 해석을 완전히 다른 예를 취하려고 망설임 없이 채택하고, 그가 그리스 텍스트를 깊이 연구하면서 이를 과학적 결과로 소개한 것은 그가 온갖 수단을 어떤 점에서 동원했는지 보여준다.

---

109) [역주] 독일의 신학자로 제2차 세계대전 중에 포로가 되어 1945년부터 5년 동안 소련에서 억류생활을 보냈다. 옥중 수기인 『원하지 않는 곳으로 끌려가다』는 많은 독자에게 감명을 주었다.

6. 무정부주의와 기독교

1) 기독교의 잠재적 동맹자 : 무정부주의와 사회주의

무정부주의와 기독교는 그 자체로 가장 양립할 수 없는 적들이라서 서로 접근시키려는 시도는 이상해 보일 수 있다는 생각이 확고히 확립되어 있다. 무정부주의는 전쟁 위기에 대해서 "하나님도 주인도 없다"는 식이기 때문에 무정부주의적 사상가들은 반기독교, 반종교, 그들 교리의 기본적 요점 가운데 하나인 반유신론을 행해왔다. 마르크스는 명백히 "대항-하나님"이 주요하다는 크로폿킨(Kroptkine, 110)이나 바쿠닌과는 달리 오히려 암시적인 간과법으로 문제를 다루기 때문에 엄밀히 말해 마르크스에게서 무신론이나 심지어 반신론은 부차적이라고 말할 수 있다. 물론 마르크스는 오랫동안 종교를 분석해 혁명 전체가 이데올로기 형태, 특히 비인간적인 형태에 대항해 무엇으로 인도되어야 하는지를 보여준다.

하지만, 어쨌든 근본적이지는 않다. 역으로 기독교는 권위를 존중하지 않을 뿐 아니라 이 권위들의 존재를 전제한다는 사실이 명백하다. 모두가

---

110) [역주] 혁명가이자 지리학자. 혁명단체에 가입하여 공산주의적 무정부주의자로서 문필 · 선전활동을 하다가 체포 · 투옥되었다. A.F.케렌스키 임시정부를 지지하였고 볼세비키당의 독재에 반대하였다.

기독교는 질서의 교리라 생각한다. 그런데 유난히 칼빈에게는 가장 강렬한 사회의 화신인 무정부상태보다는 모든 것이 확실히 훨씬 낫다. 그가 보기에 시민 권력의 부재는 최악의 군주보다 확실히 나은데 시민 권력에서는 인간이 인간을 위한 늑대가 되며 각자의 죄가 각자에 대해, 그리고 어떤 한계나 규제 없이 모두에게 표현되는 상태이기 때문이다 사실 근본적으로 죄인인 인간의 생각은 명령과 권위의 부재, 무정부적 생각을 철저히 금지한다. 이 순간 인간은 자신 속에 있는 악에 저항함을 찾지 못해 분노하며 상상할 수 있는 최악의 조건으로 모두 들어선다. 이처럼 양쪽에서 모두 배제된다. 어떤 경향을 나타내든 사회주의에서는 훨씬 근원적이다. 나는 수많은 기독교적 사상가들의 상황에 아주 잘 어울렸던 이상주의적이고 유토피아적이며 로맨틱한 사회주의를 말하려는 것은 아니다. 사회주의가 과학적이라서 기독교인들을 매료시킬지라도 사회주의 역시 질서와 조직의 교리이다. 그래서 사회주의는 정의에 이르기를 탐구하며 빈곤한 자들에 대해 깊이 고민하는데 혹 사회주의가 자유를 언급한다면 이는 잘 정리된 자유이기 때문이다.

만일 극단적으로 국가의 소멸을 생각한다면 이는 기독교 사상의 견해로 완전히 들어서는 중요한 평등주의적 변형에 비해 보잘 것 없는, 교리의 하찮은 부분 때문이다. 국가는 이후, 나아가 아주 나중에 쇠약해질 것이다. 그리고 이는 기독교인들에게 그리 방해가 되지 않는다. 역으로 사회주의는 타인에 대한 사랑, 정의 탐구, 섬김, (단지 대기권 밖뿐 아니라) 사회적 목표의 중요성처럼 기독교에 수많은 긍정적 측면을 깨닫고 준비하도록 해준다. 그리고 사회주의자들은 기독교인들을 동지로 인식할 준비가 되어 있다. "하늘을 믿는 자와 하늘을 믿지 않는 자" 어쨌든 다르게 믿더라도 함께 같은 것을 행할 수는 있다. 또한, 기독교인들에게도 이는 통하는데 이는 '최종 단계' 의 이론이기 때문이다. 왜냐하면, 우리는 둘 모두를 최종 단계로 이끌어주는 훨씬 정의롭고, 훨씬 우애가 있고, 훨씬 평등한 사회를 원하기 때문이다. 여러분도 보듯이 하나님에 대한 믿음은 걸림돌이 아니다. 이 믿음은 우리 사회 심지어 여러분의 사회 계획에도, 우리가 도달해야 할 정치에도 어떤 영향을 주지 않는다. 목표에 도달했을 때, 그 이후에 서로 분리될 것이다. 이 사회에 있게 되면 우리 기독교인들은 예수 그리스도 안에 있는 신앙의 중요성을 재확인할 것이다. 거의 변질하지 않은. 허나 확실히 무정부주의자들과 기독교인들 간에는 불가능하다. 왜냐하면, 한쪽은 우리가 종교적 파괴로 이것 없이는 어떤 혁명도 가능하지 않은 혁명의 핵심적 일부를 실제로 행할 때이고, 다른 한쪽은 예정된 질서 없이 철저히 유지된 사회를 우리가 악하게 인식할 때이기 때문이다. 어떻게 해야 할까? 물론 무신론적 기독교의 새로운 경향과 함께라면 문제는 훨씬 수월해진다. 기독교인들이 하나님을 죽이기로 마음먹었기 때문에 길을 절반쯤 온 셈이다. 무정부주의자들은 덧붙일만한 주요 사실들이 없어 굉장히 만족해할 듯 하다. 빈곤한 자들의 옹호자이며 평화주의자인 선한 선지자 예수는 그들을 전혀 방해하지 않으며 오히려 그 반대이다. 역으로 기독교인들이 인간 안에 있는 근본적인 악인, 원죄의 끔찍한 교리를 내던질 뿐 아니라 더 나아가 성서그렇게 일컬어지지만 존재하지 않는 '하나님' 의 유일한 목표가 바로 인간의 왕국, 실현, 성취, 인간 안에 있는 것과 인간 잠재성의 발현이고 이것이 문화적 오류에 의해 우리가 하나님의 왕국이라 부르는 것임을 증명하기 위해서만일 말할 수 있다면 신학 전체를 구성한다면 우리는 길의 양끝이 이루어졌다고 말할 수 있다.

이처럼 무정부주의자들은 기독교를 아주 잘 받아들일 수 있다. 기독교인들도 무정부주의에 잘 참여할 수 있다. 그러나 그럼에도, 결합은 이루어지지 않고, 서로 매력을 느끼지도 못하며, 오늘날 사회주의자, 마르크스주의자, 기독교인이라는 사실은 굉장히 유행하지만, 무정부주의와 기독교를 연결해보려는 생각은 전혀 등장하지 않는다는 점은 매우 흥미롭다. 나는 사소하지만 추가로 한 가지 걸림돌이 있다고 생각한다. 어쨌든 무정부주의자 측에서는 교회가 남아있다. 그런데 이는 –우리는 항상 제도에서 제도로, 교회와 당으로 이해하는데, 이것도 마찬가지이다– 사회주의와의 관계에서는 불편하지 않더라도 여기에서는 중대한 결함이 되는 장애이다.

기독교인들은 여전히 이런 작은 헌신을 행할 준비가 되어 있으며 우리는 주요 소집병이 교회를 파괴하기 위해 할 수 있는 일을 모두 행한다는 것도 알고 있다. 교회는 근원적 기독교에 대한 일종의 추가 결점이며, 게다가 완전히 변형되었음을 보여준다. 그래서 이런 방향성이 견해 속으로 파고들려면 많은 시간이 필요하다. 또한, 기독교인들 쪽에서 보면 훨씬 우려할만한 다른 걸림돌이 있는데 이것이 사실 정치적이기 때문이다. 우리가 암시해주었던 신학을 수정할 준비가 된 기독교인들은 모두 정치적으로 좌파이거나 심지어 극좌파이다. 게다가 우리는 무정부주의가 무엇인지 정확히 알지 못한다.111) 무정부주의자들은 마르크스주의의 좌파인 '선한' 좌파에게는 거짓–형제들, 몽상가들, 비과학 자들이다. 더구나 마

111) 나는 아마 현 세계에서 유일하게 수용할 수 있는 것으로 무정부주의 입장을 상당히 오래전부터 단언했음을 나타내려 하는데, 이는 내가 무정부주의적 사회의 존재와 실현 가능성을 믿는다는 것을 전혀 의미하지 않는다. 이는 단지 갈등의 중심이 국가라서 냉담한 괴물을 향해 근본적인 입장을 취해야 한다는 뜻이다. 1947년부터 나는 프랑스 개신교도들의 정치적 선택 지표에서 기독교 무정부주의자로 분류되었다. 만일 내가 이를 말한다면 이런 점에서 여전히 혼란을 보이게 된다. 카잘리스를 비난하는 뒤마는 자신의 저서에서 그가 무정부주의자라고 하자 괼트랭은 뒤마를 반박하며 "이는 독설이며 진정한 문제는 정치력과 관계된 문제"라고 말한다. 여전히 이상한 혼동이 있기도 하다. 카잘리스는 저서 내내 마르크스 사상과 교리 지지 의무를 드러내지만, 한순

르크스는 프루동과 바쿠닌을 비난했다. 자유가 그들에게 핵심적인 명령으로 남아 있는 이상 그들은1945년 이후로 자유는 우파의 덕이기에 우파이다. 물론 무정부주의는 1968년 좌파주의로 추락하기 위해, 또 이로 말미암아 트로츠키주의를 포함하는 데까지 나아가는 엄격한 좌파에 의해 비난을 받지만, 그 이상은 나아가지 못한다. 이러한 신중함의 표시가 바로 조직이다. 수뇌부를 필요조건으로 하는 것은 다름 아닌 일관성 있는 전략이며, 이것이 효력이다. 어떻게 기독교인들좌파이 이런 기준들을 수용하지 않겠는가?

하지만, 무정부주의자들! 아니, 무질서는 기독교인들에게 적합할 수가 없다. 그렇다면, 어떻게 무정부와 무질서를 구별하는지. 적어도 좌파 기독교인들에 의해서가 아닌 전형적인 기독교인들에 의해 이처럼 내동댕이쳐진 무정부주의는 기독교와 무관한 채로 남게 된다. 하지만, 다른 난처한 측면은 아버지 하나님이나 인격적 하나님을 포기하면 인간의 역사적 모델로 축소된 예수, 인간 통치의 도래, 인간 위력의 확장, 교회의 제거, 예수의 이름 밖에서는 기독교가 전혀 남아있지 않다는 점이다. 나는 여기에서 무정부주의와 기독교 사이에 다른 접근 방식의 윤곽을 잡으려 한다. 나는 여기에서 성서적 메시지를 전혀 포기하지 않으리라 생각하지만, 역

간도 무정부주의를 드러내지 않는다. 어쨌든 마르크스주의와 무정부주의가 엄격히 화해할 수 없는 적이라는 점과 바쿠닌에 의해 행해진 비평이 연이어 증명해주었듯이 전적으로 마르크스에 기초한다는 점을 상기해야만 한다. 만일 "진정한 문제"가 푈트랭이 말하듯 정치력과의 관계문제라면 –나는 부분적으로는 동의한다. 왜냐하면 "진정한 문제"가 기술과의 관계 문제이기도 하기 때문이다–이는 마르크스주의적 기독교인들의 입장확립을 완전히 파괴하는 것이다. 왜냐하면, 마르크스주의는 정확히 국가에 대해 잘못된 분석을 제공함으로써 결과적으로 마르크스의 오류가 소련 연방국으로 이끌었기 때문이다. 나는 1937년부터 정치력에 대한 성서적 비평을 시작했는데 카잘리스도 마르크스주의적 기독교인들도 우리가 오래전부터 알고 있던 것이 무엇이든 간에, 해로운 혼동을 첨가한다고 생각지는 않는다.

으로 내게는 성서적 사고가 곧바로 무정부주의로 인도하고 무정부주의가 기독교 사상과 함께 어울리는 유일한 "반정치적 정치"politique anti-politique입장인 듯 보인다.

2) 기독교와 무정부주의의 갈등

우선 19세기 무정부주의자들에 의해 기독교, 종교, 교회에 행해진, 그리고 새로워지거나, 풍성해지지는 않았지만 20세기 무정부주의에 의해 계속되었던 과정을 밝혀주려고 노력해야만 한다. 바쿠닌은 "하나님과 국가"라는 저서에서 문제를 최고로 완벽하게 요약해준다.

"하나님이 모든 것이라면 현실 세계와 인간은 아무것도 아니다. 하나님이 진실, 정의, 선, 아름다움, 힘, 삶이면 인간은 거짓, 불안, 악, 추함, 무능력 그리고 죽음이다. 하나님이 주인이면 인간은 노예이다. 스스로 정의, 진리, 영원한 삶을 찾을 수 없는 인간은 신적 계시로만 그곳에 이를 수 있다. 그러나 계시를 말하는 자, 계시자들을 말하는 자…. 지상에서 하나님의 대리자로 인식되는 자들…. 그리고 절대 권력을 반드시 실행하는 자이다. 인간들은 모두 그들에게 한계적, 수동적으로 복종해야 한다. 그 이유는 신성한 이유에 대항해 유지되는 지상의 정의는 결코 없기 때문이다. 하나님의 노예인 인간들은 교회 그리고 교회에 의해 인정된 국가로 또한 있다…. 기독교는 다른 어떤 종교보다 이를 훨씬 잘 이해하고 실현했다. 따라서 기독교는 절대 종교이고 로마 교회는 유일한 결과이며 논리이다 112)….

하나님의 생각은 인간적인 이성과 정의의 양위를 내포하고 있으며 인간적 자유의 가장 결정적인 부정이라서 반드시 실천만큼 이론에서도 인간의 노예화에 이른다….

만일 하나님이 있다면 인간은 노예이다. 그런데 인간은 자유로워야만 하고 그럴 수 있어서 하나님은 존재하지 않는다.

나는 순환을 벗어나려는 자는 누구든 그와 맞선다….

이런 모순은 기독교인들이 하나님을 원하고 인류도 원한다는 점이다. 그들은 한번 분리되면 서로를 파괴할 때에만 만날 수 있는 두 용어를 억지로 함께 놓으려 한다. 기독교인들은 단숨에 이렇게 말한다. 하나님-그리고-인간의 자유, 하나님과 위엄, 정의, 평등, 박애, 인간의 번영-만일 하나님이 존재한다면, 반드시 영원하고 고상하고 절대적인 주인이며 만일 이 주인이 존재한다면 인간은 노예라는 논리에 근거해서 치명적인 논리에 대해 걱정하지 않은 채. 그런데 인간이 노예라면 정의도 평등도 박애도 가능한 번영도 없다. 기독교인들은 긍정적 의미와 온갖 역사경험과는 반대로 그들의 하나님을 인간의 자유를 향해 가장 온화한 사랑이 충만한 하나님으로 상상한다. 그가 무엇을 하든, 그가 어떤 자유주의를 나타내든, 주인은 그 이상도 이하도 아니다. 그의 존재는 필연적으로 자기 아래에 있는 모든 것의 노예화를 내포한다. 따라서 만일 하나님이 존재한다면 자신을 위해 인간의 자유를 사용할 방법만을 지닐 것이다. 그래서 이는 존재하기를 멈추었을지 모른다.

---

112) 우리는 여기에서 바쿠닌이 어떤 점에서 문화 환경의 영향을 받는지를 분명히 본다. 사실 일반화에서 출발하여 특별함으로 가는 추론으로 재구성한 것은 정확히 반대 단계의 결실이기 때문이다. 가톨릭교회는 국가에 의존한다. 이 교회는 가장 권위 있는 구조이며 절대로 존재하지 않았을 반자유주의인데 이것이 바로 바쿠닌이 역사에서 발견한다고 생각하는 점이다. 그는 자신이 하나님에 대해 말한 내용의 정확성을 증명하기 위해 역사에 근거한다. 따라서 가톨릭이 극단적으로 표현한 기독교는 바로 이것이다. 또한 기독교가 가장 잘 성취한 종교들은 여전히 이것이다. 거기에서 우리는 종교로 넘어간다. 그리고 마지막으로 종교의 대상이 되는 것은 바로 하나님이 권능 있는 주인이며 전체의 영감을 주는 자라는 것이다. 이것이 바쿠닌 단계의 현실적 과정이지만 그는 이 단계를 철학적이고 합리적으로 만들려고 뒤바꿔 버린다.

인간의 자유에 대한 사랑과 질투로, 인류에서 우리가 경배하고 존경하는 모든 것의 절대적 조건으로 자유를 생각한다면, 나는 볼테르의 문장으로 되돌아가서 "하나님이 존재한다면 이를 없애야만 하리라"라고 말한다.

내 판단으로는 문제에 대한 무정부주의적 사고113)를 가장 잘 요약해주는 것이 바로 이것이라서 한편으로 하나님은 모든 권위를 근거로 하는 분이기에 권위에 대해, 십계명(혁명의 일반적인 생각)의 모방 된 법칙들의 최고 형식에 대해, 자유로운 시험을 거부하는 교회의 역할에 대해 프루동의 텍스트 모두를 첨가해야만 하며 또 한편으로 과학의 발전으로부터 (일례로 포르Faure와 르클뤼Reclus, 114)) 하나님이 존재하지 않음을 증명하려는 19세기 후반부의 무정부주의자들의 과학 만능주의적 입장표명을 첨가해야 한다. 하지만, 이 모두는 상대적으로 내게 별로 중요해 보이지 않는다.

그런데 하나님과 종교와 교회에 대항하는 이런 단언에서 가장 충격적인 점은 시대에 뒤떨어진, 상황과 관련된 단언의 특징이다. 이런 모든 비난, 이런 공격들은 기독교 발전의 역사 상황들과 정확히 연관되는 듯 보인다. 신학적 핵심에서 이는 하나님에 대한 개념 자체이다. 13세기 이래

---

113) 나는 여기에서 무정부주의에 대해 말할 때 원칙적으로 전형적으로 중요한 무정부주의뿐 아니라 무정부주의적 조합주의나 쥐라 지방 협회의 활동적인 그룹화를 참조함을 명확히 하려한다. 나는 허무주의였던 무정부주의에서 파생한 일시적인 이 분류를 참조하지는 않는다. 나는 허무주의자들과 격렬한 무정부주의자들을 격퇴하려 하지는 않지만, 그들은 기독교와 무정부주의 사이의 관계에서 중점적이지 않은 부차적인 문제들과 폭력의 문제를 제기한다. 그런데 이는 방법의 근본적인 문제이지 문제, 즉 권위의 부재라는 무-정부의 질문에 대한 중심 자체의 문제는 아니다.
114) [역주] 프랑스의 지리학자. 파리 코뮌 참가 뒤 유형(流刑)에 처하자 탈주, 브뤼셀의 자유대학에서 비교 지리학 강의를 맡으면서 무정부주의 활동을 했다.

로 수많은 기독교신학자는 하나님 권능의 측면을 강조했다. 하나님은 무엇보다, 심지어 절대적으로 전지전능한 분, 왕, 독재자, 근본적인 심판자, 냉혹한 자이다. 그래서 무정부주의가 "하나님도 주인도 없다"고 선언할 때, 겨냥하는 것이 바로 이 하나님이다. 하나님은 사실 인간의 자유를 배제시키는 분이다. 인간은 하나님 손에 있는 장난감에 불과하다. 인간은 어떤 존재 가능성도 없다. 그런데 하나님이 먼저 영벌을 받는다. 우리는 인간의 존엄성을 단언하는 교리가 하나님을 용납할 수 없다는 점을 안다.

마지막으로 하나님은 태초에 있을 뿐 아니라 모든 것을 조건 짓는 선과 악, 불행과 은혜를 나누어주는 창조자이다. 예수 그리스도의 성서적 하나님이 이처럼 변형될 수 있었다는 점은 정말 신기하다. 아버지를 내세우는 예수는 근원적으로 무無능력의 길을 선택한다. 예수의 하나님은 자신을 스스로 계시하기 위해 소자小子안에서 구현되기를 선택한다. 성서적 하나님은 유일한 '정의'定義가 사랑인 분이다. 이 성서적 하나님의 행위는 출애굽 때부터 해방이다. 그래서 그는 무엇보다 특히 해방자이다. 만일 그가 죄인과 악의 세력들을 벌한다면 그것은 이들이 인간에 대한 적대감들이기 때문이다. 심지어 하나님의 권능이 자주 부각된 구약에서는 이런 권능이 결코, 절대로 홀로 앞서가지 않는다. 즉 권능의 모든 선언은주로 그 안에 포함된⋯ 사랑, 용서의 선언과 화해하자는 상호격려와 결합하며, 하나님의 권능이 절대 인간에 대항하지 않고 인간을 위해 작용하는 단언과 연합한다. 성서적 하나님의 형상인 전지전능을 해하는 일은 화가가 하나님을 구름 위에 앉아 있는 수염이 덥수룩한 노인으로 묘사하는 것만큼이나 잘못된 것이다. 그리고 나는 이를 말할 때 하나님의 죽음에 대한 신학자들과 같은 작업을 행하지는 않으며, ―이들은 문화적이든 그렇지 않든 간에 성서의 90%를 삭제하고, 하나님에 대해 얘기하기를 멈춘다― 전형적인 신학적 변형을 넘어서 하나님을 재구성하는 것에 만족한다.

　나는 두 번째 요점에 대해서는 강조하지 않을 것이다. 이는 종교와 계시, 또는 종교와 기독교 신앙 간의 혼동이 생기기 때문이다. 이것은 상당히 유명해지기 시작한다. 종교에 반대하는 무정부주의적 비평들은 −무정부주의자들에 의해 아주 강렬하게 제시된 마르크스의 공식인 "민중의 아편"− 종교에 대해서는 정확하나 결정적으로 기독교 신앙과는 별로, 심지어 전혀 연관되지 않는 것이 사실이다.

　세 번째 요점에서 기독교는 −전지전능한 하나님과 함께, 그리고 종교형태로− 설립된 질서에 근거하게 되었음이 확실하다. 여기에서도 우리는 극단적인 일탈과 대면한다. 이런 일탈은 한편으로 교회의 제도화와 연관되는데 이는 같은 신앙 안에서 조직이 되고자 유일한 사랑의 관계로, 결국 권력으로 결합된 사람들의 모임이 되기를 멈추는 교회의 제도화이다. 다른 한편으로 독단론의 강화와 연관된다. 두 측면은 모두 강화의 문제이다. 이로 말미암아 진실이 되기를 멈춘 소유된 진실은 판단과 단죄로 이끌어진다. 제도화된 사랑은 권위와 계층화를 만들어낸다. 교회는 구원의 확신으로, 하나님의 사랑을 나타내고자 연합하는 자들의 행복하고 즐거운 결과였지만 교회는 이 땅에서 하나님의 권력을 나타내는 구조와 권위와 진실의 소유자가 되어버린다. 교회 밖에서 구원부분은 우선 다음과 같은 의미를 지닌다. 즉 예수 그리스도에 의해 구원받음을 깨달은 자들은 모두 은혜를 나누어주려고 모인다는 것인데거기에서 벗어나 신앙으로 살아가는 사람은 없지 않은가! 그리고는 다음과 같이 된다. 즉 교회 틀 밖에 있는 자들은 모두 영벌에 처해진다! 그 반대는 상당히 심각하다.

　마지막으로 네 번째 요점에서 교회가 정치권력과 사회조직 체제의 근거가 되었다는 것은 사실이다. 우리는 교회가 유력한 권력과 조화를 이루어 정부가 항상 진실하지는 않더라도 대개 합법적이 된 정부라면 어떤 정부든 가장 든든한 지지자가 되고자 얼마나 끊임없이 변절했는지를 알고 있다. 우리는 사회질서를 유지하고 노동자들을 복종시키려고 부르주아가 만든 기독교의 기형적인 활용을 잘 알고 있다. 그런데 이 모든 오류, 이 변형들, 이 이단들,그렇다! 반기독교에 이르는 이 변질들은 항상 성서적 계시에서 끌어낸 여러 가능성 중 하나로 존재했다가 개혁과 함께 강조되어 18세기에는 지배적이 되었다.

다시 말해 이는 신학, 교회, 지배적 사실인 부르주아에 의한 교회-사회관계의 변형이다. 하나님, 교회와 종교에 대항하는 무정부주의자들의 공격은 엄밀히 말해 분명한데, 만약 이런 특별한 신학에 따라 개조된 하나님, 강력해진 교회, 사회정치적 교회-세력의 우연한 연합과 연관된다면, 이는 절대 성서적 기독교의 표현이 아니며 매번 근원적으로 전지전능한 자로 예외적으로 인식된 하나님의 신학적 이단과 함께 오히려 반대이다. 무정부주의자들의 오류, 그리고 마르크스의 오류는 그들이 기독교 자체와 대면하고는 있었으나 부르주아적 화신아바타과 연관되었을 뿐이라는 것을 믿게 해주었다는 사실이다. 그래서 그때부터 우리는 이런 관점에 따라 애초에 혹은 중세에 여러 측면들을 **과대평가했**는데, 이런 측면들은 여러 다양한 측면들 가운데 가능한 측면 중 하나로 인식되기보다는 이런 견해를 확고히 해준다. 그래서 사도들이 끔찍한 독재자들이었음을 나타내려고 아나니아와 삽비라의 죽음을 강조한다. 결국, 종교재판은 중세 교회의 상징이 되고 여러 성전의 건축은 성직자에 의해 짓밟힌 빈곤한 민족 노예화의 상징이 된다. 우리는 사랑, 기쁨, 해방, 또한 생생한 기독교의 현실이었던 것이 모두 추락하도록 방관해버린다. 다시 말해 17~19세기 기독교적인 권위주의, 전체주의에 대항하는 정당한 투쟁을 이끄는 무정부주의자들은 기독교의 기본적인 현실과 예수그리스도의 하나님에 대해 잘못된 시각을 지녔다. 무정부주의의 오류는 결과적으로 개선과 연관된다.

하나님의 부재인 무신론은 결코 무정부주의의 기본적인 조건이 아니다. 하지만, 예수그리스도의 하나님이 존재함은 인간해방을 위해 필요불가결한 조건이다. 이에 대한 부정, 추방형은 소위 인간의 온갖 해방 혁명의 실패 원인이었는데, 인간의 해방 혁명들은 사실 인간이 홀로 머문다면, 만일 인간이 자유에 대한 참조, 자유에 대한 강요, 근본적으로 이를 초월하는 자유의 출발점을 제시하지 않는다면, 항상 노예화를 만들어내기 때문에 매번 더 심각한 노예화를 이끈다. 인간의 절대화 속에서 획득한 자유는 독재의 설립을 필연적으로 부른다. 인간의 상대화만이 온갖 주장의 상대화로 인해 자유에 대한 온갖 지배를 제거할 수 있다. 그런데 인간 자체가 절대적이라서 할 수 없는 일을 스스로 제어하지 못한다면, 우리가 인간의 통치를 선포한다면, 하지만, 기독교적 계시 안에 있는 이 초월자가 해방시키는 유일한 사랑의 초월자라는 조건으로 인간이 외적 한계인, 초월자를 만난다면, 오직 이런 상대화만 일어난다. 그런데 우리는 최근 문구에서 이 점을 발견하게 될 것이다.

이와 같은 기독교의 변이는 무정부주의자들 편에서 나온 정확한 비평에서 발생했지만, 그들은 그들이 공격했던 것이 변이일 뿐이지 가끔 생생하기는 했어도 현실이 아니며 계시의 진실도 아니었다는 사실을 충분히 이해하지 못했다. 그들이 거부했던 점은 하나님의 사회 즉, 신학적 형식화였지나는 하나님이 성서 안에서는 진정 그러하다고 주장한다 성서의 하나님도 예수 그리스도의 하나님도 아니었다.

3) 성서에 담긴 정치적 힘

이제 다른 측면을 고려해야 한다. 우선은 성서적 자료이다. 정치력에 대한 구약의 가르침은 무엇인가? '국가'와 관련하여 정치력은 그 자체로 항상 거부된다. 규칙적으로 주제는 다음과 같다. 이 세 왕은 신이라 여겨져서 그들의 연약함을 보여주기 위해 파괴될 것이다. 그리고 일례로 만일 바빌론 유수시기에 선지자들이 이스라엘 민족은 이후로 머무는 **사회의 덕행**에 열심을 내어야 한다고 말해도, 바빌론 왕을 지지하는 것은 문제가 되지 않는다. 아시리아와 이집트의 왕들은 하나님의 분노를 나타내기 위한 도구로 여겨질 수 있다. 그들은 왕위의 전통계승권이 전혀 없다. 엘리야는 시리아의 새로운 왕에게 기름을 바르도록 보냄을 받을 수 있다. 이는 이 왕이 단지 이스라엘을 벌하기 위한 하나님의 재앙이 될 것임을 보여준다. 엘리야는 이 왕을 위해서 어떤 연합도, 어떤 도움도 행하지 않는다.115) 이방 민족의 정부는 결코 합법적이지도, 만족스럽지도 않게 비춰진다.116) 더 나아가 우리는 필요성과 대면한다. 우리는 달리 어쩔 수가 없기 때문이다. 정치력과 함께한 유일한 관계는 대립의 호조와 이 왕들 입장이라서 우리는 박해, 전쟁, 황폐, 허기와 악만을 기대할 수 있다. 이스라엘 대표자와 이 외국 왕들 사이에는 협력의 예로 두 가지, 즉 요셉과 다니엘만이 있다. 하지만, 그의 성공으로 말미암아 이집트로 형들을 데려간 요셉은 이스라엘 전체의 노예화를 만들어내지 않았는가! 사실이 분명하다는 점은 그리 중요하지 않다. 여기에서 우리는 단지 이스라엘이 정치력을 나타내는 방법을 공부하기 때문이다. 요셉은 신화에 의해서 보다는

---

115) 참조, 이 주제에 대해서는 나의 책 『하나님의 책략, 인간의 책략』을 참조할 것.
116) 유일한 경우를 제외하면, 전적으로 예외인 키루스(Cyrus).

'역사적' 이야기에 의해 더 많이 이를 행한다. 이처럼 우리가 소망할 수 있는 최선의 것은 '은혜'이거나 **일시적인** '약속'인데, 이는 뒤이어 반드시 노예화, 지배, 진압으로 이끈다. 두 번째 예는 다니엘117)이다.

동일한 지적: 다니엘이 존재하지 않았고 이야기가 순전히 허구이며, 또한 전형적이라는 것도 별로 중요하지 않다! 위대한 예언자이며 꿈 해설가인 다니엘은 느브갓네살 왕 곁에서 은혜를 입지만 우리는 이 은혜의 여러 우연을 알고 있다. 다니엘은 신앙 때문에 왕 앞에서 절을 하지 않아 펄펄 끓는 가마솥에 던져진다. ─권력은 사랑받도록 하지 않는가!─ 또 다니엘은 다리우스 왕에 의해 사자 굴로 던져진다. 실제로 권력은 위험하고 탐욕스럽다. 그래서 정치행위와 정부 차원에 대한 심사숙고에 참여하는 일은 불가피하게 진정한 신앙을 위험에 처하도록 하는 시도이다. 그리고 다른 한편으로는 이 권력의 종말선언과 파괴로 이끌 수밖에 없는 시도이다. 왜냐하면, 다니엘은 자신이 섬긴 여러 왕들에 대해 불행한 선지자일 뿐임을 잊어서는 안 되기 때문이다. 다니엘은 각 왕에게 지배의 종말, 왕국의 몰락, 왕의 죽음 등을 고한다. 따라서 그는 일시적으로 권력을 사용할지라도 권력에 대해 어느 정도 부정적인 자이다.

하지만, 우리는 문제가 된 민족들이 이방인들과 우상숭배자들, 하나님에 의해 선택되지 않은 이스라엘의 적인 '국가'들이기 때문에 이 모두가 설명되므로 그들의 정치력에 대한 이스라엘의 판단이 전적으로 부정적인 이유는 적대감에 의해서라고 말할 수 있다. 그렇다면, 이스라엘에서 왕권

---

117) 게다가 요셉도 다니엘처럼 굉장히 모호한 이유로 말미암아 권력 곁으로 부름을 받는다는 점을 주목해야 한다. 그들은 왕의 예언가이다. 권력에 의해 전혀 진리가 아닌 신비한 힘과 관계한 자처럼 간주되고, 마술과 마법으로 권력을 빛나게 해줄 수 있는 예언가들! 다시 말해 하나님의 은사의 독점과 자신과는 반대로의 변형이다. 정치력은 존재하는 것을 위해 진정한 하나님을 인식할 수 없다. 다만, 정치력의 강화를 위해 일시적으로 이를 활용할 수밖에 없다. 교회와 권력 연합의 분명한 특이성!

을 생각해봅시다. 나는 이미 여러 차례 이 왕권의 의미118)에 대해 저술했
다. 나는 내 증명을 재인용하지는 않을 것이다. 나는 중요한 대목과 결론
만 지적하는데 그치려 한다. 핵심 텍스트는 분명 왕권제도에 관한 텍스트
이다.삼상1:8 이스라엘 민족은 그 순간까지도 정치적 조직 없이 단지 "하나
님에 의해 직접 인도되는" 민족이다. 이것이 필요할 때면 하나님은 일시
적인 지도자로, 카리스마적이고, 임시적인 '사사'를 보내주었다.

  하지만, 이스라엘은 조직, 정치력, 왕을 갖고 싶어 하는데, 그 이유는
다들 왕을 가진 다른 민족들에게 **그럴듯한 효과가** 있도록 하기 위해서이
다. 사무엘은 하나님에 대항하는 반역을 막아보려고 오랫동안 싸운다. 하
나님은 "왕을 내면 그들은 바로 나를 버리는 것이니라"고 하지만 결국에
는 자기 백성의 불순종을 용납한다. 이야기는 굉장히 상세하고 아주 복잡
하나 세 가지 구성요소로 요약될 수 있다. 첫째, 정치력은 불신과 하나님
에 대한 거부에 근거한다. 둘째, 정치력은 독재적이고, 도를 넘고, 불합리
할 수밖에 없다.삼상8:10~18 셋째, 정치력은 이스라엘 곳곳에서 벌어지는
일을 향한 모방과 유사성에 의해 확립된다. 그래서 첫 번째로 사울이 왕
이 되는데 그는 차츰 미치고 정신 나간 왕으로 변해간다. 뒤이어 하나님
은 은혜로, 그리고 예외적으로 다윗을 선택하여 자신의 대변자로 삼는다.
하지만, 이는 하나님이 인간의 악에서 기적적인 선을 끌어낼 수 있음을
증명해주는 빛의 자질에 불과하다. 왜냐하면, 권력을 행사하기 위해 놀라

---

118) 이스라엘에서 왕권의 설립은 『브르트 드 라 그레사이으를 기념하는 글모음집
Mélanges en l' honneur de Brethes de la Gressaye, 1970』에 있음. 나는 물론 왕정주의
자지지와 반왕정주의자라는 두 흐름이 있었을 것이라는 가정을 알고 있는데, 이는 표
면적으로 텍스트들을 모순되게 설명할 수도 있다. 확실히 이 두 흐름은 존재했지만,
이 가정은 주요한 방향을 설명해주지는 않는데 (나는 여기에서 토론할 여유가 없다)
특히 이는 왕정주의 시대 동안 반왕정주의자적인 텍스트들이 수집 보관되었고, 계시
된 성서Ecriture에 통합되었으리라는 것을 설명해주지는 않는다.

울 정도로 잘 무장한 솔로몬도 결국 권력에 의해 근본적으로 부패하기 때문이다. 부의 축적, 여인들, 독자적인 정치력의 확립, 도시 건설 등 권력 입장에서 당연하게 여겨질 수 있는 요인들이지만 하나님에게서 멀어지는 요인이기도 하여 결국 초기에는 지혜롭고, 선하고 겸손했던 이 사람을 부패하게 하였던 것이 바로 정치력의 실행이라는 아주 명백한 정보와 함께 하나님을 버리는 요인이 된다.

마지막으로 두 가지 특징들을 여기에 첨가해야 한다. 역대기서에 나온 이스라엘과 유다 왕들 안에서 우리는 권력의 기이한 평가를 본다. 계통적으로 ―그래서 나는 이 계통적으로라는 말을 강조한다. 왜냐하면, 만일 이것이 사실과 일치하지 않는다면 권력에 주어진 것은 바로 훨씬 의미심장한 판단의 의미 자체이기 때문이다― 사악하고, 우상 숭배적이고, 불합리하고, 포악하고, 많은 인명을 빼앗는 왕은 모두 객관적인 역사에 따르면 '위대한' 왕들이었음을 보여준다. 뛰어난 조직과 정복과 백성의 복지에 힘썼던 왕들이다. 즉 그들의 권력을 '일반적으로' 행사했던 왕들이다. 반대로 역사적으로 나약하고, 전쟁에 패하고, 명성을 떨어뜨리고, 부를 상실했던 왕들은 선하다는 특징을 나타낸다. 이는 결국 우리가 수용할 수 있는 유일한 힘은 가장 나약한 힘이라는 것을 의미할 수 있다. 또는 위정자가 하나님께 신실하면 그는 필연적으로 사악한 위정자이지만 역도 마찬가지이다. 이런 판단의 정확성은 아주 심각해서 문자 그대로 의미심장하다. 그런데 나는 같은 방향성을 제공하는 것이 전 세계 어느 국가에도, 어느 연대기나, 어떤 사료편찬에도 없다고 생각한다. 어느 곳이든 성공한 왕은 합법성과 위대함이라는 특징을 지닌다.

마지막으로 짤막한 정보를 주도록 하자. 대관식 절차에 대한 세부적인 분석, 왕을 지칭하기 위해 사용된 명칭들은 ―나는 이 간략한 종합에 오래

머물 수는 없다- 왕이 절대 그 자체로 가치를 지닌 자로 여겨지지 않음을
보여준다. 왕은 필히 와야 할 분의 현재적, 일시적, 임시적 표상에 불과하
다. 그는 이 "오실"A-Venir이로 정의된다. 왕 자체로는 중요치 않다. 그는
놓여 있는 대기 중인 돌, 즉 조약돌에 불과하다. 정치력은 왕이 메시아와
왕국의 최종 완성의 선결 형상인 하나님이 담당한다. 왕은 결코 정치력으
로, 그 자체로 가치를 지니지 않는다. 그는 표상과는 달리 정치력으로 존
재하려고 할 때마다 심지어 역으로 정죄 당하고, 거부되며, 근원적으로
부인된다. 그는 와야만 하는 것과예측 불가능한! 의미적인 것미지수인!에서 끌
어낸 가치와 다른 가치를 결코 지닐 수 없다. 이처럼 우리는 구약에서는
어쨌든 정치력에 대한 법적 유효성의 인정은 전혀 없다고 말할 수 있다.
반대로 의문의 여지는 늘 있다.

*　　*　　*

　　만일 우리가 지금 신약으로 넘어간다면 각자 적어도 표면적으로 두 가
지 흐름이 있다는 사실을 깨닫게 된다. 첫째는 원칙적으로 바울의 유명한
텍스트, "모든 권세는 하나님께로 난다"는 로마서 13장 1절에 의해 나타
난 권력에 호의적인 흐름이고, 둘째는 더욱 중요한 흐름으로써 권력에 적
대적인, 그리고 복음서와 요한계시록119)에 나타난다. 콘스탄티누스 황제
이후로 공인된 교회가 대개 보편적 방식으로 "국가의 신학" 전체를 로마
서 13장과 베드로 서신들과 유사한 텍스트들에 기초했다는 점은 굉장히
신기하다.

---

119) 이 주제에 대해서는 쿨만(Culmann)의 『하나님과 시저 *Dieu et César*』(1956)와 내
　　　연구 『기독교인들과 국가 *Les chrétiens et l'Etat*』(1969)에 있는 '프로테스탄트적 정치력'
　　　을 참조할 것.

만일 우리가 권력에 대해 복음서에서 묘사한 예수의 태도를 생각해본
다면, 우리는 근본적으로 부정적인 태도와 연관 있다고 아주 분명히 말할
수 있다. 예수는 법적인 유형의 권력 행사를 거부하고 제자들에게 여러
나라의 왕들처럼 행하지 말라고 명한다("왕들과 지배자들은 사람들을 다
스리는데 너희들 중에는 이와 같은 자가 없나니"). 예수는 왕이 되기를 거
부하고 그 시대 정치적 분쟁으로 들어서기를 거절한다. 이점에 있어서 제
자들 중에 로마인들과 "협력하는 자들"마태 그리고 폭력적인 반로마적 혁
명파인 열성당원들유다, 시몬이 있었다는 것은 굉장히 의미심장하다.

예수는 저항파를 온전히 경험했지만, 거기에 참여하고 싶어 하지 않았
다. 예수는 권력을 하찮게 여겼다. 세금을 지급하기 위해 물고기 입에서
발견된 두 세겔의 아주 흥미로운 유명한 사건[120]: 정확히 세금 지급 의무
가 그저 가소롭다는 점을 보여주기 위한 이런 종류의, 터무니없는 유형의
유일하고 독특한 기적! 예수는 자신의 정당성을 인정받으려고 어떤 표시
도 하지 않은 채 헤롯 국가의 재판권을 따른다. 이는 권세의 재판권이며
그것이 전부이기 때문이다. 하지만, 두 가지 요점을 명확히 해주어야 한
다. 유명한 구절인 "시저가이사에게 돌려보내시오…"이다. 이는 권력 행사
가 두 영역으로 분리됨을 결코 의미하지 않는다. 우리가 거기에서 다음과
같은 것들을 끌어낼 수 있다는 점은 놀라운 일이다. 즉 하늘, 성령, 감정은
하나님의 영역이지만 시저는 이 세상에서 인간들과 사물에 자신의 권력
을 온전히 행사하는 데 능숙하다. 이런 형식은 그런 것을 말하려는 바가
전혀 아니다. 그것은 다른 세금 지급 사건 때, 동전에 대해서 이야기되었
다. 동전 위에 표시된 형상은 시저의 것이며 소유자의 표시이다. 그래서

---

120) 성전세의 텍스트가 이를 명확히 해주듯이 로마 정복 이후로 이 세금은 공적인 세금
　　과 유사했음을 의미한다.

그에게 이 돈을 시저에게 바치라고 한다. 세금을 합법화하는 것은 문제가 되지 않는다! 그런데 이는 돈을 제조하도록 한 시저가 이 돈의 주인임을 의미한다. 그뿐이다. 그러니 잊지 말자. 예수에게 돈은 사탄의 영역인 맘몬신의 영역임을! "하나님의 것"에 대해서 예수 시절의 사악한 유대인이 어떻게 '모두'와 달리 이것을 이해할 수 있겠는가? 하나님은 창조자이며 삶과 죽음의 주인이고 모두가 의존하는 분이다. 이 문장이 의미하는 바는 바로 시저는 그가 스스로 제작한그리고 악마 같은 사람의 명령을 지닌! 것 이외에는 어떤 것에서도 합법적 주인이 아니다.

또 다른 형식에 대해서: "내 왕궁은 이 세상에 있지 않다." 이 문장은 예수가 정치력을 행사하고 싶어 하지 않음을 명확히 보여준다. 이는 예수가 이 권력의 유효성을 인식한다는 것을 전혀 의미하지 않는다. 그 반대이다. 하나님의 왕국이 있고 밖에서 실행된 모든 권력은 사악하여 마멸되고 부인된다…. 만일 예수가 보여준 것이 비정치적 태도나 유심론이 아니라면, 이는 권력에 대항하는 기본적인 공격이다. 이는 정치가 있을 수 있거나 행할 수 있는 것에 대한 무관심이 아니라 정치에 대한 거부이다. 예수는 하늘을 날아다니는 다정한 몽상가가 아니다. 그는 이 왕국의 모든 유효성을 거부하고 이 권력을 원하지도 않는다. 그 이유는 이 왕국이 하나님의 뜻과 일치하지 않기 때문이며, 이 권력이 프롤레타리아, 공산주의 등에 의해 실행되었더라도 여전히 그러하기 때문이다. 권력은 명칭을 바꾸더라도 정신적 특성을 변화시키지는 못한다. 결국, 이는 여러 유혹의 이야기로 명확히 확인된다.

마태복음서에서 세 번째 유혹은 사탄이 예수에게 세계 왕국들을 모두 보여주는 것인데 사탄은 이렇게 말한다. "만일 내게 엎드려 경배하면 이 모든 것을 네게 주리라." 예수는 사탄에게 경배하기를 거부하며 대답한다.121) 하지만, 예수는 사탄이 말한 것을 부인하지 않는다. 예수는 이 왕국과 정치력이 사탄에게 속하지 않는다고 말하지 않기 때문이다. 아니 오히려 그 반대로 그는 내재적으로 동의한다. 사탄은 정치력을 줄 수 있다. 하지만, 이 정치력을 행사하는 조건은 악의 권세에 경배하는 것이다. 이것이 복음서들의 변함없는, 그리고 유일한 가르침이다. 이는 요한계시록에 의해 최악의 폭력에 이른다.122) 로마에 의해 일시적으로 나타나긴 하지만, 요한계시록은 로마만을 겨누지는 않았고, 여기에서 정치력은 바다에서 올라오는 괴물로 텍스트에서는 국가로 철저히 세부적으로 상징화되는데 이는 땅에서 올라와 정치적 선전을 완벽하게 표현하는 괴물이다. 나아가 정치력은 요한계시록 초반에 칼을 든 붉은 말을 탄 기사기사의 유일한 기능은 전쟁하고 권세를 행사하고 인간들을 죽이는 일이다에 의해 나타나며, 책 후반부에는 정치력, 돈의 권세, 도시의 구조를 동시에 집결시키는 바벨론으로 나타난다. 이처럼 우리는 정치력의 부정, 정치력의 무효성과 비합법성의 증명의 변함없는 노선 앞에 있다.123) 우리는 로마서 텍스트와 로마서와

---

121) 나는 많은 주해에 완전히 동의하지 않는데, 심지어 이 텍스트를 경배의 문제로 축소하는 퓌리(R. de Pury)의 "예수가 거부한 것은 정치력이 아니라 사탄을 경배하는 것이다…"라는 다음과 같은 말에 동의하지 않는다. 하지만, 텍스트에서 예수가 권력과 경배 사이에 설립된 관계를 파괴하지 않는다는 점은 분명하다. 예수는 자신이 사탄을 경배하면 사탄이 이 땅의 모든 왕국을 주리라는 점을 함축적으로 받아들이기 때문에 결과적으로 그는 권력의 악마 같은 특성을 인정하고 있지 않은가!

122) 세부적인 사항은 요한계시록 (1974)에 대한 나의 주석을 참조하기 바람.

123) 나는 텍스트 전체에 의해 주어진 이 가르침이 우연이 아니라고 강조하려 한다. 이는 자신들의 반정치와 무정부주의를 표현했던 초기 기독교인들에 대항하는 정치력과의 대립이나 박해들이 있기 때문이 아니라 기본적인 입지확립 때문이다. 모든 것은 이미 두 가지 정치적 권위들이 예수를 십자가에 못 박으려고 연합했다는 사실로 집중된다. 대립의 급진주의를 어떻게 더 잘 표현할 수 있단 말인가! 역으로 만일 이런 입지확립들이 단지 우연이라는 사실을 지지한다면, 복음 안에 있는 모든 것과 예수의 삶도 같은 방식으로 간주하여야만 한다. 예를 들면 법이나 왕국 비유에 대한 가르침 등, 모두가 완전히 우연이다!

비슷한 텍스트들을 마주 대하는데 그 중에는-그들에게 주는 섬김이며 아마도 "권세들"의 문제와 연관 있는, 그리고 권위들이 악마들의 손에 있지 않도록 하는- 권위를 위해 기도하라고만 말하는 텍스트들과 순종과 복종을 요구하는 텍스트들이 있다. 언뜻 보아 복종에 일반적인 기초를 두는 유일한 텍스트는 당연히 '로마서' 텍스트이다.

그런데 나는 얼마 안 되는 이 텍스트들을 우리가 다음과 같이 나타내주었던 문맥 안으로 이동시켜야 한다고 생각한다. 즉 1세대 기독교인들의 공통적인 정치 태도는 무엇일까? 시저에게 드리는 제사뿐 아니라 권위를 거부하는 것, 오르뉘Hornus, 124)가 훌륭하게 제시해주었듯이 이는 병역을 아주 신속하게 거부하는 것으로 이끌어질 것이다. 그러므로 바울 텍스트는 내게 반정치적 입장의 극단주의, 즉 무-정부주의처럼 보인다. 바울은 사실상 이렇게 말한다. "과장하지 말고 이 거부의 끝까지 가지 마십시오. 권위 있는 자는 자신이 주인이라 우기지만, 이는 결국 행정관을 섬기는 자로 한정시킨 하나님에게서 오기 때문입니다. 사회에 존재하는 선은 분명 하나님의 말씀은 아니지만 어쨌든 간과할 수는 없는데 이를 보증해주는 것이 심판이기 때문입니다."

나아가 레엔하르트Leenhardt, 125)에 의해 조명되었던 다른 요소를 이 해석과 연관시켜야 한다. 그의 권위에 대한 유명한 문구를 그의 배경과 분리해서는 안 된다. 그런데 12장에서 바울은 우리에게 사랑에 대해 언급하며 연이어 적절한 적용을 제공해주고 있다. 바울은 이 장을 원수에 대한 사랑으로 마무리하는데 ("만일 네 원수가 주리거든 먹이고" 등등) 곧이어 권위에 대한 일곱 절 이후로 바울은 다시 사랑이 모든 율법을 어떻게

___

124) 오르뉘, 『복음과 후기로마제국의 군기』, 1966
125) 〔역주〕 스위스 제네바 개신교 신학대학 교수이다.

다 이루는지를 보여주며 사랑에 대해 이야기한다. 그래서 바울은 시기에 대한 짧은 여담 후에11~14절 가장 연약한 자들을 향해 인내하라고 말하면서 사랑의 주제를 다시 언급한다.14절 따라서 권위에 대한 절들은 사랑에 대한 이 가르침 안에서 이해되는 것이 분명하다.

나는 이 절들을 이렇게 요약해보고 싶다. "여러분의 원수를 사랑하십시오. 물론 우리는 모두 권위가 우리의 원수라고 생각하지만, 이것들 역시 사랑해야 합니다." 바울은 연구한 경우에서 보여주는 것처럼 (교회, 형제들, 원수들, 율법, 믿음 안에서 연약한 자들 등등) 타인에 대한 사랑에 특별한 이유를 제공하는데, 그는 권위에 대해서도 동일하게 행하며 이런 견지에서 다음과 같은 유명한 표현을 선사해준다. "하나님께로부터 오지 않는 권위는 없다." 연이어 제시했던 형식, 즉 **모든 권위는 신이 지닌다** omnis potestas a Deo라는 형식이 아니라 원칙을 제시하는 것처럼 보이는 부정적인 형식에 주목해야 하지 않겠는가! 따라서 이 텍스트는 내게 질문에 대한 마지막 단어가 아니라 권위를 미워했던 기독교 환경에서 사랑의 적용에 대한 탐구로 있는 그대로 요약되고 환원되어야 하는 듯이 보인다.

4) 무정부주의자로서의 그리스도인

구약에서처럼 신약에서 우리가 이끌어낼 수 있는 것은 근본적으로 모든 정치력의 기피이다. 그 자체로 합법적인 권력은 없다. 정치력과 조직이 사회생활에서 필요하기는 하지만 행정관이나 왕은 반드시 스스로 권위라 자부하기 때문에 필연적으로 매번 하나님의 자리를 대신하려고만 한다. 그래서 이 권력은 끝없이 거부되고, 부인되고, 인정되지 않아야 한다. 권력은 매우 겸손히 제자리에 있을 때, 미약할 때, 선을 베풀고 (아주 드문 일이다!) 하나님의 종이기 때문에 진정한 인간들의 종으로 변했을 때에만 수용되어야 한다.

하지만, 우리는 국가가 전제적이고, 불합리하고, 폭력적일 때 등등을 제외하면 합법적이라는, 이처럼 익숙한 제안들을 뒤집는다. 사실 국가는 비합법적이라서 국가가 수사적인 표현이 아닌 실제로 모두의 종일 때, 그리고 효과적으로 선을 보호할 때 이외에는 파괴되어야한다! 여기서 어떻게 교회에서 성서적 가르침의 완벽한 전환이 역사적으로 실행되었는지를 보여주기는 불가능하다. 하지만, 이런 경향이 결코 사라지지 않았다는 점은 주목해볼 수 있다. 물론 그 자체가 권세로 탈바꿈한 공적인 교회는 반대로 가르쳤지만, 교회 역사의 흐름 내내 점차 우리가 경험한 운동, 즉 무정부주의라 일컬어지는 운동들이 일어난다. 왜냐하면, 수련하는 수도사들부터 베르쟈예프Berdiaeff, 126)와 톨스토이까지, 그들은 여러 형태의 국가가 불가능하다는 점을 재확인했기 때문이다. 물론, 주로 '영적인' 이 운동들이 기존 교회에 의해 약간은 정신 나간 짓처럼 비춰졌지만, 그들은 (간혹 교회와의 대립으로 격화된 이단들과 더불어) 모두 기독교의 심오한 진리를 증명해주었다. 왜냐하면, 그들은 무정부주의자로서 이런 권력이나 이런 남용에 대항하는 일시적인 저항들이 전혀 아니었으며, 하나님의 말씀에 대한 가르침 자체의 대리인들이었기 때문이다.

베르쟈예프는 내게 복음과 국가가 근본적으로 양립 불가능함을 보여주려고 했던 마지막 인물처럼 비춰진다.127) 그는 복음적 정신과 (섬김과

---

126) [역주]러시아의 종교철학자이다. 마르크스주의에 반대하고 종말론족 메시니아즘 관점에 서서 민중운동에 참가했다가 투옥되었다. 근본사상인 '무저(無底)'는 정의(定義)와 논증(論證)이 불가능한 신비요, 근원적 카오스로서, 여기서부터 하느님과 인간의 자유가 비롯된다고 했다.

연관될 때 다르게 금지된 것을 정신이라고 선포하는) 권력의 정신 간에 대립, 그리고 (기독교의 적용을 중심에 두는) 섬김과 권력 간의 대립을 증명해준다. 그래서 그는 권력으로 말미암아 야기된 부패를 강조해준다. 그는 다음과 같은 근본적인 형식을 편하게 채택하는 듯하다. "모든 권력은 부패시키고, 절대 권력은 절대적으로 부패시킨다." "구원과 (정체성이 지독한 거짓이지만 구원과 공동체의 번영, 나아가 모든 인간의 번영인) 국가의 번영은 언제나 무고한 자들의 죽음을 내포한다. 국가에 대한 믿음은 국가를 구하려고 무고한 자를 희생시키는 데까지 가야 한다는 점이다. 인간들의 최후인 한 인간의 죽음은 한 국가나 한 제국의 죽음보다 훨씬 중요하고 훨씬 비극적인 사건이다. 하나님이 최고로 위대한 왕국들의 몰락을 알아차리기는 거의 불가능하더라도 한 인간의 죽음은 놓치지 않을 것이다."

교회와 국가의 관계들은 영靈과 시저의 관계 형식이다. 그런데 예수그리스도는 우리를 막다른 골목에 놓고 조정을 시도하는 것이 아니라 선택하도록 한다! 교회는 끊임없이 이 관계에서 배반했다. 그래서 교회는 국가의 파트너가 되면서 반反교회가 되어버렸다. 국가를 깨닫게 된 것은 기독교의 역사적 죄이다. 국가에 의해 취해진 형태가 어떠하든, 권력 소지자가 누구이든 이것은 존속한다. 군주의 신성한 권력에 대한 인식은 백성의 신성한 권력에 대한 인식으로 변형되고 나중에는 프롤레타리아의 권력으로 변형된다. 그래서 권력의 주권과 신성한 특성 또한 존속하지 않는가! "부인해야 하는 것은 국가의 주권이다." 나는 자주 권력에 의해 결정된 기독교적 형태는 없다고 서술했다. 이는 실제로 기독교의 유일한 정치

---

127) 니콜라스 베르쟈예프, 『노예화와 인간 자유』 1938년, 『영의 왕국과 시저의 왕국』 1946년

적 입지가 계시와 일치한다는 것이며, 이는 권력의 부정, 권력 존재에 대한 근본적인, 전체적인 거부, 형태가 어떻든 간에 근본적인 부인이다. 그래서 나는 이를 유심론으로, 정치에 대한 무시, 정치적 무관심으로 나아가지 않으면서 이를 반복한다. 물론 그러지 않는다! 오히려 이는 기독교인으로서 이를 거부하고, 유일하게 문제를 야기할 수 있고, 가끔 권력의 무한한 확대를 막을 수 있는 의식적이고 확실한 거부를 그들에게 내세우기 위해 정치와 행위의 세계에 존재하기 위해서이다. 이처럼 기독교인들은 국가가 부르주아적인 측면에서만 수용되지 못하도록 결코 마르크스주의자가 아닌 오로지 무정부주의자들 편에 있을 수 있다.

그렇다면, 기독교인들도 특이하고 특별한 무엇을 내세울까? 그들도 다른 이들처럼 무정부주의자이거나 무정부주의자들과 함께 베풀어야 할 특별한 섬김을 지니고 있을까? 사실 내가 보기에 기독교인들은 다른 두 단계를 지닌 이 영역에서 매우 중요한 역할을 하는 듯하다. 무엇보다 우선, 무정부주의자들은 권력을 효과적으로 제거하여 권력의 모든 원천을 없애는데 이를 수 있다고 믿기 때문에 환상 속에 살아간다. 그들은 승리하고 정복하는 데 참여한다. 하지만, 기독교인들은 좀 더 현실주의자들임이 틀림없다. 우리는 이런저런 방식으로 권세에 항상 복종했던 세상 속에서 살아간다. 나는 이것이 이유가 되지 않는다는 점을 잘 안다. 새로운 시대가 시작될 수 있기 때문에, 항상 있던 것이 앞으로도 계속 있으리라 믿을 필요는 없다. 그럴 수 있다. 허나 이는 무지한 도약이다.

우리는 오늘날 무정부주의적 신조의 절대 조항이었던 것, 진보의 필연적 특성을 더는 신봉할 수 없다. 사회의 하위형식에서 상위형식으로 필연적인 이동은 없다. 자유사회인 무정부주의는 영원히 약속되지 않는다. 이러한 것들이 결코 생겨나지 않도록 하는 강력한 가능성이 있기 때문이다.

그런데 우리가 무정부주의자에게 이런 말을 하면, 그는 낙심한 모습을 숨긴 채 이렇게 내뱉을 것이다. "그래 보았자 무슨 소용입니까?" 기독교인이 개입해야할 곳이 바로 이곳이다. 하나님의 은혜에 상응하는 모든 인간 행위는 철저히 상대적이지만, 이는 이루어져야만 하는데 하나님의 왕국에서만 일어나는 절대적 성공을 위해서가 아니라 사랑이 표현되는 곳이 바로 이런 상대성 안에서이기 때문이다. "네가 작은 일에 충성하였으매 내가 많은 것을 네게 맡기리라." 우리에게는 이 약속이 있다. 다만, 예를 들어 남녀의 사랑은 눈부신 선언에, 화려한 행위에, 에로틱한 절정 속에 머무는 것이 아니라, 해명 자체보다 다른 해명을 근본적으로 표현하는, 타인에서 관심이 있는 수많은 겸허한 표현들 속에 담겨 있음을 인간적으로 이해야만 한다. 그래서 우리의 무정부주의적 단언이 무정부주의적 사회를 이끌지 못해도, 이 단언이 사회를 뒤바꾸지 못해도, (더구나 필연적으로 오직 권력의 재구성으로 인도하는 권세의 행사일 만한 것인) 모든 틀을 파괴하지 못해도 실망할 필요는 없다. 그렇다면, 이는 무엇을 뜻하는가? 단지 이는 정치력이 본질적으로 무한히 증가하는 경향이 있다는 것이다. 정치력은 스스로 한계를 정할 이유가 하나도 없다. 어떤 구성이나, 어떤 정신도 권력이 전체주의가 되려는 것을 방해하지 못한다. 그래서 권력과 대면하여, 권력 밖에서 권력을 정복하려 하지 않으면서 정치를 하는 다른 이들의 선을 위해 정치를 실행하지도 않는 그룹정치인의 대립을 정당화하는 근본적인 부정을 만나야 한다.

비타협적인 도덕적 양심과 동시에 효과적인 대립 세력을 나타내는 그룹, 한 계급이 아니고, 미리 조직되지 않고, 사회적으로 주어진 이 그룹의 항구적인 투쟁은 다른 이들을 위한 자유의 투쟁 자체이다. 자유의 정복 안에서만 자유가 있다. 어떤 권력도 인간에게 자유를 줄 수 없다. 권력의 기피는 자유 실현의 유일한 길이다. 이러한 기피는 이런 부정이 충분히 강력하고 확실히 미래에… 아니, 미래는 없지만 존재할 것이라는 생각에 매료되도록 방치하지 않는 한 존재한다. 이러한 기피는 오늘날 혹은 영원히 존재한다. 우리가 기초를 흔들면 한순간 인간이 계속 위협을 받지만, 자유를 발견할 수 있는 구조에서는 일정한 간격이나 균열이 발생한다. 하지만, 체계 내부에서 아주 사소한 '장치'에 이르려고 하면 근원적이고 전적인 부정을 지녀야 한다. 그러면 권력에 전적인 양도는 휩쓸려 들어갈 수 있는 총체성을 허락해준다. 따라서 자유를 가능케 하는 이런 '장치'를 유지하려면 오로지 무정부주의적 입장만을 떠올려야 한다. 단, 이 권력을 완전히 파괴하여…. 나중에 우애 있는 이상주의적 사회를 재건하리라는 헛된 소망을 품지 않는다면, 나는 무정부주의의 환멸을 알고 있다. "이는 단지 그뿐이다!" 바로 그렇다. 이것이 전부다. 다시 말해 부정으로 오늘날 가능한 것은 함정이 완전히 차단되지 않더라도 인간이 여전히 자유로운 공기로 호흡할 수 있다는 점이다. 그래서 기독교인은 이 무정부주의자가 다만 "오직 이 건방진 것"에서 소망으로 가득한 "이 본질"로 이행하도록 실행을 허락해주는 것이다.

하지만, 무정부주의자들 편에서 기독교인들은 부수적인 역할을 한다. 대부분의 무정부주의자는 인간이 천성적으로 선하며 사회 혹은 나아가 권력에 의해서만 타락한다고 본다. 그래서 범죄는 국가의 잘못으로 일어난다고 생각한다. 사실 언뜻 보면 무정부주의 사회의 재건을 소망하려면 인간의 근원적인 선함을 믿어야 한다. 인간은 자발적으로 모두에서 선한 것을 행해야만 하고, 이웃의 자유와 영역을 침범하려고 해서는 안 되며, 인간이 공동체를 위해 자유롭게 일하고 싶도록 해야 하고, 질서를 어지럽혀서도 안 되고…. 이것이 없으면 단지 무질서나 개별적인 끔찍한 전쟁으로 무정부주의는 비난받게 될 것이다. 내 지식으로는 오직 바쿠닌만이 용기 있게 인간이 악하다는 가정을 제시했다. 게다가 바쿠닌은 사회 조직 계획을 위해서 매우 중요한 결과들을 이끌어낸다. 하지만, 좀 더 나아가야 한다. 단지 우연히 무정부주의로 살아갈 수 없는 인간들이 있을 수 있을 뿐 아니라 반대로 일반적으로 인간은 무정부주의일 수 없다는 점도 받아들여야 한다. 이런 현실주의로부터 출발해야 한다. 또한 거기에서도 역시 기독교인들은 인간들 중에서 최고의 현실주의자가 되어야 한다. 주체를 사악함으로 이끄는 것은 권력이 아니라, 권력에 기대어 살아가는 어려움에서 벗어나려고 노예가 되고 싶어 하는 주체이다. 그렇게 함으로써 그는 타인의 권세에 대한 욕구와 부딪친다. 포기하려는 욕구와 권세에 대한 의지가 확실히 연합하기 때문이다. 무정부주의가 선포되어야할 곳은 바로 이런 현실적인 상황 안에서이다.

이제 또다시 소망의 말을 꺼내야 한다. "어찌되었든, 그럼에도 불구하고". "인간의 이러한 현실에도, 우리는 권력을 파괴하기 원한다." 정치에서 기독교적 소망이 바로 이것이다. 하지만, 확실히 이는 충분하지는 않다. 즉 (일반적인 정신(도덕)에 불순종하도록 구성된 악한 정신일 뿐 아니라 죽음에 이르는 병인 이 악은 노예와 폭군으로 이끈다) 인간에게 있는 악과 대면한다면 선택은 두 가지뿐이다. 하나는 각자 제자리를 잡고, 평범한 행동과 규범을 확립해주고, 자신에게 주어졌던 작은 자유의 경계들을 벗어나는 이들을 벌하는 억압적인 체계를 조직함으로써 이것이 국가 권력의 정당성이 되는 경우이고, 또 하나는 인간을 변형하려 애쓰는 경우인데, 기독교인은 자유의 표현처럼 다른 이들과 살아가기에 적당하고 다른 사람을 섬기기에 적당한 온갖 방식으로 개종을 이야기할 것이다. 바로 이것이 기독교적 사랑, 하나님에 의해 예수 그리스도 안에서 인간을 위해 표명된 사랑이다. 무정부주의자들은 이런 변형의 필요성을 철저히 인식했다. 그들은 교육, 교훈으로 이런 변형을 기대했었다. 하지만, 확실히 이것만으로는 충분하지 않다. 무정부주의-조합운동가들은 투쟁의 실행으로 이를 기대했다. 인간적 자질들, 덕, 용기, 연대, 충성 등이 단련되는 것은 바로 권력에 대항해 투쟁하면서이다. 이런 투쟁은 진리, 정의, 진실의 병기들로 (그리고 나는 기꺼이 비폭력도 첨가할 것이다) 또 다시 조종되어야만 한다. 이것이 없다면 전투 자체는 타락되어버려 무정부주의적 박애로 들어서도록 준비되지 못한다. 이는 위대한 그리퓌엘Griffuelhes, 128), 메르헹Merrheim, 129), 푸제Pouget, 130) 등이 전적으로 이해했던 바이다.

　새로운 인간을 형성하기 위한 교육과 투쟁, 좋다. 하지만, 좀 더 심오한 동기부여가 필요하다. 두 가지 교육적 방식들은 가장 기본적인 진실에 기초해야 하며 나머지가 가능해지는 것에서 출발해 어떤 실패에도 용기를 지킬 수 있는 더욱 근원적인 대화가 필요하다. 바로 이 부분이 무정부주의자들과 비교해 복음의 역할이 서야 할 곳이다. 이는 가장 무기력하고, 가장 노예 같은 인간, 반대로 가장 폭군적인, 가장 정복적인 인간이 어떤 변화에 접근하기 불가능한 듯 보이는 곳에서도 자유를 위한 가능성이 아직 있다는 증거이다. 왜냐하면, 이 인간도 예수 그리스도 안에서 하나님의 사랑을 받고 결과적으로 하나님이 인간 앞에 열어준 진리 안에서 살아갈 가능성에서 제외되지 않기 때문이다. 나는 이 이중적인 공헌이 무정부주의에 근원적이며 무정부주의가 마르크스주의에 대해 근본적인 모순과

---

128) [역주] 프랑스의 제화공(製靴工)출신으로 전국 피혁노동조합연맹 서기를 지낸 후 프랑스 노동총동맹의 서기로 재직하면서 최성기의 혁명적 생디칼리슴을 지도하였다.
129) [역주] 프랑스의 혁명적 조합운동가이다.
130) [역주] 무정부주의적 조합주의를 받아들여 프랑스 무정부주의적 공산주의자로 활동했다.

기독교-마르크스주의의 현상적 무효성과는 반대로 이론적 일치의 확신 이후에 일치 가능성을 실천 안에서 제시해준다고 생각한다.

하지만, 나는 이런 시도에서 새로운 '일치주의'를 찾으려 시도하지 않는다는 점을 여기에서 명확히 해주고 싶다. 무정부주의가 기독교 정치적 방향과 일치하는 사상이며, 기독교인들이 이런 방향을 받아들여야 한다는 뜻은 절대 아니다. 다시 말해 마르크스주의자가 행했던 똑같은 오류를 무정부주의와 다시 행해서는 안 된다! 나는 수용된 생각과는 반대로 무정부주의와 기독교 신앙의 사회-정치적 영역에서 구체적인 결과 간에 근본적인 모순이 없다는 점을 보여주고자 했다. 하지만, 마르크스주의와 신앙의 논리적 귀결 사이에는 모순이 있다. 두 번째로 무정부주의는 기독교적 전문성의 퇴거와 마르크스주의가 행한 것을 내포하지는 않는다는 점을 보여주고 싶었다.

마지막으로 현대 사회의 배경(문맥), 구체적 역사 상황에서 국가의 보편적 권세의 문제는 한정적이고 결정적인 문제라서 대상으로 해야 하는 문제이며 무정부주의 덕분에 우리가 행한 것이기도 하다. 하지만, 공산주의는 이런 도전에 맞을 수 없고 반대로 국가를 강화하는 권력에 접근할 때마다 일어난다는 점을 증명해주었다. 기독교-마르크스주의를 인정하지 않는 것은 "복종을 전하는" 것세브그랑, 『세계』, 1978년 12월이 아니라 반대로 다른 혁명적 길로, 실제로 기독교-마르크스주의가 막고 단종시키려던 것보다 훨씬 근본적이고 심오한 질문을 끝없이 제기하는 길로 들어서게 하는 일이다. 왜냐하면, 기독교-마르크스주의가 바로 이 세상에서의 진정한 순응주의이기 때문이다.

내용 요약

엘륄에게 기독교는 기원과 계시의 개념 자체로 말미암아 반이데올로기이지만 역사는 여러 증거를 제고함으로써 기독교를 재빨리 이데올로기로 변형시켰다. 그룹의 행위나 스스로 행위를 위한 논쟁과 정당성을 찾으려 성서를 읽는 순간, 우리는 수많은 기독교적 이데올로기 안에 머물게 된다. 그런데 이런 측면에서 살펴본 마르크스주의적 기독교인들의 입장은 우리 시대의 기독교적 이데올로기를 보여주며 심지어 마르크스주의의 지지를 신학적으로 합법화하는 사고의 흐름을 따른다. 그래서 성서가 마르크스주의적이라고 선포하며 복음서의 새로운 독서를 세워나간다. 신학조차 모든 것이 마르크스주의와 계급투쟁으로 설명된다는 점을 찾아내려 한다. 그러나 이러한 흐름은 마르크스주의가 지나가는 시점에서 정체성과 신뢰성에 대한 위기로 말미암아 기독교인들에게서도 명확히 드러난다. 이처럼 엘륄은 마르크스주의적 기독교인들의 이데올로기가 어떤 식으로 흘러가고 있으며 어떤 문제점들을 안고 있는지를 상세히 기술하고 기독교인으로 분별력을 지녀야 할 부분이 무엇이고 어떻게 대처해 나아가야 할지를 서술해주고 있다.

서 론

1) 기독교와 이데올로기

엘륄이 보여주는 이데올로기에 대한 정의는 정확히 사실과 연관되며 정치적 학설이나 세계에 대한 포괄적 개념을 감정적으로 저속화시킨 가치절하이다. 이데올로기는 이데올로기화하지 않은 사실의 실제와 대면할 때 발생한다. 기독교는 믿음으로, 예수 그리스도를 통한 하나님의 계시로, 믿음과 진리를 명확히 설명해 주는 신학으로, 하나님의 뜻에 신실한 실제로 있는 한 이데올로기가 아니다. 하지만, 어느새 기독교는 이데올로기로 변형되었고 계속 그렇게 진행되고 있다. 이 모두가 신학 교리를 단순화시키고, 신앙을 확신과 감정으로 하향화시키고, 자유의 실천을 종교로 평가 절하시켰기 때문이다. 더 중요한 문제는 기독교가 계시 자체에 대한 개념과 근원으로 말미암아 반이데올로기화 하는 일이다.

이 점에 대해서는 두 가지 요소가 대두한다. 첫째, 성서에 따른 하나님의 계시는 필연적으로 "성상파괴주의"를 초래한다는 것이고, 둘째는 실제적 관점에서 성서는 모든 기독교적 행위가 하나님에 의한 인간의 해방, 자유, 소외로부터의 탈피 등을 기본으로 하기 때문에 우리에게 자유인으로 살아가도록 한다는 점을 부각시킨다. 물론 기독교 이데올로기에 대한 부분이기 때문에 다양한 이데올로기를 비평하기 위해서는 우선 기독교적 이데올로기에 대한 재검토를 시작해야 한다. 두 번째로 "이 세대를 본받지 말고 오직 마음을 새롭게 함으로…."롬12:2 라는 바울의 말을 이해하고 적용하는 일이다. 이 구절은 전형적인 반이데올로기적 행위로 우리 사회의 사회적 흐름을 분별하는 일인데 사회적 흐름은 우리를 타인과 연합하도록 부추기고 이데올로기적 정당성을 제공해준다. 이런 이데올로기적 정당성은 세상에 대한 새로운 개념으로 비춰져 인류의 진보, 선, 정의 그리고 진리 안에 있는 신념처럼 보이기 때문에 이런 사회적 흐름의 특성을 파악하는 일이 시급하다.

온갖 이데올로기가 스스로 유토피아인 체하지만, 그저 지나간 실제와 연관될 뿐이다. 이런 분별력은 그리스도의 재림에 대한 확신, 이미 와 있고 앞으로 도래할 왕국에 대한 확신에서 비롯된다. 말하자면 현 세계의 실제적, 구체적, 정치적, 사회적인 진짜 문제에 대한 분별력은 도래한 하나님 왕국의 관점에서만 가능하다. 따라서 기독교인은 이 시대의 예언자이며 예언은 정확히 이데올로기와 상반된다.

2) 질의 문답

엘륄은 마르크스주의적 기독교인들의 두드러진 현상을 비평하기에 앞서 상황

의 긍정적 측면을 제시해준다. 질의 문답의 형식을 취해 이러한 측면을 보여주는
데 우선 정의에 대해서이다. 우리 사회는 부당하고 어느 영역에서나 불평등이 발
생하나 안타깝게도 이 사회는 기독교의 결과이다. 하지만, 교회도, 기독교인들도,
그 누구도 정의에 이르도록 일을 조정하려 들지 않는 반면, 공산주의는 정의 사회
의 출현을 목표로 한다. 따라서 이 교훈을 경청할 필요가 있다. 두 번째 측면은 빈
곤과 빈곤한 자들에 대한 중요성이다. 빈곤한 자들은 사회의 온갖 양상이나 여러
면에서 버림받고, 학대당하고, 가난 속에 내동댕이쳐진다. 기독교는 이런 자들을
변호하고 더 나아가 그들을 품어야 했지만, 역사 속에서 교회는 대부분 권력자에
게 동조하며 착취자나 국가편을 들었고 빈곤한 자들의 상황을 "권력"의 일부로
신성화시켰다. 교회는 인간들을 악한행위에 참여케 했을 뿐 아니라 예수의 가르
침과 인격 자체도 배반했다. 이에 비해 공산주의는 빈곤한 자들의 편에 선다. 그
리고는 과감히 투쟁에 돌입한다. 유일하게 공산주의자들만 어떤 빈곤이든 그들
편에 선다. 그들은 기독교인들처럼 행하지는 않으면서 기독교가 말한 바를 성취
한다. 세 번째 질의 문답에서는 기독교, 교회, 기독교인 개개인의 삶 속에서 말씀
과 행위 혹은 말씀과 삶 사이에 불일치가 확연히 드러나 기독교는 괴로워한다. 이
웃에 대한 사랑을 배우고 이를 실행하며 정의를 설교하지만 결국은 불의를 일삼
는다.

　공산주의자들은 말한 대로 행동한다. 행위와 "이론과 실천"이란 사상 사이에
일관성을 보인다. 특히 레닌의 전략적, 전술적 분석과 실행 사이에는 확실한 일관
성이 있다. 지적인 면에서 이론과 전적으로 만족할만한 실천 간에 변증법적 관계
안에서 실현된 놀라운 합의가 있어 이런 점에서 기독교인들을 유혹하는 일치가
있다. 질의 문답의 네 번째 요소는 '유물론'이다. 기독교는 점차 현실세계를 벗어
난 유심론으로 변해감으로써 종교심, 내적인 삶, 감정과 의도, 나아가 전혀 행동
으로 표출되지 않은 채 헛된 명상 수준에 머물러 신앙은 감춰진 개개인의 문제로
머문다. 기독교인들은 신앙으로 살지 않고 신앙을 '느끼'는 데, 이런 삶의 방식은
구약과 예수 그리스도의 현현에 대한 부정이다. 하지만, 구약 전체는 '유물론'이
다. 하나님은 인간 삶에 구체적으로 개입하며 세상에서 인간을 끌어내지 않는다.

하나님은 역사에 참여한다. 구약 전체는 정치사이지 결코 종교사가 아니다. 또한, 육체와 정신을 분리하지 않는다. '유물론' 속에는 성서의 진실에 대한 근원적인 회복이 담겨 있다. 유물론은 점점 희미해져 가는 유심론에 환기를 불어넣었기 때문에 기독교인들은 성스러운 역사의 재발견 같은 이 교훈을 경청해야 한다.

마르크스는 역사학자들의 역사가 아닌, 성서의 이야기처럼 의미가 담긴 이야기, 계시자의 움직임이 있고 '신격화'에 이른, 그러나 이야기 속에 '위치한' 성스러운 이야기를 재조명해주었다. 마르크스는 기독교인들을 또다시 계시가 된 진실로 이끈다. 마지막으로 전투적 태도와 공동체 정신을 덧붙여야 한다. 기독교인들은 투사였고 투사가 되어야 했다. 또한, 행위와 박애가 살아 숨 쉬는 공동체를 형성하도록 부름 받았지만 나약하고 게으르고 무력감에 빠진 교회의 개인주의적인 성도들만 보일 뿐이다. 반대로 공산주의자들은 전투적인 태도, 적극적인 참여, 전투와 희생정신을 동시에 지니고 있다. 이와 같은 질의 문답으로 깨달은 점은 마르크스와 공산주의자들이 가르쳐준 것은 하나도 없다는 것이다. 그저 모두 기독교인이 이미 아는 것들뿐이다. 혁신은 없다. 하지만, 어쨌든 재발견을 이룬 것만은 확실하다. 이 질의 문답을 통해 성서Ecriture와 계시 자체에 대한 질의 문답을 행해야 한다는 사실과 놀라운 일치에 대해 인식을 하게 된다. 이 질의 문답을 경청하며 기독교를 신중하게 재검토하여 기독교인 본연의 모습으로 돌아가려고 자신을 다방면으로 살펴보게 된다. 교회들, 기독교인들, 기독교는 성서가 내포하는 것과 성스러운 역사 안에서 체험된 계시의 의미와 가치로 재발견된 것을 실현할 수 있는지에 대한 의미의 재발견이 이루어졌고, 또한 아는 바를 일상에서 실천하며 살아가는 일이 훨씬 중요하다는 사실도 인식했다.

기독교인들은 더 나은 기독인이 되도록 부름을 받았기 때문에 기독교인이 되려면 공산주의자들과 화합하여 공산주의가 지닌 은밀한 실천을 받아들여야 한다는 점을 인정한다. 그래서 공산주의자들과 역사를 만든다. 이는 빈곤한 자들의 역사이기 때문이다. 그때부터 철학은 유물론이 되어야 하기 때문에 새로운 성서읽기의 필요성을 증명하려 거슬러 올라간다. 그리하여 보편적 정치 실천의 발견에서부터 기독교에 대한 새로운 해석을 실행한다.

1. 기독교인과 사회주의

순응주의

1) 마르크스주의적 기독교의 기원

엘륄은 기독교적 환경 속에서 순응주의가 어떻게 진행되어 가는지를 보여준다. 기독교인 레지스탕스들은 공산주의자들과 손잡고 정의와 평화를 위한 사회주의적 투쟁을 향해 열정을 쏟아낸다. 그런데 평소 기독교인들은 주도적 이데올로기 흐름을 철저히 추종하는 것을 최고의 진보로 여겨 가장 탁월한 마르크스주의 지성인들이 공산주의, 나아가 마르크스 사상 자체를 완전히 포기하거나 혹은 그 사상을 철저히 재검토하여 이제까지 근본적으로 잘못되었다는 평가를 내릴 때 비로소 마르크스주의 사상에 열광하며 지지를 보내고 그로 말미암아 야기된 운동을 선택한다. 엘륄은 기본적으로 두 개의 연구 축을 중심으로 진솔하고 비평적인 시도를 행한다. 초월적인 하나님의 확언과 마르크스 유물론의 양립성에 관한 핵심적인 옛 문제처럼 완전히 흐지부지해진 교리문제는 전혀 문제 삼지 않는다.

기독교인들은 마르크스주의와 기독교의 양립성에 대한 이론적 문제제기나 공산주의적 실천에 대한 분석은 행하지 않고 대신 마르크스적 사상에 힘입어 기독교를 재해석하고 공산주의로 말미암아 제한된 영토에서 자신들의 행위를 전환하려 한다. 오늘날 기독교인들의 처지에서 본 "사회주의–공산주의–마르크스주의"를 위한 교육은 이 흐름이 우리 사회의 지배적인 이데올로기가 되었다는 사실을 단적으로 증명해준다. 그 이유는 기독교인들이 언제나 주어진 사회에서 반체제적 이데올로기를 드러내는 방식으로 작용해왔기 때문이다. 하지만, 기독교인들은 이를 인식하지 못한다. 이러한 이데올로기가 확장되면 기독교인들은 이에 관심을 둬도 선뜻 다가서지는 않다가 만일 이 이데올로기가 확고한 현실에 대해 여전히 반체제적이지만 지배적인 이데올로기가 되고, 전통적 이데올로기가 쇠퇴로 접어들어 이 흐름의 승리가 확실할 때 새로운 흐름을 향해 돌진하여 순간 용기와 과격주의로 똘똘 뭉친 새 신자처럼 극단론자로 돌변한다.

한편으로 엘륄은 과연 마르크스주의가 우리 사회의 지배적인 이데올로기가 될 수 있는지에 문제를 제기한다. 엘륄은 공산주의 이데올로기가 지배적이라고 단정한다. 그는 국가의 이데올로기 기계로 불린 대학이나 학교를 통해 사회주의 이데올로기가 확산된 이유를 두 단계의 실행으로 설명한다. 우선 마르크스주의가 내용과 전문성을 모조리 상실함으로써 가장 저속한 의미의 이데올로기가 되었다는 점이다. 마르크스주의는 정치 경제, 철학, 전략 심지어 유물론에서 아무것도 남겨주지 않았다. 그럼에도, 우리는 생략된 의미작용에 매달리듯 계급투쟁, 지배적인 이데올로기, 생산관계 같은 마르크스 사상 주위를 맴돌지만, 불행히도 마르크스 사상은 완전 텅 비어 있고 일관성도 없다. 이처럼 공산주의는 근본에서 벗어났다.

오늘날 공산당은 형식적인 자유와 부르주아적 민주주의에 대해 마르크스주의적 공산주의가 항상 단언해오던 것과 정확히 반대로 말하며 형식적 자유나 투표권을 부정적으로 보던 입장에서 이들을 철저히 옹호하며 나아가 형식적 자유를 확장하고 사회주의에 접근하기 위해 가장 탁월한 체제에 집착하며 자유주의적, 합헌적, 의회 민주주의 안에서 원칙을 철저히 따른다. 결국, 여러 정치적 방향과 상관없이, 공산주의의 온갖 핵심적 표명 안에서 공산당에 거슬리는 비타협적 특성을 드러내는 모든 걸 추출함으로써 결과적으로 이 지지자의 범위는 엄청나게 확장된다. 이런 지지자는 민족주의자로서 안정, 행복, 생활수준의 향상을 기대하며, 민주주의, 자유, 평등 등을 믿는다. 그러다 공산주의나 마르크스주의 안에 아무것도 없음이 확실해지면 그때부터 고민이나 고통도 없이 공산당을 지지하게 된다. 공산주의는 우리 사회의 이데올로기적 파노라마를 형성하는 것을 정확히 모두 사용한다는 점에서 가장 완벽한 이데올로기이다.

그리하여 공산주의는 사람들이 붙잡는 참조 틀이 되었다. 더구나 공산주의는 두 가지 근본적인 요인을 지닌다. 한편으로 공산주의는 우리 사회에서 성취된 일반적인 논거의 가장 탁월한 제공자이다. 또 다른 하나는 이 이데올로기의 열렬한 지지는 지도 계급에 대한 지지이다. 그래서 혐오감과 동시에 뿌리칠 수 없는 이끌림으로 죽음으로 몰아가야만 하는 일에 집착하게 된다. 프랑스 공산당은 아주 기본적이며 복잡한 이 개혁을 철저히 신봉했다.

그러다 공산주의 내용이 완전히 빠져나간 뒤로 기독교인은 공산주의를 지지할 때 대세를 따르며 이론적 조심성도 보이질 않는다. 결국, 사회 전체의 정신, 문화적 순응주의로 빠져들게 된다. 그들은 이미 "지배적인 계급"의 이데올로기를 대신했으므로 공산주의를 지지하며 같은 방향으로 나아간다. 하지만, 기독교는 이런 움직임으로 말미암아 내용을 상실한다. 그리하여 예수그리스도를 통한 하나님의 계시에 대한 내용이 본래부터 문화적이라며 이 구시대적 구절을 제거하는 데 아무런 가책도 느끼지 못한다. 신마르크스주의적 기독교인들은 천부적으로 정직성, 행동파적 정신, 새 신자의 열성을 갖고 있어 극도로 완고하게 교리를 아주 철저히 탐구하고 사회적 순응주의로 말미암아 깨닫지도 못한 채 그들이 지지하는 운동의 양극단에 서게 된다. 그런데 이런 경향 속에 머물면 필연적으로 테러리즘과 현혹에 빠져든다.

오늘날 마르크스주의는 서양의 지적 환경 속에 존재하는 유일한 테러리스트 사상이다. 스스로 유일하게 학문적이라 우기며 여타의 길 자체를 체계적으로 파괴한다. 또 결함이 없는 완벽한 설명이라고 주장한다. 그래서 온갖 현상들을 마르크스주의에 종속시킨다. 물론 믿음도, 예수의 설교도, 성서의 집필도, 교회의 변화도 마르크스주의적 과정으로 설명한다. 그래서 기독교는 진리나 단일성이란 취향을 지니지 못한 채 여러 다른 것에 종속된 현상이 된다. 그런데 포괄적인 동시에 편협한 이 독재사상은 그저 하나의 사상으로만 머물지 않는다. 이것은 행정적, 조직적, 정치적 기구, 진정한 과시, 전쟁 기계, 권력 정복과 사회 파괴 기계에 의지하여 내적 테러리즘과 외적 테러리즘을 실행한다. 이런 두 테러리즘은 당연히 서로 연합한다. 마르크스주의적 사상의 특별한 테러리즘과 우리 잠재의식에 새겨져 있는 스탈린주의의 정치적 테러리즘은 분리되지 않는다. 그래서 모든 것을 억지로 마르크스주의와 연관시켜 설정한다. 가장 주목할 만한 점은 마르크스주의가 독단주의와 배타주의를 공식적으로 포기할 때 이런 일이 일어난다는 것이다.

결국 휴머니즘이 마르크스주의와 양립했다. 마르크스주의적 사상의 영향력은 노련한 마르크스주의자들이 그 사상을 신뢰하기를 멈추었기 때문에 확장되었다. 테러리즘과 유혹은 상호적으로 서로 들어맞는다. 테러리즘은 주위에 파괴될 위험이 있는 것을 닥치는 대로 덥석 붙들어 유혹에 노출되도록 내버려두다가 모방의 길이나 영향력 안으로 끌어들인다. 이렇게 사로잡힌 자는 더 다른 현실이나 진실을 보지 못한다. 그는 테러리즘처럼 말하기 시작하다가 차례로 테러리스트가 된다. 그리하여 마르크스주의는 마르크스가 전혀 알지 못하고 심지어 예상치도 못했던 모든 것을 설명하는 데 사용된다. 모든 것이 모습을 변장한 채, 잠재적인 마르크스주의로 존재함을 발견한다. 그래서 조화로운 협력은 다시 시작된다. 이런 마르크스주의적 유물론적 이론을 만드는 자들은 매혹된 자들이며 이론을 듣고 따르는 자들은 애호가들이다. 그리하여 쇠퇴하는 마르크스주의에 대한 기독교인들의 동조는 이 시기와 딱 맞아떨어진다.

2) 가장 적합한 예

엘륄은 일반적 연구 이후 최근 작업의 도움으로 여러 요점을 명확히 밝혀준다. 특별히 샤퓌Chapuis의 책을 통해 이런 기독교인들의 방향에 아주 충격적인 증거를 제시해준다. 엘륄은 표면적으로 드러나지는 않는 샤퓌의 네 가지 "선先-판단"이 존재한다고 본다. 첫째는 기독교 전체가 빈곤한 자들을 도우러 돌아온다는 것이다. 예수가 가난했고 예수를 사랑하기 때문에 빈곤한 자를 사랑하고 빈곤한 자가 예수의 전부가 된다. 그래서 사랑한다는 것은 정치적 투쟁에서의 지지를 의미하며 이런 지지가 없는 사랑의 선포는 거짓이며 위선이다. 두 번째로 사회주의는 인간의 선이다. 개별적인 고려는 다루지 않은 채 총체적으로 취해진다. 세 번째 전제로 공산주의는 빈곤한 자들의 편이며 항상 빈곤한 자들을 옹호하기에 올바르고 일반적인 사회주의의 길로 표현된다. 그러나 빈곤, 프롤레타리아, 노동자, 이 모두는 그저 막연하고 공산주의 변형에 대한 언급은 전혀 없다. 빈곤한 자는 자본가들로 말미암아 사회적으로 철저히 이용당하고 이익을 불러오는 유일한 자라서 사회당은 본래 빈곤한 자들의 당이다. 마지막으로 오직 행위만이 중요하다는 묵시적 제안이 있다. 그런데 이 행위는 원칙적으로, 아니 절대적으로 정치적이다. 실제적, 구체적 행위 외에는 모두가 관심 밖이다. 그래서 기독교인은 행동학으로 마르크스주의를 만나게 된다. 행위의 탁월한 전제는 다른 세 가지와 결합하기 때문이다.

그런데 샤뛰를 가톨릭에서 사회주의로 인도했던 동기를 보려면 가톨릭의 전형적인 특성을 보여주는 동기유발의 두 가지 이치를 알아야 한다. 첫째는 작품, 특히 사회적 작품에 대한 목마름이다. 두 번째로, 교계제도와 제도의 권위적 구조와 연관된 토론이다. 특별한 문제로는 샤뛰가 교계제도로 인한 회복에서 벗어나고자 어떻게 자신의 뜻을 과격화시키고 있는지, 또한 그가 참여로부터의 독립을 증명하려고 문학적 관점에서 어떻게 사회주의로 넘어갔는지를 잘 보여준다. 한편, 마지막으로 알제리 전쟁이 확실한 전환의 기회였는데 이로 말미암아 청년에게 던져진 온갖 의문 때문에 문제가 드러났다. 하지만, 샤뛰는 여기에서 실제로 절대자에게 던져진 이런 문제들이 결국 정치적, 형이상학적, 신학적 입장으로 인도되었음을 흥미롭게 보여준다. 여기에서 우리는 기독교와 사회주의라는 흥미진진한 요소들을 발견한다. 샤뛰가 칼 마르크스에게서 읽었다고 인정한 모든 것은 '선언'이다. 한 기독교인을 위한 마르크스 사상에 대한 이해나 이것이 내포하는 어려움에 대한 탐구는 전혀 없고 모두 뭉뚱그려 하나의 실천으로 귀착된다. 젊은 이들은 사건에 즉각적으로 반응하며 서로 영향을 주고받고, 고귀한 사상들을 접하고, 악을 미워하고, 큰 희망을 갈망하며, 낡은 과거를 거부하고, 지나치게 엄격한 명령에 맞서다가 이미 좌파에 속한 몇몇 동료와 접촉하며 좌파가 무엇과 연관되는지 알지도 못한 채 좌파의 신념을 품게 된다. 이렇게 탄생한 신념은 행동으로 강화되고 대립으로 말미암아 놀랍도록 과격해져 좌파에 가담하다가 사회주의자가 되어 점차 실천에 참여하며 공산주의자에 가까워진다. 그런데 이때 기독교가 공산주의와 비슷한 실천이라고 확신하면 상황은 더욱 용이해진다. 마르크스 사상과 성서 사이에 모순이 가능한가와 같은 심층적인 질문은 한 번도 제기되지 않는다.

엘륄은 한발 나아가 이론적 형식화에 대한 시도에 앞서 두 가지를 지적해준다. 우선 그 무엇도 좌파 가톨릭의 굳건한 확신을 바꾸어놓지 않는다는 점이다. 좌파 가톨릭은 선택을 강요받았고 억압받는 사람들을 위해 투쟁을 택하리라는 사실을 스스로 인식한다. 그에게 정치적 참여에서 벗어나 기독교인이 되는 것은 점차 의미 자체를 상실하게 된다. 두 번째 지적은 순수한 사회적 흐름을 온전히 반영한 것을 한동안 실현하지 못한 주인공의 중독성 짙은 솔직함이다. 비평적 사고의 결여로 말미암아 그는 사회적 순응주의를 완벽하게 보임으로서 우리 사회에서 사회주의가 드러내는 확실한 이데올로기적 탁월성을 지칭하는 정확한 예로 비춰진다. 끝으로 교의 토론의 몇몇 양상도 고려해야 한다. 물론 신가톨릭주의는 초월적 존재의 기독교적 계시에 대한 토론이나 초월적 존재를 부득이하게 모두 배제한 마르크스적 유물론을 단호히 거부한다. 문제의 핵심으로 되돌아와서 책 속에 묘사된 부분에서 교회와 기독교인들에 대해, 그리고 ‘교리’ 부분에서는 ‘신앙’에 대해 언급한다. 일반적으로 신앙, 규정되지 않은 신앙 그 자체를 말하기 때문에 예수 그리스도, 성서적 계시, 이 모두는 잊힌 채 대신 ‘신념’만 남는데 이는 인간의 신념으로 혁명적 의지나 용기와 일치한다. 예수 그리스도의 하나님에 대한 신뢰성을 제거하자 마침내 신앙은 신념과 같아져 가톨릭신자는 고민도 없이 마르크스주의자가 되어버린다.

결국, 신학은 과학에 그 자리를 내주어 신앙이 이데올로기라 선언하며 신앙의 내용을 제거한다. 구원과 역사 사이에서 우리는 역사를 선택한다. 엘륄은 기독교인들은 모두 공산주의가 되지 않는 이유에 대한 세가지 충고로 끝을 맺는다. 첫째, 그들은 공산주의가 되려는 이유가 거의 없다는 것이다. 하지만, 주체하지 못할 만큼 유혹이 일어나 가장 설명하기 힘들고, 가장 감명 깊은 사회적 현상 중 하나에 참여하게 된다. 프랑스 기독교인들은 현재 이런 종류의 사회적 강박관념, 최면상태 유형, 강력한 전염의 탁월한 증인들이다. 두 번째와 세 번째 충고는 기독교인과 연관되며 기독교 역사의 변함없는 두 실재에 대한 지워지지 않는 회상이다. 둘째로 기독교인들은 매번 ‘지배적’이든 그렇지 않든 간에 사회적, 정치적 흐름에 동조했으며, 심지어 초기에는 기독교적인 삶과 신앙의 타락과 온갖 위조, 온갖 질적 저하에 매번 동조했다는 점이다. 이는 하나님으로부터 받는 기독교인들의 특별한 헌신의 문제이다. 만일 기독교인들이 이런 헌신을 채우지 못하면 솔직히 아무런 쓸모가 없으며 기독교도 전혀 의미가 없다. 셋째로 이데올로기 전체에 대한 모든 계시 표현의 철저한 비평적 역할이다. 그래서 어느 정도는 명석함이 필요하나 투쟁에 참여한 지원병들에게는 이런 명석함이 유난히 부족하다.

2. 추가문

1) 초기 마르크스주의적 기독교의 교류

1930년까지 기독교인인 동시에 사회주의자가 될 수 있는지를 타진해보려 했던 이들이 있었고 이로 말미암아 스스로 괴로워하던 이들은 불편해도 쉽사리 타협하지 않았다. 그러다 1938년 히틀러주의로 말미암아 정치에 대해 무지한 기독교인들이 사회주의 쪽으로 기울게 된다. 기독교인들은 히틀러에 대항하는 전쟁에 열광적으로 참여했다. 제거되어야 하는 비열한 주인들이지만 그들을 전심으로 사랑한다는 내용을 내걸고 기독교는 선한 정치적 양심과 반쪽짜리 선한 기독교적 양심을 지닌 채 출발했다.

한 발 나아가 레지스탕스 안에서 공산주의자들과 동조하는 조합을 이루고 동지애를 나누었다. 선한 기독교인들은 신앙에 상관없이 정치적 결정에 변화가 없자 공산주의와 손을 잡았다. 그런데 이런 결정을 내리게 해준 이들은 바로 정치적 행동의 전문가인 공산주의자들이었다.

결국, 인간적인 선한 동맹의 여세를 정치적 교훈의 개시로 몰아갔다. 하지만, 순수한 기독교인들, 교리주의에 완전히 무지하며 무방비상태인 기독교인들과도 연관되기에 이른다. 그래서 "기독교와 마르크스주의"에 대한 이야기는 레지스탕스 사건 이후로는 별로 심각하지 않은 무의미한 토론으로 비춰졌다. 그런데 이에 대해 매우 흥미로운 변화가 일어난다.

2) "하나님의 죽음"과 마르크스 주의

이런 문제제기는 20년 전 미래의 마르크스주의적 기독교인들의 저변에서부터 싹트기 시작했다. 이들은 자유와 정의를 위한 공동 행위, 즉 유물론적 혹은 유심론적 기준이 철저히 무시됨을 전제로 하는 공동 행위 안에서 다른 입장을 취한다고 선언했다. 그러다 상황이 전환되며 하나님의 죽음에 대한 이론들이 등장했는데 이를 지어낸 자들은 바로 기독교인들이다.

그 결과 성서 안에, 구약 속에, 인간에 대해 철저히 유물론적 개념이 있다는 깨달음과 어깨를 나란히 함으로써 모든 것이 이 땅에서 일어나며 저 세상은 없다고 선언하기에 이른다. 죽음이 최후이고 인간은 본래 육체에 불과하다. 그래서 "육체의 신학"에 몰두한다. 정신혹은 인식은 육체와 연관되어 차후에 등장한다. 따라서 마르크스 철학에 대한 지지는 더는 어떤 어려움도 드러내지 않는다. 결국에는 상상을 초월한 일치로 치닫는다. 두 번째 시기에는 신학적 점검이 실행되었다. 일치주의 철학으로 나아가던 문제가 돌연 또다시 아주 중요한 핵심 문제로 변하자 마르크스에 대한 연구에 심취하게 된다.

그런데 그 후 여러 다른 일치들을 발견함으로써 마르크스와 기독교의 기본적 유사성에 대한 주제에 관심을 두게 된다. 특히 구원은 지극히 연약함 속에서, 하나님의 의도로 받아들여진 자발적인 희생 속에 뛰어든다고 이루어지는 것이 아니라 강한 정복, 폭력적 행위, 결코 사랑 안에서가 아닌, 증오 하며 죽여야 하는 적에 대한 물리적 승리와 권력의 부합으로 이루어진다는 사실이다. 그래서 마르크스주의 변증법에서는 억압당하는 자들이 압제자가 되어야 했다. 그 결과, 전 세계 공산주의나 빈곤하다고 착각한 자들의 원인에 동조하는 즉시 곧바로 행동하도록 권유를 받는다.

3) 섬김의 신학, 빈곤의 신학, 수평적 신학

마르크스적 기독교인들을 이끄는 이론적 과정은 복합적이다.

그러나 이 이론이 사회적 역할을 다하고 나서 제거된다는 점을 깨달아야 한다. 우선 계시에 대한 새로운 해석, 근본적인 신학적 발견, 신학적 사상 전체에 대한 혁신처럼, 제시된 이론은 마르크스의 무신론을 받아들이기 위한 윤활유로만 사용된 후 연기처럼 날아가 버렸다. 대신 개방된 다른 여러 갈래의 길들을 접하게 되는데 섬김의 신학과 빈곤한 자들에 대한 신학이다. 그리하여 기독교 전체가 섬김으로 집약되고 요약된다는 주장이 등장한다. 그래서 행위로 나아가려면 말씀으로 된 사랑에서 빠져나와야 했으며 모든 것이 섬김이라는 점을 떠올려야 했다. 하지만, 이는 진정한 섬김의 이론이 아니라 총체적 이론 안에 있는 섬김의 상황이었다. 그런데 일탈이 일어나 악한 방향으로 전환되어 섬김 자체에만 만족하며 모든 걸 설명하기에 이르렀다. 그래서 사랑은 행하는 섬김 안에서 전적으로 드러나기 때문에 말씀은 헛되며 무용하고, 이보다 더 심각한 경우는 개종시키는 전도가 광적인 포교라서 이웃 자체의 관점으로 들어가 누구든 섬김이 필요한 자를 따라나서서 '자신을 내놓을 각오로' 이웃을 사랑해야 한다는 측면이 나타난다. 결국, 섬김이 전부가 되어야 하며 섬김만으로 충분하다. 이것이 이 이론의 극단적 요점이었다. 그런데 이 이론은 빈곤한 자에 대한 이론과 연결되자 배가되기 시작했다. 출발점이 무엇인지는 떠올릴 필요도 없다. 물론 예수와 하나님에 대한 재발견은 놀랍고 근본적인 진실이며 나아가 '빈곤한 자들의 탁월한 존엄성' 도 재발견하도록 해주었다.

하지만, 또다시 아주 빠르게 일탈이 일어나 잘못된 방향으로 전환이 이루어졌다. 한동안 모든 신학의 핵심적인 텍스트가 되었던 마태복음 25장 31절 이하의 유명한 경고를 극단적으로 과장함으로써 이러한 기본적인 진실은 타락한 객설로 바뀌었다. 그때부터 복음은 모두 한 텍스트로 요약되고 빈곤은 예수 자신과 동일시되었다. 빈곤은 진정 성스러운 희생자이며 나아가 이 빈곤이 이렇게 작용함으로써 역사 속에서 하나님의 뜻을 즉시 성취한다. 이렇게 하여 하나님의 죽음에 대한 신학, 섬김에 대한 신학, 빈곤에 대한 신학으로의 집중은 수평적 신학을 만들어낸다.

하늘에서 응답자를 찾는 일은 헛된 일이며 모든 것은 땅에 있다. 신앙은 인간 안에 있는 신앙이다. 하나님에 대한 유일한 의식은 인간의 의식이며 하나님의 유일한 섬김은 인간에 대한 섬김이다. 그래서 포이에르바흐처럼 하나님을 인본주의로 대처하려고 마르크스가 기독교에서 그리스도를 비난했듯이 그리스도에 대한 신앙에서 벗어남으로써 마르크스처럼 기독교를 경험하려 했다. 그런데 수평적 이론을 변형시키는 세 가지 오류들은 같은 원칙으로 귀착되기에 이른다. '원칙' 이나 섬김은 자체로 충분하며 역사적 예수만으로 충분하다. 이는 완전한 이단이며 예수에 대한 부정이다. 빈곤은 하나님의 사랑에 의해서만 진실하며 그 자체로 절대 진실하지 않다는 것을 기억해야만 한다. 세 가지에서 비롯된 수평적 이론은 달힌 원을 만들어냄으로써 인간을 벗어날 수 없는 체제 속에 가두어 버린다.

인간은 스스로와 대면하며 더는 여타의 것을 갖지 못한다. 신성은 인간에게 있고 인간이 신성 자체이다. 인간은 신들의 문을 걸어 잠갔다. 그래서 인간은 소망의 역사적, 지상적 철학을 붙잡으려고 스스로 자유와 혁명을 취한다. 따라서 혁명은 첫 걸음, 출입구, 자유의 서론이 된다. 그 결과 해방 신학으로 나아간다. 그런데 하나님은 인간의 손을 통해서만 역사에 개입하므로 자신을 스스로 해방시켜야 할 자는 바로 인간들이고 자유는 인간의 일이므로 자유의 길은 정치가 된다. 이 땅에는 인간만이 유일하기 때문에 미래를 세우는 것도 바로 인간이다. 그래서 이 때부터 심리학자의 도움을 받아 순전히 죄에 대한 여러 '생각'의 전설적이고 환상적인 기원이 무엇인지를 설명한다. 인간은 타락하지도 않았고 죄인도 아니다. 인간은 기본적으로 선하다. 우리를 반대로 믿게 하는 것은 바로 성서 텍스트의 타락한 독서이다.

인간이 자신의 모습을 되찾으려면 소외로부터 해방되는 것만으로도 충분하다. 그래서 자유는 오로지 인간과 같은 수준의 정치적 사건이 된다. 정치적 자유 없이는 어떤 자유도 없다. 인간의 자유를 위해 일하는 유일한 자들이 바로 마르크스주의자들이라서 복음의 약속을 실현하려고 마르크스주의자들과 함께 있어야만 한다. 실제로 예수는 권력 축출을 위한 위치에 있었지만, 감히 누구도 행하지 못하는 행동을 했듯이 기독교인은 마르크스주의의 어휘, 분석, 설명, 참여를 받아들여 마르크스주의자가 정의한 대로 억압당하는 자들과 자신을 동일시한다.

하지만, 마르크스주의적 기독교인들은 신앙을 버릴 수 없다. 그래서 그들은 하나님의 계시였던 모든 것에 감정적인 애착을 보이며 그들 삶에 대한 말씀을 지우고 혹시나 심한 충격을 당할까봐 조정하고 자기 무죄를 증명하려 애쓴다. 그들은 언제나 역사의 흐름과 같은 과정을 따르며 그 시기의 지배적 이데올로기적 세력인 마르크스주의와 일치할 수 있는 것을 내부적으로 차단하면서 기독교의 신뢰성을 지키려고 한다. 엘륄은 이런 기독교인들에게 순응하지 말기를 당부한다. 이는 목표하는 바가 세계의 전체성이기 때문이다. 그런데 엘륄이 보는 교회는 항상 국가의 지지자인 권력과 지배 계급의 편에 서 있었다. 그래서 『세상 속의 그리스도인」에서 기독교적 계시가 혁명의 새로운 이해로 이끈다는 사실을 보여주려 한다. 기독교인이기 때문에 혁명적이어야 했지만, 지금은 혁명적인 것이 문제이다. 혁명적 기독교의 의지는 매번 역사적 역할을 담당했지만, 그때마다 결정적으로 실패했다. 혁명에 대한 기독교적 의지로서도 실패했다.

그런데 엘륄의 관점에서 철학, 정치, 권력은 온갖 유혹을 드러낸다. 기독교인들 앞에는 교회가 있고 이 불쌍한 교회는 그 신뢰성에서 너무나 연약하고 소외된 채로 남아 있다. 사회에 대한 행위를 효과적으로 취할 만한 어떤 방법도, 사고의 총체적 체계도 전혀 없으며, 항상 속수무책인 채, 언제나 은혜에만 매달리는 기독교인들, 물론 말씀에만 의지한 우리는 은혜로 먹을 수도 있겠지만, 침묵을 경험할 수도 있다. 기독교인들은 매번 그들의 신앙과 계시를 뒤섞어버렸다. 그렇게 그들은 성서Ecriture를 왜곡하거나 망각한 채로 아주 현명한 발견을 채택하며 매우 폭넓은 가능성을 활용했다. 기독교인들은 우선 신중히 접근하고 나서 열성적으로 연구하여 당시 취향에 계시를 맞추고 마지막으로 계시에서 확실히 부족한 기반, 방법, 영향력, 확실성을 움직임에 부여한다. 그렇게 함으로써 기독교인들은 매번 메시지의 핵심을 이해하도록 해주는 명확한 빛을 발견했다고 믿는다.

4) 해방신학과 마르크스주의적 기독교

마르크스주의에 대해 찬성을 선택했던 기독교인들은 즉시 모호한 사회주의로 확실히 복귀했다. 이들은 사상을 정확히 이해하지도 못한 채 존재와 행동양식으로만 인식한다. 더러는 사회주의가 마르크스주의라며 더 확실한 선택을 하는 이들도 있다.

수많은 이들이 마르크스주의를 '학문'으로 여긴다. 그런데 몇몇 마르크스주의적 기독교인들은 이러한 온갖 교리들, 즉 참여와 연관된 지식인들의 이런 토론들을 무시한다. 마르크스주의자가 되는 일은 시위나 청원 등을 위해 마르크스주의 편에 서는 것이다. 그래서 누구나 계급투쟁을 공통된 출발점으로 받아들여 전투적인 태도를 보인다. 그리하여 또다시 불확실 속으로 빠져든다. 마르크스주의를 학문으로 여기는 이들은 유물론을 철저히 적용한다.

"해방전쟁"을 겪고 나서 자유로 들어선 민족은 세상에 그 누구도 존재하지 않는다. 이 민족들은 모두 식민지 지배하에 있었을 때보다 실제로 훨씬 자유롭지 못하고 더 행복하지 못함을 확인할 수 있다. 그들의 유일한 만족은 적어도 그들을 억압하던 독재자가 이제는 전형적인 풍습이라는 것이다. 그런데도 빈곤한 자, 억압받는 자, 착취당하는 자들이 있다는 사실은 항상 이상하리만큼 확실하다. 자본주의-제국주의자들도 있다. 자본주의를 취하고 제국주의를 제거하자 해방이 정말 기적처럼 일어났다. 기적은 민족 자체의 역사적 혁명 행위의 결과이다. 이 해방신학들은 그 역할을 하며 가장 가증스러운 전통 신학들의 특징을 계속 보여준다.

이 신학들은 구체적인 외향과는 달리 신기할 정도로 추상적이다. 이 신학들은 모두 도덕론에 이른다. 이 투쟁에서 해방을 외친 신학들은 특정 측면(빈곤한 자들)을 지지하는 정치신학들이라서 마지막 분석에서 차기 독재자를 옹호하기에 이른다. 해방신학들은 신학도, 신앙도, 경배도 절대로 진전시키지 않는다. 또한, 해방신학은 특별한, 역사적인 한 상황에 대한 엄격한 표현이라서 다른 곳에서는 이해될 수 없고 다른 지역 세계를 위한 신학들에 모델이나 권고로 사용될 수도 없다. 근래에는 예수에서 마르크스로의 길이 상당히 빈번하지만, 이제는 마르크스에서 예수로의 길도 나타난다.

히틀러 시기에 신앙은 예수에게 갖는 신앙과 같은 신앙의 자격이지만 거기에서 파생된 삶은 완전히 다르다. 가로디가 하듯이 근본적인 것은 신앙의 태도를 정당화하는 것이 전혀 아니며 이 신앙의 응답자가 누구인지를 아는 것이다. "신앙"은 정확히 아무 말도 하지 않는 것이다. 가로디는 기독교인들이 하나님이라는 단어를 사용했기 때문에 자신이 이를 사용하지만, 자신의 신앙을 표현하기 위해 이 단어가 필요하지 않다고 주장한다. 예수는 우리가 어떻게 경건하게 인간의 삶을 살 수 있는지를 나타내주었지만 다른 신앙과 완전히 질적으로 다른 독특한 것으로서의 신앙의 전적인 양상은 이 예수 그리스도 안에서 사라진다. 신약의 강조는 신앙에 대해서가 아니라 예수 그리스도이기 때문에, 중요한 것은 신앙이 아니라 예수 그리스도이다. 신앙을 규정짓는 것은 예수그리스도이고 우리가 그리스도인이 되도록 하는 것도 우리 신앙의 존재가 아니라 예수 그리스도이다.

기독교인이 되면 첫 번째 이성적 접근으로 초래된 논리적 과정을 거부할 수 없어서 마르크스주의를 지지하는 이들 모두가 피할 수 없이 이런 논증 유형으로 들어선다. 마르크스주의적 기독교인들의 길은 분명히 정반대라서 이 역학이 진실의 충만함을 고갈시켜 역사-혁명적 사명을 짊어진 예수는 의미를 잃은 생기 없는 그림자로 전락하고 만다. 그런데 최근 장 엘랑스텡은 마르크스주의와 기독교 간의 화해의 미래를 열어준다. 하지만, 그는 기독교와 공산주의 간의 통합적 시도가 불가능함을 강력히 주장한다.

하지만, 마르크스주의는 실천과 구체적인 일에 몰두한다. 이렇게 하여 "추가문"에 대한 결론에 이른다. 마르크스주의와 기독교 신앙 간의 타협을 세우려고 다음의 세 가지 가정 앞에 서게 된다. 첫째 가정은 종합, 둘째는 영역의 분리 (기독교는 교권으로 단순화되고 모든 윤리, 특별한 모든 정치적 행위를 포기한다), 셋째는 기독교가 신앙의 실행으로서 기독교적 실천인 마르크스주의의 채택으로 이끄는 신념이다. 이것이 현재 마르크스주의적 기독교인들의 방향이다.

3. 무엇보다 특별한 텍스트

유물론적 독서의 오류: 마태복음 9장 2-13절

1) 죄와 설교

엘륄은 유물론적인 독서가 텍스트의 의미 자체를 간과하고 있음을 보여주기 위해 마태복음9장 2-13절을 예로 들어 설명한다. 첫째로 예수는 종교인들의 소란 속에서 불구자의 죄를 용서한 후 그를 낫게 해줌으로써 "의료적" 시술인 섬김을 베풀고 이 남자의 인간적인 기대에 부응하지만, 포교는 하지 않는다. 이는 섬김 이론에 대한 초석이다. 그러자 군중은 인간에게 그처럼 위대한 권능을 주신 하나님께 영광을 돌리는데 텍스트는 우리가 똑같은 일을 행하도록, 인간적 권능만을 지닌 이 사람 예수처럼 실행하도록 요청한다. 두 번째 측면은 사람들과 "죄인의 삶을 사는 사람들" 한가운데 놓인 식탁에서 율법주의자들과 존경받는 자들의 비난을 받으며 그들과 함께하는 예수이다. 거기에서 예수는 의인이 필요한 사람은 병자들이며 "너희는 가서 내가 긍휼을 원하고 제사를 원하지 아니하노라 하신 뜻이 무엇인지 배우라"라는 성서 말씀을 인용한다.

따라서 하나님에 대한 진정한 섬김은 인간에 대한 섬김이며 이런 섬김은 예배에서 행해지지 않고 대신 긍휼과 동정을 베풀며 극빈자들과 불우한 자들에게 마음을 열고 고통당하는 자들과 함께 괴로워하며 그들을 돕고 그들의 길에서 그들과 함께 하는 것이다. 이것이 하나님의 유일한 뜻이다. 따라서 예수가 행한 섬김 자체로 충분했다. 그럼으로써 "섬김의 신학"은 온전히 증명된다. 수직적인 섬김이 이루어지면 온갖 말씀보다 훨씬 더 많은 사람이 하나님께로 확실히 돌아온다.

나아가 이 권능이 인간들에게 주어졌음을 상기시키는 "수평적 신학"도 증명해 준다. 두 번째 지적도 근본적인데 예수는 세리와 창녀들과 함께 있을 때 아무 일도 하지 않는다. 그는 그들과 함께 그들 중에 있는 것에 만족한다. 예수는 그들과 식사를 함으로써 섬김을 이룬다. 결과적으로 우리에게 필요한 것은 하나님을 기쁘시게 하는 일을 성취하기 위해 빈곤한 자들과 "함께 있는 것"이라고 말할 수 있다. 긍휼은 그들과 함께, 그들 중에 있음으로써 그들의 명예를 회복시키는 것이다.

2) 인애와 경건함

이 텍스트에서는 관심을 끌 만한 단어인 "죄"가 등장한다. 예수는 단순히 당시에 통용되는 어휘를 채택하여 사람들이 죄가 의미하는 바를 이해할 수 있었기 때문에 '죄'라고 말한다. 예수는 중풍병자나 세리, 창녀가 죄인이라는 사실을 의심하지 않는다. 예수는 중풍병자에게 죄 사함을 알려준다. 텍스트의 요점은 중풍병자가 걸을 수 있다는 점이 아니라 죄 사함이다. 이것이 바로 중점적 주제이다. 그런데 뒤에 등장하는 제사의 거부와의 상관관계는 예수가 죄를 사했으므로 죄 사함의 제사들은 불필요하여 폐지되어야 한다는 것이다. 죄 사함은 제사에 의해 얻어지는 것이 아니라 그리스도의 강생에서 비롯된다. 예수가 영원한 속죄 제물이 되었기 때문에 이는 영원한 제사이다. 따라서 예수는 다른 어떤 가치보다도 앞선다. 그래서 정치적 혹은 섬김의 신학이 아니라 구원의 신학에 속한 텍스트이다.

이는 계급투쟁의 상황이 아니라 하나님 말씀에 물든 백성, 모든 것이 하나님과 연관된 백성의 상황이며 이 백성을 위한 하나님의 영향력에는 변함이 없다. 하나님과의 관계는 평범하고 본능적이다.

예수에 대한 가르침은 '구'약에 비해 새로운 것이 아니다. 새로운 것은 말씀이 육신이 되었다는 점과 말했던 모든 것이 이제 살아 숨 쉬며 예언되었던 것이 지금 성취되고 있다는 점이다. 그러나 우리는 예수가 있던 사회와는 완전히 상반된 사회에 살고 있다. 오늘날에는 예수 그리스도 안에 있는 하나님의 영향력에 대해 아무런 경험도 하나님에 대한 어떤 기준도 없다. 그러므로 첫 번째로 꼭 필요한 사항은 확실히 '참조'와 연관된 담화, 통지, 선언, 예수에 대한 호칭, 가르침, 전도이다. 섬김은 그저 부차적 행위일 수 있다. 그렇다고 중요치 않다는 뜻은 아니다. 그런데 한편 사회적으로 해결된 문제를 갖는 것 이상으로 중요한 일은 하나님과 부활을 향해 돌아서는 것이다. 세리들, 창녀들, 죄악 된 삶을 사는 사람들 사이에 묵묵히 있는 예수의 존재에 대해 말하자면 우선 이들이 빈곤한 자들이 아님을 언급해야 한다. 그들의 '빈곤함'은 단지 상황으로 말미암아 나쁘게 평가되며 이런 상황은 로마 침략자들에게 적의를 품는 유대인들과 조상의 종교에 충실한 유대인들에 의한 것이다. 그런데 빈곤한 자들은 죄인으로 취급되며 우리는 예수가 이런 판단을 확인해주고 있음을 보았다. 하지만, 예수는 그곳에서 이 상황에 따른 긍휼을 선포한다. 다시 말해 하나님은 제사나 예배 등이 없을 때조차 죄를 용서하기 때문에 결과적으로 우리 또한 하나님 자신처럼 조건 없는 사랑을 실천해야 한다. 이는 결국 구약 전체에서 예견되었던 충만함, 즉 구원의 성취와 연관된다. 그래서 예수처럼 살아간다는 것은 우선 사람들의 죄를 용서해주는 것이다. 이는 도덕적 범주에 속한 죄를 의미하지 않는다. 이주 노동자들이나 프롤레타리아들과 함께함은 기독교적 형식으로 그들을 개종시키려 한다거나 그들에게 섬김을 받고 그들의 고통을 정치적 이슈로 취함이 아니라 그들에게 죄사함을 선포하고 정치적인 자유를 향해 첫발을 내딛기 훨씬 이전에 그리스도 안에서 누리는 자유함을 확인시켜주는 것이다.

마지막에 예수는 구약의 구절인 "너희는 가서 내가 긍휼을 원하고 제사를 원하지 아니하노라 하신 뜻이 무엇인지를 배우라"마9:13를 인용한다. 이는 호세아 6 장 1~6절과 시편 50편의 두 텍스트와 연관된다. 호세아서를 읽어보면 의식, 제식, 의기義氣, 명령, 교회 조직을 분명히 포함하는 제사나 번제와 대조되는 것, 특별히 이 모든 것과 대조를 이루는 것은 하나님에 대한 사랑과 지식이다. 예수는 바로 이러한 것을 긍휼 안에 옮겨 놓는다.

우리의 모든 행위는 신앙에 의해 가치를 지닌다. 긍휼은 사랑과 연민 안에 자리를 잡는다. 그래서 예수는 결정적이 아닌 영원한 대체로 긍휼을 연민으로 바꾸는 상황, 즉 이웃에 대한 사랑 안에서 연민이 표현되는 상황에 있는 것이다. 이처럼 긍휼과의 일체는 성서 읽기와 계시의 신비한 수용으로 말미암아 드러난다. 호세아 텍스트를 참조하는 이유는 예수도 역시 이를 참조하기 때문이다. 호세아의 하나님은 구원하시고 자유를 주시는 하나님, 온전히 신실하신 하나님, 즉 살아 역사하는 하나님을 말하며 행동하시고 개입하시는 하나님, 제례의 하나님이 아닌 성스러운 역사의 하나님이다. 이 하나님이 모든 것을 변화시키기 때문에 전적으로 신뢰할 수 있으며 우리의 소망은 그가 오시기 때문에 존재한다. 따라서 예배와 제사에서 행해지는 일을 알려면 우선 그곳에 있는 이 하나님을 알아야 한다. 자신의 사역과 온전한 존재 안에 있는 예수가 깨닫게 해준 것은 바로 이 하나님이다.

이제 시편으로 넘어가서 저자는 예배와 제사 행위를 동반한 말씀으로 된 덕을 하나님 앞에서의 감사 행위나 호소의 기도처럼 다른 두 가지 태도와 비교한다. 그래서 우리는 예수에 의해 상기된 텍스트, 그러나 하나님을 향하고 인간을 향하지 않는 텍스트를, 우리가 불행할 때조차 하나님께 감사해야 한다는 것을 인정하는 행위와 함께 대하게 된다. 긍휼은 확실히 감사기도에 대한 표현이므로 하나님을 향해 구속된 존재는 다른 사람들을 위해 구속된 존재로 모습을 드러낸다. 우리는 고통에도 불구하고 감사기도에 몰입한다. 그러면 곧 보상이 찾아온다. 다시 말해 이런 불행에서는 인간적 도움에 앞서 우선으로 하나님을 부르라는 것이다. 절대적인 신뢰와 확신 안에 있는 이런 기도가 가장 결정적이다. 이 텍스트는 호세아서처럼 교회적, 문화적, 도덕적, 율법주의적 형식을 다시 문제 삼는데 이는 우선 신실한 하나님께, 인간적 방식과 인간적 체제를 제외한 하나님께, 우리를 전적으로 내어 드리도록 이끌기 위함이다. 시편 기자는 하나님과 우리 관계를 내면화하고, 개별화하며, 자비의 행위와 끊임없는 기도로 우리 존재 전체에 스며들도록 해야 함을 얘기한다. 그러면 이후의 결과로 이웃에 대한 섬김이 일어나 실제로 가능해진다. 핵심적인 단언은 연민, 기도, 자비의 행위가 우선되지 않으면 타인에 대한 사랑, 긍휼, 함께 나눔도 없다는 것이다. 예수가 제사가 아니라고 선언하는 순간 예수의 청중들은 곧바로 조화를 이루는 암시적 의미를 들었을지 모른다.

그러나 반박이 대두하기도 하는데 이는 예수가 실제로 변형을 실행했다는 것이다. 예수는 "신앙심, 감사와 간구와 지식"에 대한 기도에 대해 말하는 대신 모든 것을 긍휼로 바꾸어 놓았다. 즉 예수는 구약에서 하나님을 향했던 것을 이제 땅 위로 불러들여 인간만을 목표로 하도록 한다. 이는 우리가 '유물론자' 처럼 생각하게 될 만한 주석이지만 실제로는 그렇지 않다. 예수가 참조했던 텍스트들과 마태 텍스트에 대한 비교는 섬김과 수평적 신학을 위해 텍스트를 사용함이 어떤 점에서 헛된 것인지를 보여준다.

2) 전제와 주해

성서 텍스트 독서의 '획득' 에는 두 측면이 존재한다. 우선 독서는 모두 순전히 주관적이다. 또한, 독서는 모두 다 필히 완곡한 방법을 쓰기 때문에 극단적일 때 이런 독서는 내 관심에 한정되어 결국 오로지 내 조건(혹은 계급)의 증명이라는 목표만을 지니게 된다. 두 가지 옳은 출발점은 우리가 확실하게 지닌 기억 저장소와 여러 가치로만 텍스트를 읽고 이해할 수 있다는 것이다. 따라서 주관성은 한편으로 꼭 필요한데 이것이 없으면 텍스트는 죽은 채로 남기 때문이다. 우선 주관성과 문화적인 면을 살펴보면 우리는 확실히 우리 사회와 문화가 제공한 색안경을 통해 모든 것을 보고 이해한다.

이러한 측면들 덕분에 우리는 다른 것들과 관계를 맺을 수 있다. 또한, 이런 '억압' 은 "타인과 함께 하고" 대화할 수 있는 조건이다. 그리고 이런 문화동화는 모든 독서가 앞으로 주관적인 동시에 객관성의 조건이 되리라는 점도 말해준다. 결과적으로 일정한 의미, 일정한 가치, 일정한 해석에 모두가 동의하는 사실에만 객관성이라는 명칭이 붙을 것이며 모두의 동의가 없다면 망상과 일탈밖에는 없다. 우리에게 강요된 '틀'에 대한 비관적인 담화는 문화적 안경이 우리와 목적 사이를 막고 있어 결코 목적 자체에 이르지 못해 우리는 그 자체로 실재를 알지 못해서 결코 절대적 진리에 이르지 못한다는 것이다. 비록 절대적 객관성은 가능하지 않더라도 지식에 대한 엄격한 적용 방식으로 나아가 다른 시대, 다른 문화, 다른 해석과의 대조를 통해 객관성은 가능하다.

오늘날 현 사회를 위한 것이 바로 유용한 독서인데 우리는 "계급 독서"의 단언을 피할 수 없다. 그래서 이러한 독서와 연관되기에 이른다. 마르크스 이후로 선험적 추리, 독서의 틀, 우리가 모든 것을 해석하는 표현들은 지배 계급의 소산이다. 그래서 결과적으로 텍스트는 한 시대의 지배 계급에 의해 생산되어 다른 시대의 지배계급 사상을 통해 읽히고 이해된다. 따라서 계급 독서만이 가능하며 계급 해석만 있을 뿐이다. 계급 이익의 목표로만 텍스트의 경향을 이해할 수 있기 때문에 어떤 사회 계급의 표현인지를 자문해보아야 한다. 그런데 만일 무의식적 수준에서 오직 계급 독서만 할 수 있다면 계급 독서를 해야 하지만 계급 독서를 하기로 마음먹으면 선택할 수 있어서 지배받은 계급의 관점에서 지배받은 계급의 이익에 따라 텍스트 독서를 하게 된다. 만일 내가 빈곤한 자들과 억압당하는 자들 편에 있다면 나는 이런 계급 독서를 해야 하며, 지배받는 계급투쟁에 따라 텍스트를 해석하고, 조작해야 한다. 나아가 증명해야만 하는 것이다. 마르크스주의적 기독교인들의 주해와 신학 모두는 이 추론에 근거한다.

그런데 이런 과정을 분석하려면 필히 두 단계를 분별해야 한다. 첫 번째 단계에서는 우리 사회의 문화적인 것이 사물에 대한 일정한 해석을 우리에게 강요한다는 것이다. 이런 '독서틀'은 그것이 온전히 무의식적이고 무지할 때에만 실질적이고, 피할 수 없고, 회복될 수 없다. 이는 내가 색안경을 끼고 있다는 사실을 모를 때 물체들이 띠는 색을 전적으로 확신하는 것과 같다. 내가 의심을 품으면 전제나 표현들은 더는 제 역할을 하지 못한다. 문화적 환경은 내게 항상 새로운 독서틀을 제공하는데 내가 받아들이는 정도에 따라 무의식 속에서 이를 무시하면서 이전에 내가 물체를 보았고 왜곡했던 방식인 독서틀을 지적하고 거부할 수 있게 해준다.

일례로 마르크스는 이런 전제 사항들과 지배 계급의 왜곡되고 뒤틀어진 사상과 잘못된 인식을 쫓는 열렬한 추종자였다. 그의 사상은 옛 부르주아적 이데올로기를 통해 모든 것을 읽음으로써 그의 분류는 전혀 사건을 전환하지 못했다. 노동을 구별해준 마르크스의 분류는 18세기 부르주아 계급의 열렬한 사상을 재현했고 노동과 결합 된 진보도 마찬가지였다. 사회주의에서 계급투쟁의 결과를 보도록 해주는 것은 다름 아닌 진보에 의해 결정된 안목이다. 인간의 승리이며 역사 흐름의 피할 수 없는 결말과 같은 사회주의는 오로지 진보 이데올로기로만 보장된다. 그래서 우리에게 확언해주려는 바는 바로 역사에 대한 이런 '선해석'으로부터 마르크스가 학문적 방식을 세우고 사회과학을 진정으로 제공해주었다는 점이다. 마르크스는 부르주아적 사상가이다. 마르크스는 영원하지 않으며 그 시대와 사상을 나누었다.

두 번째 단계는 우리가 그 상황을 지지하며 말하는 단계이다. 독서틀이 불가피하므로 계급 독서 안으로 들어가 보면 이는 순수하고 단순한 거짓말과 연관된다. 계급 독서로는 텍스트의 진리를 결코 세우지 못하는데 그 이유는 우리가 지지자들을 위해서 텍스트를 읽기 때문이다. 텍스트는 자체로 의미가 없으며 텍스트 외적 상황설정에 의해서만 의미가 있다. 그래서 텍스트 밖에, 텍스트에 선행하는 계급투쟁 상황 안에 놓인다. 결국, 모순적인 혼돈에 이름으로서 텍스트는 필연적으로 지도층 계급의 결과가 되어 그 사상을 표현하며 계급투쟁 안에 자리를 잡는다. 말하자면 텍스트가 언급할 수 없으나 우리 심정을 파고드는 것을 텍스트에 포개 놓음으로써 신학적인 거짓말로 들어서게 된다.

4. 복음서의 유물론적 독서

1) 심사숙고와 동의점

엘륄은 복음서들에 대한 유물론적 독서를 명확히 얘기하기 위해 현실적으로 이를 실행했던 대표 인물들의 작업에서 출발한다. 엘륄은 일반적 토론보다는 작업 평가에 중점을 두며 벨로와 클레브노의 시도들을 특히 참조한다. 개인적으로 공산주의나 마르크스주의 혁명가가 되려는 이유를 지녔던 벨로지만 그는 저서에서 정치적 연구나 사회-경제-정치적 분석, 혁명 전략 연구보다 성서 텍스트를 연구한다. 특히 성서 텍스트에 대한 정치적 분석을 시도한다. 스스로 이데올로기에 복종하지 않는다고 주장하며 최초의 유일한 과학적 독서라 자신하는 독서를 감행한다. 엘륄은 몇 가지 부분에서 벨로의 공헌을 인정한다. 우선 가장 큰 공헌은 텍스트에 새로운 시선을 던져주고 매우 세심한 관심을 기울여 텍스트를 읽도록 요구한다는 점이다. 벨로에 따르면 예수의 말씀은 수시로 (벨로가 실천이라고 부르는) 행위와 연관되거나 행위에 의해 이해된다.

2) 방법

벨로는 놀랄 정도로 유행에 민감하여 자신의 텍스트를 과학화하려고 수많은 약어를 지어낸다. 그는 소위 바르트의 영향을 받아 새로운 단어들을 접합함으로써 문제를 새롭게 해주었다고 믿는다. 하지만, 불행하게도 그의 유물론은 대개 실제적 내용이 빠진 마르크스주의적 어휘 단어들에 대한 사용으로 계급, 계급투쟁, 생산방식에 대해 말하기는 하지만 아주 평범한 담화에 이 단어들을 포개놓은 것에 불과하다. 벨로는 영적인 것에서 벗어나 물질화하기 위해 유행에 따라 전략, 코드, 체제 등 온갖 단어들을 사용한다. 특히 마르크스의 "경제적 실천"에 대한 오해로 성서 해석에서도 여러 오류를 범한다. 벨로가 어휘 영역에서 범하는 오류는 첫째, 단어에 적합한 의미를 자의적으로 부여해 증명을 끌어낸다고 믿는 일이며 둘째, 텍스트에 공시를 직접 제공하려고 강력한 감정적 잠재성이 담긴 현대적 단어들의 적용과정을 거치는 작업이다. 벨로의 논증은 전체적으로 확고히 믿으나 전혀 증명되지 않은 어떤 이데올로기적 전제들에 근거한다. 그에게 신앙은 이데올로기이다. '성령'인 '하늘'의 명령에서 비롯된 모든 것은 신화적이다. 물질주의만이 과학적이며 역사적 학문만이 역사적 물질주의가 될 수 있기 때문에 온전한 현실의 열쇠는 노동이다. 노동은 모든 것을 설명하는 생산이다. 그런데 벨로는 자신이 보기에 확실한 것을 과학적 진리라 생각한다. 벨로에게 계급은 모든 사회, 모든 상황에서 영원히 존재하며 이는 '당연한 일'이다.

하지만, 접근 방법에 대한 두 가지 의문이 존재한다. 첫째는 벨로가 유행하는 과장된 언어를 사용하기 때문에 그의 "참조목록"에 대한 문제로 벨로는 알튀세르, 구조주의, 바타이유와 니체를 참조한다. 그런데 벨로는 철저히 과학적이며 엄격한 저서를 만든다고 주장하며 부분적으로 구조주의적 방법을 사용하고 마르크스주의 유물론적 독서도 제공하지만, 부조화의 존재를 의심하지 않는다. 오로지 마르크스 사상만이 전부이고 총체이며 이 사상은 철저하고 치밀해서 다른 방법들과 이를 혼합하려 할 때 다른 개념들을 사용하는 일은 절대 불가능하다. 그런데 벨로는 마르크스 개념들을 다시 정의하며 도용하여 결국 그의 방법론을 파괴해버렸다. 둘째는 이 '방법'의 관용주의로 끊임없이 혼동을 일으킬 뿐 아니라 혼동된 명칭의 사용으로 독특함을 무시한 채 잘못된 동일시를 나타낸다. 이 혼란은 이미 널리 알려져 있는데 이는 미리 주어진 명제의 예증으로써의 단어들과 텍스트들만을 사용하는 포괄적인 해석에 복종하기 때문이다.

3) 유물론

엘륄은 벨로의 관점으로 보지 않는다. 엘륄은 몇 가지 이유를 들어 이를 반박한다. 첫째는 선택과 결정인데, 이를 따르면 성령도, 초월자도, 저 세상도, 특히 역사 속에서 '하나님'의 어떠한 개입도 없다. 두 번째로 각각의 역사적 과정은 경제를 바탕으로 한다고 하나 경제적 '열쇠'에 의한 설명은 보편적이고 평범해서 이런 과정의 경험을 위해 유물론자가 될 필요는 없다. 세 번째로 사회는 무엇보다 계급 관계와 계급투쟁에 의해 특징지어진다는 측면인데, 이 또한 결코 유물론적이지 않다. 네 번째로 아주 최근의 일로써 텍스트의 '생산' 조건들은 무엇인지를 탐구했을 때 텍스트에 대해 유물론을 행하기를 바란다고 하나, 여기서도 여전히 새로운 덮개로 아주 오래된 방법을 덮어버리기 때문에 진정한 유물론이 아닐뿐더러 증거 또한 완전히 부르주아적이며 좌파에 거의 참여하지 않은 역사가들의 설명이 더해진 결과일 뿐이다.

이처럼 벨로는 역사적 계급 작업과 역사적 유물론적 방법을 혼동한다. 역사적 유물론의 특별한 방법은 전혀 없다. 이 네 가지 요점에 효과적인 유물론은 이에 대해 폐쇄와 사면을 구성하여 거기에 다른 개입 요소를 지닐 수 없다는 단언을 구성할 수도 있다. 따라서 역사는 문제시된 권력에 의해 구성되며 다른 어떤 것도 지닐 수 없고. 결국, 유물론은 다름 아닌 배타주의이다. 유물론적 선택은 유심론적 선택처럼 둘 다 증명할 수 없어서 문제시된 과학은 선결되어야 할 비이성적 선택에 근거한다. 그의 독서의 주요 관심사는 바로 영적인 독서의 무기력함에 대한 의지와 안락함을 거부한다는 것이다.

4) 마르크스주의

엘륄은 위와 같은 사실들을 언급하며 본격적인 비평으로 들어선다. 엘륄이 보는 관점에서 유물론적 해석 방법을 세우려면 텍스트 설립을 결정하는 물질적 요소들을 정확히 결정해야 한다. 그런데 벨로는 예수 시대의 팔레스타인에서 사회-경제적 환경에 대한 지식을 활용하여 자신이 필요한 시기를 선택하고서 텍스트 생산의 조건을 애매모호하게 연구한다. 엘륄은 벨로의 유물론적 해석 방법이 현대의 가장 정밀한 역사 과학적 상태에서는 불가능하다고 주장하며 이를 비평한다. 벨로의 결함은 특히 두 가지 측면에 근거한다. 벨로가 알튀세르의 해석을 통해서 명확히 파악하는 마르크스의 사상과 벨로가 이론적 일반화에 의해서 아는 유대의 역사 경제적 상황이다.

벨로에게 역사는 변증법적이며 유물론은 변증법적인 동시에 역사적이다. 또한, 벨로는 마르크스주의에서 차용한 여러 용어의 정의를 왜곡한다. 특히 마르크스의 프락시와 알튀세르에게서 취한 실천을 동일시한다. 마르크스가 프락시라는 용어를 고수하는 이유는 실천과 의미가 다르고 이론과 연결되어 세상을 변형시키고 경제적, 기술적 유형의 노동으로 역사를 만드는 방식이기 때문이다. 하지만, 벨로는 마르크스의 굉장히 난해하고 엄격한 프락시 개념을 한 가지 가치에 대한 생산이나 경제적 궤도 밖으로 확장시켜 이를 통해 "파괴하는 실천"과 "메시아적 실천"에 대해 말한다. 마르크스에게서 체계는 항상 해명을, 그리고 단순히 '국가'의 폭력이 아니라는 정당성을 부여해준다.

하지만, 마르크스 사상에서는 이 모두를 전혀 언급하지 않으며 "생산 방식"은 기술 생산력과 동시에 생산관계의 전문성이라는 특징을 지니기 때문에 벨로의 텍스트에서처럼 단지 생산관계에만 의존하지는 않는다.

5) 사회 계급과 국가

벨로는 이스라엘에 대해 말할 때 계속 '계급'과 '국가'를 언급하며 이에 대해 광범위한 논쟁을 벌인다. 하지만, 이는 벨로가 전적으로 현대적인 특징들의 법률 조직에 대한 설명으로 이동하려고 국가라는 단어의 양면성을 끊임없이 사용함을 보여준다. 이는 온갖 역사적 범위와 정치적 형태의 전문성 폐지와 자의적 일반화의 완벽한 제압의 대가이다. 또한, 사회 전체에서 계급의 존재를 가정함으로써 같은 문제에 부딪힌다. 벨로는 부유함/빈곤의 구분이나 지배자/피지배자의 구분이 계급 분류와 일치한다고 보지만 그는 마르크스가 비슷한 혼란에 대해 신랄한 비난을 퍼부은 수많은 텍스트를 무시한다. 마르크스에게 사회계급들은 가난한 자들의 계급이 아니라 정치력을 소유한 계급, 즉 부유한 자들의 계급이다. 이처럼 계급에 대한 벨로의 사상은 끝없이 이동한다. 벨로에게 계급은 정의도 필요치 않으며, 계급의 존재가 확실히 증명되는 형이상학적 총체의 일종일 뿐이다. 따라서 이스라엘에도 계급들이 있다고 보는데 벨로가 말하는 이스라엘의 계급은 "왕이 나라의 젊은이 중에서 지역마다 군인들을 찾아서 추출해 자신의 측근으로 만든다."

하지만 이 사회 범주는 이스라엘 땅 전체의 소유자가 아니며 생산을 조직하지도 않는다. 이 모든 것은 허위–마르크스주의와 허위–유물론의 헛소리일 뿐이다.

6) 역사

오류나 결함의 두 번째로 중요한 영역은 역사이다. 벨로는 예수 시대 유대의 법률–정치적 조직과 경제 상황에 대해 피상적인 지식만을 지녔었다. 일례로 벨로는 빈곤한 자들의 한 무리로 "세리징세인"에 대해 말한다. 그는 예수가 오로지 로마에 저항하는 자들과 빈곤한 자들에게만 둘러싸여 있었다고 보는데 이는 터무니없는 무지이다. 세리들은 부유한 자들이며 심지어 제국의 힘 있는 재정가이다. 이들은 모두에게 미움을 받았고 침략자의 앞잡이로 전락한 사실로 말미암아 비참함을 느꼈다. 그런데 벨로는 세리들을 침략자들과의 교류와 빈곤한 자들에 대한 착취로 부유해진 1940-1944년 독일군 협력자들과 비교하며 창녀나 농부에 대해서도 상상을 초월하는 형식으로 오류를 범한다.

벨로의 역사적인 무지는 특히 자신이 이해할 수 없는 부르주아적 역사가들을 공격하거나 새로운 소식을 가져오는 척할 때면 더욱 무지하고 단순한 선언을 이끈다. 벨로는 복음서특히 누가복음들이 그리스도의 재림에 대해 말하는 것과 예수가 이에 대해 말할 수 있었던 것 사이에 존재하는 차이와 일반적으로 50~100년 사이에 생겨났던 이론적 변화들이 그리스도 재림 자체와 연관 있다고 주장하는 르낭Renan과 루와시Loisy의 사상을 마치 새로운 것처럼 소개한다. 벨로는 다른 이들은 이데올로기적 독서를 하기 때문에 텍스트를 이해할 수 없지만, 자신은 과학적인 독서를 하기 때문에 그 누구도 아직 언급하지 못한 점을 제시해준다고 주장하며 나아가 텍스트 "생산" 조건을 제공할 수 있는 것은 이런 해석의 결과인 텍스트의 "유물론적 독서"만 확증을 가져다준다고 말한다.

하지만, 엘륄은 이를 통해 계획 자체, 성서의 (온전한) 유물론적 독서, 유물론적 신학의 실현에 대한 근본적인 불가능성을 제시해준다. 이는 계획 자체가 모순적이며 현상에 대한 실제적 지식에 근거하는 총체적 해석과 연관되기 때문에 근본적으로 불가능하다. 비록 이상적인 해석은 바람직하지 않지만, 계획은 일관성이 있었다. 언제나 가능한 사상으로, 또한 사상에서 비롯된 총체적 구성과 연관되기 때문이다. 하지만, 여기에서 적어도 역사적 유물론과 관련 있다면 이는 역사적 사실의 현실과 연관된다. 그런데 이런 역사적인 사실들은 가장 철저하고 탁월한 전문가일지라도 자신이 극히 일부만 알고 있으며 언제든 재검토될 수 있는 종합은 어렵게 용기를 내야 한다는 점을 보여준다. 결과적으로 역사적 사실에 근거한 광활한 총체적 설명을 결코 진행할 수 없다. 오히려 역사적 현실을 형식, 체제, 모두 이루어진 사상으로 대체하는 일이 훨씬 실용적이다. 그리고 이는 유물론적 신학이나 복음서의 유물론적 해석을 제시하려는 자가 제멋대로 지닐 수 있는 모든 것이기 때문이다.

7) 함축적 영향

마지막으로 엘륄은 두 예를 통해 비평을 마무리한다. 벨로는 떡의 기적으로 말미암은 무리의 포만상태가 그의 유물론적 의미로 이해되어야만 한다고 말한다. 벨로에게 허기는 유일하다. 그래서 거기에서 출발한 메시아적 움직임은 "공동체적 인간의 아들"을 명백히 보여준다. 이처럼 우리는 "정치적 전략, 포만감의 세계적 식탁"을 향해 나아간다. 하지만, 유감스럽게도 이런 견해는 이미 도스토예프스키의 대심문관에서 강력히 묘사되었다. 벨로가 행한 과실의 다른 예는 벨로가 유행하는 언어로 끊임없이 "전략"에 대해 말한다는 점이다. 그래서 신앙은 예수에게 가까이 가기 위한 작은 전략으로 정의한다. 벨로는 예수의 전략이 "이 사회의 온전한 정치적 코드의 전복"을 의미한다고 본다.

하지만, 전략은 단지 행하는 방식이 아닌 일종의 위치 확립이라서 승리를 위한 행동 조직을 내포한다. 또한, 그는 은밀함의 전략이 메시아적 논리에서 죽음의 거부를 가정한다며 정치적 전략을 확증한다. 벨로는 다소 모호하게 한 가지 사항을 지시하고 있는데, 예수가 외부 무리에게 호소하려 했으며 은밀함의 전략이 이방인을 향한 유출을 함축하고 있었다는 점이다. 벨로는 이것이 전략이라고 하나 예수의 전략이 대적들의 전략으로 승리한다는 내용은 사리에 어긋난다.

그러나 다른 측면을 찾았을 때 돌이킬 수 있는 전략을 요구하므로 유물론적 분석의 영역에 속하지는 않는다. 벨로는 복음서에서 예수의 행동에 대해 확실히 오해를 한다. 예수가 현대적 단어의 의미로 정치적 투쟁을 이끌었다는 점은 전혀 증명되지 않았고, 1세대 기독교인들이 갈등을 정치적으로 해석했다는 사실 또한 오히려 반대이다. 비록 예수가 정치적 언쟁을 이끌지 않았지만, 그는 분명 그 시대에 무력혁명도 정치적 혁명도 아닌 범위에서 사회 구조와 인류의 파멸에 대항해 투쟁했다. 이는 권력의 사건도 경제적 구조도 아니었다. 결과적으로 그가 거부했던 것은 정확히 삶의 유물론적 해석의 기초 자체였다. 벨로는 텍스트 내내 인식 가능한 현실을 비이론적이고 추상적인 구성으로 해석된 상상력의 총체로 끊임없이 대체한다. 다른 한편으로 그는 자기의 해석과 일치하지 않는 모두를 부르주아적 이데올로기로부터 밝혀내며 유난히 단호하게 선언하기 때문에 온갖 토론을 금한다. 이처럼 자신의 이데올로기와 일치하지 않는 기록을 어떤 '과학적' 토론도 거치지 않은 채 모두 단어에서 제외해버린다.

결국, 그는 '기독교' 초기부터 우리가 항상 행한 바를 다시 시작한다. 자신의 사상, 자신의 선택과 관심을 정당화하려고 성서 텍스트와 예수를 사용하며 이 사실로 말미암아 복음서를 왜곡한다. 벨로가 빈곤한 자들을 섬긴다고 생각하면서 정치, 좌파, 개혁을 선택했다는 것은 전적으로 존경할 만하다. 그가 자신의 선택과 일치하는 신앙의 총체를 채택한다는 점도 자연스럽다. 엘륄은 벨로가 한편으로 복음서에서 그 시초를 취한다는 점과 다른 한편으로 사람들이 그의 선택을 합리화하기 위해 복음서를 사용한다는 점을 부각시킨다.

8) 결론

이를 통해 엘륄은 비평의 마무리로 다음과 같이 끝을 맺는다. 유물론적 독서는 경우에 따라 일정한 자료에 적용될 수 있지만, 비합리성을 인식해야만 하는 예수의 현상처럼 한계를 벗어나는 현상을 참작하는 사람들에게는 분명히 적용될 수 없다. 결과적으로 유물론적이고 역사적인 방식은 예수의 전략이 이런저런 유물론으로 설명된다고 말하기에는 충분치 않지만, 이 전략이 왜 승리하고 다른 전략들은 실패했는지를 설명해준다. 복음서의 유물론적 독서는 이 독서의 예에서 모호함, 막연함, 불확정성과 도달해야 할 목표가 아닌 현실에 따라 정의된 활용 개념의 단언에 대해 온전한 자의성 사이에서 동요됨을 피할 수 없다.

따라서 가장 비평적인 요점 중 하나는 복음서 텍스트에 대해 일정한 측면을 발견한 이런 독서는 반박할 수 없는 텍스트 자체의 측면, 즉 리쾨르Ricoeur가 말했듯이 "초과의미"를 남겨둔다. 유물론 방식은 그 자체 독창적인 개념으로 온전할 수 있지만, 이 세상 그 누구도 지닐 수 없는 지식과 정보의 총체를 가정하기 때문에 불가능하다. 효과적인 유물론적 분석을 행하는 일은 우리가 생산관계와 권력에 대해 간략하고 피상적인 견해가 아닌 온전히 일관성 있는 지식을 지닌다고 가정하는 것이다. 그러나 이는 역사적으로 불가능하다. 이처럼 가능한, 전유적인, 철저한, 완벽한, 지금까지 난해한 텍스트 의미를 밝혀주는 단 하나의 독서라고 주장할 때 이런 허위-유물론적 독서는 단지 이데올로기적으로 되어버린다.

5. 귀납적 신학

유물론적 신학 탐구

성서 텍스트에 대해 유물론적 독서를 실행하는 일만으로는 충분치 못하자 특별한 신학적 방식을 구상해야 했다. 그런데 이런 탐구에서는 두 가지 용어들이 자주 활용된다. 바로 연역적 신학과 귀납적 신학이다. 엘륄은 카잘리스의 작업을 중심으로 이를 살펴보았다.

1) 연역적 신학과 귀납적 신학

엘륄은 연역적 신학과 귀납적 신학의 논쟁부터 시작한다. 전자는 미리 구상된 원칙들에 의해 총체적 견해를 시작하여 거기에서 결과를 연역 해내고 후자는 원칙들을 무시하고, 부조화적인 세계로 들어가, 시행착오를 거쳐 나아가며, 거기에서 점차 귀납적으로 일관성을 탐구하여 가능한 일반화를 찾아낸다. 성서 탐구에서도 두 가지 원칙들이 나름대로 적용된다. 그런데 카잘리스는 귀납적 신학에서 다른 단계, 즉 사고가 생생한 경험에 의해 엄격히 정의되고 결정된다는 단계로 넘어간다. 우리는 생활하면서 우리가 살아가는 것에 따라 생각하는데 바로 이곳에 마르크스주의적 동화가 들어선다. 유물론은 근본적으로 인식의 현상들이 물질적인 삶의 현상 이후에 나타난다고 주장한다.

그런데 마르크스를 따르면, 인간에게 물질적인 삶은 이를 특징짓는 것이 노동이기 때문에 언제나 사회적인 삶이며, 사고를 창출해내는 것은 노동, 수단, 노동관계, 노동조직이다. 그래서 노동이 자주성을 잃으면, 사고는 이데올로기를 창출하고 노동의 상실은 계급의 분리를 이끌어 사고는 계급 상황에 의해 결정되며, 나아가 행위 전체는 계급으로 기능을 부여받는다. 삶은 사회계급의 소속과 체험적 실천으로만 정의되기 때문에 계급투쟁 상황에서 정치적 실천을 고려해야 한다. 이런 관점에서 신학은 하나님으로부터 비롯되거나 영원한 진리를 제시하는 순간을 표현하지 않으며 내 계급 소속에 의존하는 이데올로기이고 다른 모든 이데올로기처럼 내가 속한 계급을 합법화하고 변호하려는 목적을 지니므로 결국 지배계급과 연관된다.

그래서 카잘리스는 결코 연역적 신학은 없다고 보았다. 선택된 성서에 따른 원칙들이 지배계급의 실천에 따르고 성서에 따른 해석, 신학적 구성이 성서에서 허위로만 추론되기 때문이다. 실제로 원칙들은 지배계급의 상황을 나타내며 이런 실천으로 귀납 된다. 신학 전체는 귀납적이다. 따라서 우선 계급의 실천, 내 계급 소속에 따른 일정한 존재와 행동 방식을 지닌다. 그런데 기독교인을 특징짓는 일은 계급선택을 진행하는 것이다. 이 선택은 예수의 모방에서 유래한다. 예수도 역시 계급 상황에 있었으며 빈곤하고 소외된 계급에 과감히 뛰어들었기 때문에 이런 실천에서 신학은 계급투쟁의 체험과 예수가 가르친 것과 일치하는 새로운 (귀납적) 신학을 창조하면서 계급을 정리하는 자료들을 수집하는 일로 구성된다. 왜냐하면, 예수의 가르침은 스스로 참여의 구현이었기 때문이다. 예수는 빈곤한 자들의 편이라서 그가 가르친 모든 것은 이런 실천을 초래한다. 그래서 신학은 이런 실천개혁신학, 자유신학으로 귀납 될 수 있다.

그런데 엘륄은 이에 대해 두 가지 의문을 제기한다. 첫째는 이 신학이 진정 실천에 기초하느냐는 문제이고, 둘째는 행해진 모든 사상과 선결되어야 할 명제의 자료체 그리고 문제시된 실천이 무엇인지에 대한 것이다. 첫째 의문에 대한 대답으로, 엘륄은 이 신학이 텍스트를 주의 깊게 읽으면서 무의식적으로 일정량의 원칙들을 제시하는데, 이 조항의 각각은 도를 넘을 뿐 아니라 두 가지 결과를 추출해 낸다고 보았다. 하나는 이 신학이 연역적 신학이라는 점이다. 반면 카잘리스는 "전형적인" 신학도 엄격히 귀납적이라고 주장한다. 신학이 지배계급에 속한 결과로서 얻어지기 때문이다. 신학은 지배계급의 사상을 반영한다. 하지만, 억압받는 계급의 훌륭한 실천을 지닌 자는 거기에서 재발견된 예수의 실천 신학인 진정한 신학을 추출해낸다. 그러나 이 모두는 허황된 환상이다. 다른 하나는 이런 귀납적 신학과 함께 참조틀만 바꾼 자연신학의 복귀와의 대면이다. 인간 생활은 주요 환경이 자연환경이던 시절에서 환경이 사회가 되는 시기로 바뀌었다. 인간 확산과 구속이 사회 환경에서 비롯되기 때문에 인간은 우선 사회적 존재, 관계의 핵심 등으로 인식되어 사회적 조건이 기본이 되었다.

하지만, 이는 확실한 진리의 같은 변조일 뿐이다. 그래서 프락시 신학은 자연 신학의 모든 특징을 지니며 같은 여러 혼합주의 중에서 생겨나 같지만 다른 주제에 근거한다. 따라서 전통적인 주제들은 자연 종교의 결과이지만 우리가 오늘날 만나는 주제들은 사회 종교의 결과이다. 한편으로 엘륄은 체험과 계시 사이에 대조 원칙을 제시한다. 계시로부터 문화, 사회, 정치 전체와 주어진 사회의 기본적인 논쟁이 등장한다. 계시는 "내 사고가 당신의 사고가 아니기" 때문에 "하늘"에서 온다. 이는 어떤 사고이든 실천의 명령에서 비롯되지 않기 때문이다. 그런데 이런 계시에 충성하는 온갖 단계는 모순을 불러일으키며 화합이 있을 시에는 이 화합이 반항적인 성향으로 이루어져도 즉시 의심을 불러일으킨다.

엘륄은 뒤이어 두 번째 질문에 대한 대답을 제시한다. 귀납적 신학은 선한 신학인 프락시 신학, 억압당하는 자들 편에서의 계급투쟁의 프락시에 근거한다. 문제는 이데올로기적 소속에 대한 개념과 어떤 프락시를 의미하는가이다. 우선 첫 번째로 현재까지 인식되었던 기독교는 진실의 선언이므로 삶, 초월자에 대한 경험의 형식에 대한 탐구는 새로운 존재 방식을 발견하는 일이라서 이 모두는 존재하지 않는다. 이는 계급 상황에만 연관되지 않고 그 자체로 순수한 환상에 불과하다. 그런데 프롤레타리아로 전향하면 모든 것이 바뀌어 계급 '상황'에서 선택된 계급의 "위치"로 이동하도록 하는 놀라운 선회가 일어난다. 프롤레타리아는 계급 상황에 있으며 억압당하는 자이다. 계급 정치, 즉 마르크스주의적 혁명 행위를 지지하도록 하는 이데올로기적 움직임은 프롤레타리아라는 타이틀을 주지만 계급 상황 밖에서 하나님과의 만남을 나타내는 이데올로기적 움직임은 아무 의미가 없다. 프롤레타리아 계급에 있기 위해 마지막으로 중요한 일은 마음 또한 프락시의 실행에 동조하는 것이다. 따라서 이 계급은 프롤레타리아적 조건, 소외, 가장 가치 있는 것을 생산하는 상품적인 노동 담당자들로 구성될 뿐 아니라 이 모두를 전혀 담당하지 않더라도 마음으로 그들과 함께 하는 자들로 구성된다.

그런데 프락시와 양심의 현상을 효과적으로 결정하는 것은 사회-경제적 조건이라서 합리적인 유물론자이기는 하지만 이는 부르주아가 프롤레타리아의 프락시를 결코 지닐 수 없음을 의미한다. 혹은 프락시를 결정하는 것은 이데올로기적 선택이라서 사람들은 유물론자가 아니다. 그런데 전혀 마음의 움직임과 연관되지 않는다는 증거는 두 번째 부분인 '어떤 프락시를 의미하는가?'에 대한 해답과 관련이 있다. 프락시는 빈곤한 자들의 편이 되었다는 사실만으로 한정될 수는 없다. 유물론적 신학의 신학자와 마르크스주의적 기독교인들의 프락시는 강연을 행하고 사설을 쓰고 심포지엄과 학회를 위해 여행하고 시위에 참여하고 청원서와 성명서에 서명하고 세미나를 조직하는 일로 구성된다. 마르크스주의적 기독교인들은 모두 지성인들이기 때문이다. 물론 실제로 시위대를 따르고 극우성향의 투사들을 만나고 '혁명적' 선언들을 행하기도 한다. 그런데 이는 프락시가 아니다. 왜냐하면, 프락시는 어떤 지식인에게나 보편적인 이런 시위를 통해서가 아니기 때문이다. 프롤레타리아에게는 자신의 직업에서 행한 일과 자신이 참여한 대중적 시위나 파업 간에 차이가 없다. 그가 이처럼 참여할 때 문제가 되는 점은 자신의 삶이다. 그가 바꾸고 싶어 하는 바는 자신의 존재 자체이며 자신의 미래이며 한편으로는 지적인 즐거움이다. 그래서 파업이 실패하면 노동자에게 심각한 결과를 초래한다.

그러나 마르크스주의적 기독교인에게는 실망 이외에는 어떤 결과도 없다. 그들은 순전히 말로만 참여하기 때문에 혁명적 실천이 아니며 마르크스의 의미에서 프락시는 더더욱 아니다. 이는 그들이 어떤 현실과도 접촉하지 않으며 주인의 명령 아래서, 비천한 노동 환경과 생활환경에서 그들의 손으로 일하지 않기 때문이다. 그런데 마르크스주의적 지성인들이 이처럼 심각한 잘못을 일으키는 때에도 신학자들은 그들의 오류를 감지하지 못한다. 그 이유는 그들이 프락시에 대한 어떤 경험도 없고 경험해보지도 않았기 때문이다.

그럼에도, 혁명적 프락시만이, '계층적' 독서만이 복음서들을 이해하고 진정으로 성서를 읽게 해준다고 선언하도록 해주는 이유는 순전히 수사학적인 능력 때문이다. 그래서 카잘리스는 마르크스에 따른 철학 시스템을 행하고 싶다면 바로 노동적 프락시에 기초해야 한다고 주장한다. 철학은 프롤레타리아 혁명에서 성취되고 프롤레타리아 혁명은 철학에서 성취된다. 유물론적 신학은 프락시에 기초할 때만 가능한데 물론 이런 프락시가 존재한다는 조건에서이다. 유물론적 철학을 위해 일반적으로 프롤레타리아적 프락시를 참조할 수 있다면 기독교인들의 프롤레타리아적 프락시도 참조할 권리가 있다. 마지막으로 무엇이 좋은 프락시인가에 대한 문제인데 프락시는 시대에 따라 변화했다. 공산주의자들은 근원에서부터 프락시를 착각했다. "실천이 진실의 유일한 기준"이라는 형식은 선택에 대한 어떤 결정적 기준 없이도 가능한 실천이 수천 가지이기 때문에 위선이다. 실제로 공산주의 실천에서는 근본적으로 수많은 빈곤한 자들을 배출해내고 역량 있는 혁명주의자들조차 전혀 보호하지 못한다. 이는 자본주의가 전혀 행하지 않았던 바이다. 엘륄은 이런 유형의 귀납적 신학이 예수 그리스도에 대한 믿음의 관점에서 이해될 수 있는지에 대한 질문에 대해 마르크스의 "실천-이론"의 예 위에 구성된 이런 귀납적 신학은 실제로 일련의 오해에 근거하며 마르크스주의적 프락시와 복음적 실천 사이에 그릇된 동일시가 있을 뿐 아니라 사상, 이론과 계시가 된 말씀 사이에도 그릇된 동일시가 있음을 보여주었다. 마르크스는 이론이 사상으로 이끌어질 수 있음을 거부하였고 이론은 과학적 특성에 철저한 구성이므로 일부만 정확해서 약간의 일관성이 있는 사상들과는 절대 연관되지 않는다고 했다. 그래서 이론은 실천에 의해 끊임없이 검토되어야 한다. 마르크스에게 사상은 별로 중요하지 않다.

이런 관점에서는 신학이 이론의 형식이라 할 수 있다. 그런데 신학은 단순한 실천 안에서 근원과 이유를 지닐 수는 없다. 신학은 하나님의 말씀에 의한 계시라는 또 다른 요인에 근거하기 때문이다. 하지만, 마르크스의 견해에서는 예수와 함께라면 예수의 말씀이 그의 실천에 대한 표현에서 단순히 (과학적) 이론과만 연관되지 않고 선언이나 명령과 연관된다. 결과적으로 어떠한 동일시도 불가능하다. 예수는 말씀으로 그가 행하는 일을 표현하고 설명하지만, 토라, 선지서처럼 전적으로 다른 영감의 근원도 지녔다. 그래서 복음서들의 파괴를 최소화하며 이것에서 벗어나 예수의 모든 "가르침"을 실천의 명시로 가져가는 일은 전적으로 불가능하다. 더구나 이런 귀납적 신학은 가장 확실한 성서 텍스트와 반대로 간다. 바울 서신서들의 구성을 예를 들어본다면 우리는 규칙적으로 두 부분이 있음을 알

수 있다. 우선은 예수 안에 있는 하나님의 계시, 예수에 관한 복음과 연관된 가르침이며, 두 번째로 이의 결과로 가르침에서 유래한 실천 전체에 대한 묘사이다.

따라서 실천은 시작점으로서가 아닌 복음과 예수에 대해 바울이 행한 신학적 구성의 결과로 온다. 바울은 자신이 받았던 객관적인 계시에 온 힘을 실어주려고 주관적 경험들을 멀리한다. 다른 예로는 모래 위에 지어진 집의 비유로 여기에서도 우선시 되는 것은 말씀 듣기이며 그다음이 말씀을 실천할지 안 할지를 결정하는 것임을 보여준다. 따라서 중요한 점은 예수의 가르침에 일치하는 실천이지 기독교 이론이 구성될 수 있을 만한 것에서 출발하는 실천이 아니다. 하나님이 하시고 예수가 전한 말씀은 모든 실천과 모든 행위에 앞서 진실을 전해주며, 실천을 일깨워주지만, 출발부터 존재한다. 나아가 요한이 언급해 주었듯이 확실한 것은 하나님의 뜻인 교훈에 대해 알도록 해주는 행하기이다. 이 계시가 된 뜻은 우리 실천에 앞서 존재한다. 이는 이런 하나님의 뜻을 (실천하여) 완성함으로써 예수님이 가르치신 것과 하나님이 명하신 것 사이에 일치와 합치를 발견함을 내포한다. 이처럼 실천하기는 실천이 아닌 가르침의 진실을 구별하도록 해준다. 그래서 이는 성서에 따른 구절 모두와 완전히 일치하는 듯 보인다. 처음부터 교훈 전체, 가르침 전체를 명령하는 것은 하나님의 결정이며 실천하기는 실천의 귀납과는 전혀 상관이 없는 계시를 파악하고 이해하도록 해주는 테스트에 불과하다. 그래서 마르크스의 "행동하듯이 생각하기"는 비록 사회적으로, 부분적으로 확실할지라도 성서적으로, 근본적으로 잘못이다. 따라서 옳은 생각과 옳은 실천은 하나님 안에서, 하나님으로부터이다. 신학의 첫 기초는 기독교인 삶의 실천도 정치적 실천이나 계급실천도 아니라서 경험에서 비롯되거나 어떤 실천에서 나온 귀납적 신학은 절대로 가능하지 않다. 이런 신학은 허위신학이다. 실천은 신학의 비평적 초석이며 그래야만 한다.

2) 믿음의 독특함

오늘날 기독교인이 사람들에게 봉사해야 하고 빈곤한 자들 편에 서야 함은 당연해서 이런 섬김과 '보호'에서 기독교인들과 비기독교인들 간의 협동은 다양화

될 것이다. 그런데 이러한 두 요소를 받아들였던 자들은 마르크스주의적 기독교인들이 아니다. 이들의 위치는 두 가지 한계를 드러낸다. 우선 비기독교인들과 협동에서 그들의 프락시는 주님이신 예수를 고백하고 깨닫는데 이르지 못했다는 것이며, 다른 한편으로 같은 프락시가 근본적으로 상반된 이론과 교리를 지녀서 신앙과 비신앙간의 거리감을 만들어 프락시가 같을 수 없음을 보여주었기 때문이다. 만일 이러한 동일시가 이루어진다면 기독교의 특수성 자체를 포기하는 것이다. 그래서 정치 사회적 참여는 오로지 신앙의 결과인 전향이며, 혁명에 대한 진정한 지식을 발견하도록 해주는 것은 전투적인 활동이 아니라 하나님과의 개인적인 관계이다.

우리는 자본주의와 부르주아적 지배에서는 온갖 악을 묵도하고 마르크스의 이름으로 프락시에 근거해 행동하며 폭력, 거짓 노예화, 인간의 상실에 기초한 전술로 말미암아 공산당과 공산주의 국가의 프락시에 동조한다. 그런데 정복 국가들은 부르주아 국가들보다 훨씬 민족주의적, 제국주의적, 군국주의적이고 온갖 한계를 넘어 억압적인 체계를 개발하며 부르주아 정부에 의해 확인된 형식적인 자유조차 제공하지 않는 새로운 프롤레타리아의 창조자들이 되어버린다.

그럼에도, 마르크스주의적 기독교인들이 연합에 참여하고 성서의 정치-유물론적 재독을 행하는 이유는 바로 망상 때문이다. 망상은 빈곤한 자의 지지에서 마르크스주의와의 동조로 이동하도록, 마르크스주의는 이상이고 과학과 다르다는 생각을 하지 못하도록, 마르크스주의가 단지 이론과 연관된 프락시일 뿐이라서 만일 그러한 프락시라면 잘못된 이론이라는 점을 생각지 못하게 한다. 대표적인 경우가 바로 카잘리스이다. 그는 우리가 세워야 할 세계를 예언적으로 본다고 설명하거나 모두가 혁명으로 해결되지는 않지만, 공산주의 혁명에 참여하도록 우리를 부추긴다. 카잘리스가 말하는 혁명이란 "새로운 인간 탄생을 향한 진정한 혁명"이다. 그렇지만, 형식을 역으로 취해 "새로운 인간 탄생"에서 출발해보면 마르크스의 원칙, 프락시, 이론으로 이끌어진 어떤 혁명도 새로운 인간에 이를 수 없다. 왜냐하면, 모두가 노동을 최고의 가치로, 진보를 역사의 흐름으로 보는 19세기의 함축적인 두 가지 전제에 근거하기 때문이다.

이처럼 저급한 카잘리스의 복고풍 취향으로 말미암아 마르크스주의에서 비롯된 새로운 인간은 우선 소련 연방에서 보편적으로 19세기 서양 부르주아 예술을 재현하는 도덕, 가족, 예술, 사회적 관계를 대변하며 나아가 자유주의를 주장하는 모든 선한 프로테스탄트가 19세기 서양의 경건한 도덕주의자에 의해 저술되었다고 평가하는 중국 혁명의 성서였던 리우샤오치의 『선한 공산주의가 되기 위하여』 속에 푹 빠진 자로 묘사된다. 이것이 혁명에서 비롯된 "새로운 인간"의 모습이다.

카잘리스는 사회주의로 축소된 기독교에서 나와 둘을 연결해주는 가능성과 새로운 기독교를 사회주의에서 찾았다고 주장한다. 이때 프락시는 역사를 만들므로 "여러 책임이나 역사적인 연대와의 나눔 안에서 취해진 모든 식사는 투쟁과 소망의 축하, 그리고 성찬의 가치를 지녀 그 안에 함께 모인 기독교인과 비기독교인들은 메시아적 실천으로 하나가 된 제자들처럼 보일 수 있어 진리를 만들어낸다." 그런데 진리를 행하는 자들은 정치적 실천가들임을 보여줌으로써 사회정치적 투쟁에 참여하기만 하면 제자이다. 이런 동일한 전제들은 "국민의 목소리가 신의 목소리"임을 대변해준다. 인간들이 역사를 그들의 실천으로 만들기 때문에 예수 그리스도의 하나님을 깨닫거나 그렇지 않더라도 그들은 하나님의 뜻을 성취한다. 그들은 단지 하나님이 역사를 이루고자 하는 일만을 행한다.

거기에서 두 번째 형식, "프랑크민족을 위하시는 하나님의 행적"이 파생된다. 프랑크민족들은 하나님이 원하시는 역사를 실행한다. 그런데 십자군들도 같은 확신을 지닌 채 역사를 만들었다. 이처럼 진리가 정치로 귀착되고 당의 이유가 하나님의 이유와 일치하는 순간 난관을 쉽게 벗어나기 힘들다. 그 어디에도 더는 하나님도 진리도 없다. 그래서 빈곤한 자들의 정치적 '이유'는 다른 무엇보다 선하지 않게 된다. 정치는 빈곤을 결정적으로 손상하는 가장 확실한 방식이다. 다른 사람들의 이유가 아닌 빈곤한 자들의 이유는 예수가 스스로 빈곤해졌고 빈곤이었기 때문에 성스러운 것이 사실이다. 하지만, 프롤레타리아가 모두 빈곤한 자들은 아니며 형식 안에 있는 "국민" 또한 노동자들뿐 아니라 부자들이 포함된 민중 전체이다. 따라서 역사에서 비기독교적 빈곤한 자들의 개입과 하나님의 작품 사이에, 나아가 마르크스주의적 이론과 기존 기독교 사이에 일치를 찾는 행위는 엄청난 오류의 대가이다. 이처럼 카잘리스 저서의 무효를 주장하는 이유는 철저함의 부재와 정확성의 상실 때문이다. 그는 끝없이 계급을 운운하지만 무엇을 의미하는지 전혀 명시해주지 않는다.

카잘리스가 명시해준 사회계급은 마르크스가 언급한 것과 달라서 카잘리스 수준에 머문다면 마르크스주의적 관점에서의 계급투쟁과 계급에 대해 말할 수 없다. 일반적으로는 약한 자들과 억압당하는 자들 편에 선다는 사실이 계급투쟁인 듯했지만, 마르크스는 반대로 말했다. 그리고 이는 기본이다. 이처럼 선한 의지를 지닌 인간을 고지식한 공산주의적 바보로 전락시킨 것이 바로 이런 점진적인 변화이다. 또 다른 변화는 프락시인데 카잘리스 또한 이를 정의해주었다. 기독교는 실천과 신앙의 실천하기를 가정한다. 그런데 이런 실천은 개인적인 가치 없이 단순한 실천만은 될 수가 없다. 그래서 사회 안에서의 실천으로 변화하여 정치적 실천이 되는데 정치적 실천이 곧 프락시이다. 프락시를 말하는 이는 마르크스를 언급하고 마르크스를 얘기하는 이는 프락시가 계급들의 투쟁과 같다고 한다. 따라서 신앙의 실천은 계급투쟁이다. 그런데 철저한 마르크스주의적 유물론적 사상에서는 올바른 프락시의 유일한 기준은 오로지 역사적 효력이다. 카잘리스가 보여주는 또 다른 오류는 빈곤한 자들의 정의에서 시대적 흐름이나 지역적 차이를 고려하지 않는다는 점이다. 카잘리스에게 빈곤한 자들은 사회주의적 교리로 지시된 자들이라서 그 안에서 이데올로기의 힘은 매우 크다. 그는 예수가 가까이 다가선 것이 바로 빈곤한 자들이라는 점을 선포하면서 이를 정당화한다.

그러나 이런 선언은 역사적으로 오류이다. 세리와 창녀는 도덕적으로 내던져지고 멸시되었기 때문에, 백부장은 아들이 아팠기 때문에 빈곤한 자였다. 이런 자들을 개별적으로 돕는 행위는 계급상황을 정당화하려는 위선이므로 이런 행위를 정치화해야 한다. 그래서 그들을 의식화시켜 혁명 과정에 참여하도록 한다. 이처럼 혁명은 빈곤에 대한 대응책이다. 여기에서 혁명이란 바로 지배계급의 제거로 공산주의에 이른 마르크스주의적-레닌주의적 혁명이다. 그래서 카잘리스의 형식은 참여를 열성적으로 말한다. 하지만, 이는 매우 위험하며 여기에 참여하고 동조하면 다시는 말을 할 수가 없다. 이는 히틀러주의나 스탈린주의시기를 귀납적으로(경험적으로) 슬쩍 바라본 자들의 경험이기도 하다.

그런데 이처럼 공산주의적 혁명의 결과로 넘어가면 두 가지 지시가 나타난다. 첫째로 억압당하는 자들이 권력을 잡으면 그들은 부르주아나 제국주의자들이 그들을 대했던 것보다 훨씬 덜 잔인하고 덜 힘들게 한다는 점이다. 둘째로 베트남, 쿠바, 앙골라에서 모두가 존경받고, 인간이 마침내 진정으로 발전할 수 있는 우애 있고 인간적인 새로운 문화가 탄생한 것을 본다는 사실이다. 그런데 카잘리스는 여러 공산 국가들이 대변해주었듯이 혁명이 이전 상황보다 더 비참함을 가져다준다는 사실을 언급하지 않았다. 공산주의는 소위 프락시이다. 공산주의의 이상적인 모델이 없어서 이에 대한 적용은 간혹 불운을 가져오기도 한다. 그런데 이렇게 생각한다는 것은 부르주아적 이상주의자로 남는 것이다. 그래서 혁명적인 프락시만이 있다. 따라서 엘륄은 공산주의를 가치, 과학성, 이상에 대해 평가하지 않고 오로지 실천, 혁명적 프락시에 대해서만 평가하며 이런 마르크스주의의 명목하에 성서Ecriture와 성서의 재해석을 행하려고 애쓰지 말아야 한다고 주장한다.

결론적으로 이런 시도가 보여주는 가치의 최선은 이를 위한 신학이 필요치 않으며 기독교인들의 일치와 지원은 레닌이 이야기했듯이 전술의 보완으로 사용된다는 점이다. 따라서 신학도 성서에 따른 이해도 상호적으로 결코, 진전되지 않는다. 유물론적 독서로 얻는다고 주장하는 것은 모두 이미 이전에 알려진 여러 독서로 획득되었으며 이런 독서는 단지 후회스러운 혼란들만 창출해낼 뿐이다. 또한, 신학은 고전적 자연주의 신학에 비해 주목할 만한 어떤 변화도 만들어내지 않으며 교회정치사에서 주기적인 열기의 돌발처럼 재출현했던 유행에 따르는 시도들에 놓일 뿐이다. 그래서 혁명의 지식이나 그리스도 안에서의 삶을 진정 진전시킬 만한 것은 전혀 없다. 심지어 빈곤한 자들과 관련해 이런 신학이 있는 자체로 최악이다. 왜냐하면, 이 신학은 복음을 지상에서의 모든 약속이 이삼천 년 전부터 이미 알려졌던 것으로 축소하고 사회주의가 그들에게 이야기해주고 복음이 소망에 제공했던 유일하고 대체될 수 없는 영역을 그들에게서 빼앗는 것 외에는 그 무엇도 가져오지 않기 때문이다. 결과적으로 소위 빈곤한 자들의 신학은 그들을 더 빈곤하고 더 빼앗기고, 더 투옥하고, 사회주의의 실패 이전, 즉 초월자의 신학 시기 동안의 상태보다 훨씬 더 반감을 사도록 해버린다.

6. 무정부주의와 기독교

1) 기독교의 잠재적 동맹자 : 무정부주의와 사회주의

무정부주의와 기독교를 서로 접근시키려는 시도는 낯설고 서로 양립할 수 없는 적들로 비춰진다. 무정부주의는 전쟁 위기에 대해 "하나님도 주인도 없다"는 식이라서 무정부주의적 사상가들은 반기독교, 반종교, 반유신론을 행해왔다. 마르크스는 오랫동안 종교를 분석해 혁명 전체가 무엇으로 이데올로기 형태, 특히 비인간적인 형태에 대항해 선두에 서야 하는지를 보여준 반면 기독교는 권위를 존중하지 않을 뿐 아니라 이 권위들의 존재를 가정한다. 사실 근본적으로 죄인인 인간의 생각은 무정부적 생각을 철저히 금지하며 자신 속에 있는 악에 저항함을 찾지 못해 분노하다 상상할 수 있는 최악의 조건으로 들어선다.

그런데 사회주의는 질서와 조직의 교리라서 기독교인들을 매료시킬 뿐 아니라 잘 정리된 자유도 언급하고 타인에 대한 사랑, 정의 탐구, 섬김, 사회적 목표의 중요성처럼 기독교에 수많은 긍정적 측면을 깨닫고 준비하도록 해준다. 그래서 사회주의자들은 믿음이 달라도 같은 것을 행할 수 있어 기독교인들을 동지로 인식할 준비가 되어 있으며 기독교인들도 이것이 "최종 단계"의 이론이기 때문에 이를 수긍한다. 왜냐하면, 둘 다 최종 단계로 이끌어주는 훨씬 정의롭고, 우애 있고, 평등한 사회를 원하기 때문이다. 이때 믿음은 걸림돌이 아니며 사회 계획이나 정치에도 영향을 주지 않는다. 이들은 목표에 도달할 후 서로 분리될 것이다. 하지만, 무정부주의자들과 기독교인들 간에는 불가능하다. 왜냐하면, 한편으로 종교적 파괴로부터 혁명의 중점 작품을 실제로 행할 때, 이것이 없이는 어떤 혁명도 가능하지 않기 때문이며, 다른 한편으로 기존에 설립되고, 엄격히 유지된 질서 없는 사회를 잘못 인식할 때이기 때문이다. 그런데 무신론적 기독교의 새로운 경향과 함께라면 문제는 수월해진다. 무정부주의자들에게는 별문제가 없으나 기독교인들이 원죄와 인간에게 있는 근본적인 악의 끔찍한 교리를 내던지고 더 나아가 성서 '하나님'의 유일한 목표가 인간의 왕국, 실현, 성취, 인간에게 있는 것과 인간의 잠재성의 발현이라는 점, 그리고 이것이 문화적 오류에 의해 우리가 하나님의 왕국이라 부르는 것임을 증명하려고 모든 신학을 구성한다면 길의 양끝은 이루어졌다고 말할 수 있다. 이처럼 무정부주의자들은 기독교를 아주 잘 받아들일 수 있고 기독교인들도 무정부주의에 잘 참여할 수 있다.

그럼에도, 무정부주의와 기독교를 연결해보려는 생각은 전혀 등장하지 않는다. 이는 무정부주의자 측에서는 교회가 기독교인들 측면에서는 신학을 수정할 준비가 된 기독교인들이 모두 좌파이거나 극좌파라서 정치적인 면이 걸림돌로 작용하기 때문이다. 그런데 우리는 무정부주의가 무엇인지 정확히 알지 못한다. 무정부주의자들은 마르크스주의의 좌파인 "선한" 좌파에게는 거짓-형제들, 몽상가들, 비과학 자들이다. 하지만, 기독교인들에게 무정부주의는 무질서이며 이는 기독교인들에게 적합할 수 없다. 더욱 난처한 측면은 아버지 하나님이나 인격적 하나님을 포기하면 인간의 역사적 모델로 축소된 예수, 인간 통치의 도래, 인간 위력의 확장, 교회의 제거, 예수의 이름 밖에서는 기독교가 전혀 남아있지 않기 때문이다. 따라서 엘륄은 무정부주의와 기독교 사이에 다른 접근 방식의 윤곽을 보여준다. 그는 성서적 메시지를 전혀 포기하지 않으면서도 성서적 사고가 곧바로 무정부주의로 인도하며 무정부주의가 기독교 사상과 함께 어울리는 유일한 "반정치적 정치적" 입장이라는 점을 부각시킨다.

2) 기독교와 무정부주의의 갈등

우선 19세기 무정부주의자들에 의해 기독교, 종교, 교회에 행해진 과정을 밝혀주려면 바쿠닌의 "하나님과 국가"라는 저서를 참조해야 한다. 그래서 엘륄은 이를 분석해 보여준다. 첫 번째 요점으로 바쿠닌의 주장을 요약해준다. 바쿠닌은 하나님이 모든 것이라면 현실세계와 인간은 아무것도 아니며 인간은 노예에 불과한데 인간은 자유로워야만 하고 그럴 수 있어서 하나님은 존재하지 않는다고 본다. 만일 하나님이 존재한다면 이를 없애야만 한다고 바쿠닌은 선언한다. 바쿠닌의 선언은 무정부주의적 사고를 잘 요약해주지만 가장 충격적인 점은 시대에 뒤떨어진 기독교 발전의 역사 상황들과 정확히 연관된다는 것이다.

특히 신학적 핵심에서 하나님에 대한 개념과 관련된다. 하나님은 권능을 지닌 분으로 인간의 자유를 배제하는 분이다. 인간은 어떤 존재 가능성도 없다. 그래서 무정부주의에서는 하나님이 먼저 영벌을 받는다. 인간의 존엄성을 단언하는 교리는 하나님을 용납할 수 없기 때문이다. 또한, 하나님은 태초에 있을 뿐 아니라 모든 것을 조건 짓는 선과 악, 불행과 은혜를 나누어주는 창조자이다. 그래서 아버지를 내세우는 예수는 근원적으로 무-능력의 길을 선택한다. 성서적 하나님은 유일한 "정의"가 사랑인 분이다. 이 성서적 하나님의 행위는 자유화이다. 그는 특히 해방자이다. 그런데 하나님의 권능은 절대 앞서가지 않으며 인간에게 절대 대항하지 않고 인간을 위해 작용하는 단언과 연합하며 권능의 모든 선언은 사랑, 용서의 선언과 화해하자는 상호격려이다. 엘륄은 두 번째 요점에 대해서는 강조하지 않는데 이는 종교와 계시, 또는 종교와 기독교 신앙 간의 혼동이 생기기 때문이다. 세 번째 요점에서 기독교는 전지전능한 하나님과 함께 종교 형태로 설립된 질서에 근거하는데 여기에서 극단적인 일탈과 대면한다. 이런 일탈은 한편으로 교회의 제도화와 연관 있고, 다른 한편으로 독단론의 강화와 연관된다. 두 측면은 강화의 문제이다. 소유된 진실은 판단하고 단죄하는 것으로 이끌고 제도화된 사랑은 권위와 계층화를 만들어낸다. 네 번째 요점에서 교회는 정치권력과 사회조직의 체제의 근거가 되었다. 교회는 끊임없이 변질하며 기형적인 활용을 나타냈다. 이는 신학, 교회, 지배적 사실인 부르주아에 의한 교회와 사회관계의 변형이다. 그런데 무정부주의자들의 오류는 그들이 기독교 자체와 대면하고 있었지만, 부르주아적 화신과 연관되었음을 믿게 해주었다는 사실이다. 그래서 결국 사랑, 기쁨, 해방, 또한 생생한 기독교의 현실이었던 것이 모두 추락하도록 방관해버린다. 17-19세기 기독교적인 권위주의, 전체주의에 대항하는 정당한 투쟁을 이끄는 무정부주의자들은 기독교의 기본적인 현실과 예수그리스도의 하나님에 대해 잘못된 시각을 지녔다. 무정부주의 오류는 결과적으로 개선과 연관된다. 하나님의 부재인 무신론은 결코 무정부주의의 기본적인 조건이 아니다.

하지만, 예수그리스도의 하나님이 존재함은 인간해방을 위해 필요불가결한 조건이다. 인간의 절대화 속에서 획득한 자유는 필연적인 독재를 설립한다. 하지만, 인간의 상대화만이 온갖 지배에 의해 자유에 이르도록 해줄 수 있다. 그런데 만일 인간이 스스로 절대적이라서 인간의 체제를 선포한다면 그가 할 수 없는 것을 스스로 한정을 지을 뿐이며, 또 그가 해방해주는 유일한 사랑의 초월자라는 조건을 갖춘 외부 한계를 만난다면, 오직 이런 상대화만 일어난다. 이처럼 기독교의 변이는 무정부주의자들 편에서 나온 정확한 비평에서 일어났지만, 그들이 거부했던 점은 하나님의 사회-신학적 형식화였지 성서의 하나님도 예수 그리스도의 하나님도 아니었다.

3) 성서에 담긴 정치적 힘

성서적 자료를 통한 정치력의 측면을 살펴보면 구약에서는 한편으로 "국가"와 관련해 정치력이 그 자체로 항상 거부된다. 첫째로 규칙적으로 왕들이 신이라 여겨져서 그들은 연약함을 보여주기 위해 파괴된다. 우리가 소망할 수 있는 최선의 것은 "은혜"이거나 일시적인 "약속"인데 이는 뒤이어 반드시 노예화, 지배, 진압으로 이끌어진다. 두 번째로는 다니엘처럼 각각의 왕에게 지배의 종말, 왕국의 몰락, 왕의 죽음 등을 고함으로써 이 권력을 일시적으로 사용하더라도 어느 정도 권력에 대해 부정적인 경우이다. 세 번째로는 이스라엘에서의 왕권이다. 이스라엘 민족은 사울 전까지 정치적 조직 없이 단지 "하나님에 의해 직접 인도되는" 민족이었고 필요할 때면 하나님이 일시적인 지도자로 "사사"를 보내주었다.

하지만, 이스라엘이 다른 민족들에게 보여주고 효과적으로 하고자 조직적이고 정치적인 왕을 원하자 왕을 허락한다. 이 이야기는 세 가지 구성요소로 요약되는데 하나, 정치력은 불신과 하나님에 대한 거부에 근거한다. 둘, 정치력은 독재적이고, 도를 넘고, 불합리할 수밖에 없다. 셋, 정치력은 이스라엘 곳곳에서 벌어지는 일을 향한 모방과 유사성에 의해 세워진다. 그런데 왕들은 정치력의 실행이라는 아주 명백한 정보와 함께 하나님을 버리게 된다.

또 다른 정보로는 왕을 지칭하기 위해 사용된 명칭들인데 왕이 그 자체로 가치를 지닌 자처럼 여겨지지 않음을 보여준다. 왕은 결코 정치력으로, 그 자체로 가치를 지니지 않는다. 신약으로 넘어가면 두 가지 흐름이 있는데 첫째는 권력에 호의적인 흐름이고 둘째는 더 중요한 흐름으로써 권력에 적대적이다. 예수는 법적인 유형의 권력 행사를 거부하고 그 시대 정치적 분쟁으로 들어가기를 거절한다. 예수는 권력을 하찮게 여겼다. 유명한 구절인 "시저가이사에게 돌려보내시오…"에서 보여주는 의미는 바로 시저는 그가 스스로 제작한 것 이외에는 어떤 것에서도 합법적 주인이 아니라는 것이며, "내 왕궁은 이 세상에 있지 않다"는 문장은 예수가 정치력을 행사하고 싶어 하지 않음을 명확히 보여준다. 하나님의 왕국이 있고 밖에서 실행된 모든 권력은 사악하여 마멸되고 부인된다. 이는 정치가 있을 수 있거나 행할 수 있는 것에 대한 무관심이 아니라 정치에 대한 거부이다. 예수는 이 왕국의 모든 유효성을 거부하며 권력을 원하지 않는다. 그 이유는 이 왕국이 하나님의 뜻과 일치하지 않고, 이 권력이 프롤레타리아, 공산주의 등에 의해 실행되었더라도 여전히 그러하기 때문이다. 권력은 명칭을 바꾸더라도 정신적 특성을 변화시키지는 못한다. 결국, 마태복음서에서 예수는 사탄이 세계 왕국들을 모두 보여주며 했던 유혹에서 사탄에게 경배하기를 거부한다. 예수는 이 왕국과 정치력이 사탄에게 속하지 않는다고 말하지 않고 오히려 내재적으로 동의한다.

그런데 이 정치력을 행사하는 조건은 악의 권세에 경배하는 것이다. 이것이 복음서들의 변함없는 유일한 가르침이다. 이는 요한계시록에 의해 최악의 폭력에 이르러 정치력은 바다에서 올라오는 괴물로, 텍스트에서는 국가로 철저히 세부적으로 상징화되며 땅에서 올라와 정치적 선전을 완벽하게 표현하는 괴물로 묘사된다. 나아가 요한계시록 초반에 칼을 든 붉은 말을 탄 기사로, 책 후반부에는 정치력, 돈의 권세, 도시의 구조를 동시에 집결시키는 바벨론으로 나타난다. 로마서 텍스트에서도 비슷한 면을 보는데 권위를 위해 기도하라고만 말하는 텍스트들과 순종과 복종을 요구하는 텍스트들이다. 여기에서 보여주는 1세대 기독교인들의 공통적인 정치 태도는 권위를 거부하고, 매우 빠르게 병역을 거부하는 것으로 이끌어진다. 그러므로 바울 텍스트는 반정치적 입장의 극단주의, 즉 무─정부주의에 대항하는 반응처럼 보인다. 사회에 존재하는 선은 분명 하나님의 말씀은 아니지만 어쨌든 간과할 수는 없는데 이를 보증해주는 것이 심판이기 때문입니다. 나아가 바울은 12장을 원수에 대한 사랑으로 마무리하는데 사랑이 모든 율법을 어떻게 다 이루는지를 보여주며 사랑에 대해 이야기한다. 권위에 대한 절들은 사랑에 대한 이 가르침 안에서 이해되는 것이 분명하다. 결론적으로 엘륄은 이렇게 요약해주고 있다. "여러분의 원수를 사랑하십시오. 물론 우리는 모두 권위가 우리의 원수라고 생각하지만, 이것들 역시 사랑해야 합니다." 따라서 이 텍스트는 질문에 대한 마지막 단어가 아니라 권위를 미워했던 기독교 환경에서 사랑의 적용에 대한 탐구로 있는 그대로 요약되고 환원되어야 하는 듯이 보인다.

4) 무정부주의자로서의 그리스도인

권력은 그 자체로 합법적이기 않기 때문에 구약에서처럼 신약에서도 근본적으로 모든 정치력의 기피를 이끌어 낸다. 비록 사회생활에서는 정치력인 조직이 필요하지만 스스로 권위라 생각함으로써 매번 하나님의 자리를 대신하려 한다. 그래서 이 권력은 계속 거부되고, 부인되고, 인정되지 말아야 하지만 권력이 제자리에서 겸손히 선을 베풀고 종의 역할을 할 때는 수용되어야 한다. 국가도 효과적으로 선을 보호할 때를 제외하면 비합법적이라서 파괴되어야 한다. 그래서 교회의 역사 흐름 속에서도 무정부주의라 일컬어지는 운동이 일어난다. 이 운동들은 다소 상식에서 벗어난 것처럼 여겨지기는 했으나 한편으로 기독교의 심오한 진리를 증명해주었다. 여기에 참여한 무정부주의자들은 권력이나 남용에 대항하는 일시적인 저항보다 하나님의 말씀에 대한 가르침 자체의 대리인들이었다. 그 가운데 대표적인 인물로 베르쟈예프를 들 수 있는데, 그는 복음과 국가가 근본적으로 양립 불가능함을 보여주려 한 마지막 인물이다. 그는 복음과 권력의 정신 간의 대립, 섬김과 권력 간의 대립을 증명해준다.

그런데 교회와 국가의 관계들은 영靈과 시저의 관계 형식이며, 교회는 끊임없이 이 관계에서 배반했다. 교회는 국가의 파트너가 되면서 반-교회가 되어버렸다. 국가를 깨닫게 된 것은 기독교의 역사적 죄이다. 군주의 신성한 권력에 대한 인식은 백성의 신성한 권력에 대한 인식으로 변형되고 나중에는 프롤레타리아의 권력으로 변형된다. 따라서 국가의 주권을 부인해야 했다. 사실 기독교의 유일한 정치적 입지는 계시와 일치하며 이는 권력 존재에 대한 근본적인 부인이다. 기독교인으로서 정치와 행위의 세계에 존재하고, 이를 거부하고, 유일하게 문제를 야기하고, 가끔 권력의 무한한 확대를 막을 수 있는 의식적이고 확실한 거부를 내세우려면 유심론이 필요하다. 그래서 기독교인들은 국가가 오로지 부르주아적인 측면에서만 수용되지 못하도록 마르크스주의자가 결코 아닌 유일한 무정부주의자들 편에 있게 된다. 나아가 기독교인들은 무정부주의자들과 함께 베풀어야 할 특별한 섬김에서 매우 중요한 역할을 한다. 우선 무정부주의자들은 권력을 효과적으로 제거하여 권력의 모든 원천을 없애는데 이를 수 있다고 믿기 때문에 환상 속에 살아가며 승리와 정복에 참여한다.

하지만, 기독교인들은 좀 더 현실주의자들이고 이런저런 방식으로 권세에 항상 복종했던 세상 속에 살아간다는 것을 알고 있다. 그런데 하나님의 은혜에 따르는 모든 인간적 행위는 철저히 상대적이라서 절대적 성공이 아닌 바로 이러한 돌출부분에서 사랑이 표현되기 때문에, 이런 행위는 이루어져야만 한다. 그래서 기독교인의 무정부주의적 단언이 무정부주의적 사회를 이끌지 못하고, 사회를 뒤바꾸지 못하고, 모든 틀을 파괴하지 못해도 실망할 필요는 없다.

정치력은 본질적으로 무한히 증가하는 경향이 있다. 정치력은 스스로 한계를 정할 이유가 전혀 없어서 그 무엇도 권력이 전제주의가 되려는 것을 방해할 수 없다. 또한, 자유의 정복에서만 자유가 있다. 어떤 권력도 인간에게 자유를 줄 수 없다. 따라서 권력의 기피만이 자유 실현의 유일한 길이다. 무정부주의자들 대부분은 인간이 천성적으로 선하지만, 사회나 권력에 의해서만 타락한다고 생각하기 때문에 무정부주의 사회의 재건을 소망하려면 인간의 근원적인 선함을 믿어야 한다.

그런데 바쿠닌만이 용기 있게 인간이 악하다는 가정을 제시하며 사회 조직 계획을 위해 중요한 결과들을 보여준다. 즉 우연히 무정부주의로 살아갈 수 없는 인간들이 있을 수 있고, 반대로 인간은 일반적으로 무정부주의일 수 없다는 점을 부각시킨다. 그래서 기독교인들은 이런 현실주의로부터 출발하며 가장 진솔한 현실주의자가 되려 한다. 주체를 사악함으로 이끄는 것은 권력이 아니라 노예로 살아가며 권력으로 살아가는 어려움에서 벗어나기를 원하는 주체이다. 이런 주체는 타인의 권세에 대한 욕구와 부딪치며 포기하는 욕망과 권세에 대한 의지가 서로 연합하게 된다. 이런 현실적 상황에서 무정부주의가 선포된다. 따라서 다시 소망의 말을 언급하기에 이른다. 인간의 이러한 현실에도 불구하고 우리는 권력을 파괴하기 원한다. 정치에서 기독교적 소망은 바로 이것이다.

하지만, 이것만으로는 확실히 충분하지 않다. 인간에게 있는 악과 대면하면 선택은 두 가지뿐이다. 하나는 각자 제자리를 잡고, 평범한 행동과 규범을 확립해주고, 자신에게 주어졌던 작은 자유의 경계들을 벗어나는 이들을 벌하는 억압적인 체계를 조직함으로써 이것이 국가 권력의 정당성이 되는 경우이고, 또 하나는 인간을 변형하려 애쓰며, 기독교인은 자유의 표현처럼 다른 이들과 살아가기에 적당하고 다른 사람을 섬기기에 적당한 온갖 방식으로 개종을 이야기할 것이다. 바로 이것이 기독교적 사랑, 하나님에 의해 예수 그리스도 안에서 인간을 위해 표명된 사랑이다. 무정부주의자들도 이런 변형의 필요성을 철저히 인식해 교육이나 교훈으로 이를 이루어 보려 했다. 하지만. 그것만으로는 충분하지 않자 무정부주의적 조합주의자들은 투쟁의 실행으로 이를 기대했다. 그런데 인간적 자질들이 품은 것은 바로 권력에 대항해 투쟁하는 것이며 이런 투쟁은 진리, 정의, 진실의 병기들로 다시 이끌어져야만 한다. 이것이 없는 전투 자체는 타락되어 무정부주의적 박애로 들어서지 못한다.

하지만, 좀 더 심오한 동기부여가 필요했다. 바로 이 부분이 무정부주의자들과 비교해 복음의 역할이 서야 할 곳이다. 가장 무기력한 인간, 반대로 가장 폭군적인 인간도 몇몇 변화에 접근 불가능해 보이는 자유를 위해 가능성이 있다는 증거이다. 왜냐하면, 이 인간도 예수 그리스도 안에서 하나님의 사랑을 받고 결과적으로 하나님이 인간 앞에 열어준 진리 안에서 살아갈 가능성에서 제외되지 않기 때문이다. 엘륄은 이러한 이중적 공헌이 무정부주의에 근원적이며 마르크스주의에 대한 근본적인 모순이나 기독교–마르크스주의의 현상적 무효성과는 달리 무정부주의가 이론적 일치의 확신 이후에 실천 안에서 일치 가능성을 보여준다고 생각했다. 하지만, 그는 이런 시도에서 새로운 "일치주의"를 찾으려 시도하지 않았다. 결과적으로 엘륄은 첫째, 수용된 생각과는 반대로 무정부주의와 기독교 신앙의 사회-정치적 영역에서 구체적인 결과 간에 근본적인 모순이 없다는 점과 마르크스주의와 신앙의 논리적 귀결 사이에는 모순이 있음을 명시해주었다. 두 번째로 무정부주의는 기독교적 전문성의 퇴거와 마르크스주의가 행한 것을 내포하지는 않는다는 점도 보여주었다. 마지막으로 현대 사회의 배경문맥, 구체적 역사 상황에서 국가의 보편적 권세의 문제는 한정적이고 결정적이라서 관심을 둬야 하는 문제이고 무정부주의 덕분에 우리가 행한 것이라는 점도 보여주었다. 따라서 기독교-마르크스주의를 인정하지 않는 것은 "복종을 전하는 것"이 아니라 반대로 다른 혁명적 길로, 실제로 기독교-마르크스주의가 막고 단종시키려던 것보다 훨씬 근본적이고 심오한 질문을 끝없이 제기하는 길로 들어서게 하는 일이다. 왜냐하면, 기독교-마르크스주의가 바로 이 세상에서의 진정한 순응주의이기 때문이다.

엘륄의 저서연대기순

* *Étude sur l'évolution et la nature juridique du Mancipium*. Bordeaux: Delmas, 1936.
* *Le fondement théologique du droit*. Neuchâtel: Delachaux & Niestlé, 1946.
* *Présence au monde moderne: Problémes de la civilisation post-chrétienne*. Geneva: Roulet, 1948.
  ⋯⋯▸ 『세상 속의 그리스도인』, 박동열 옮김(대장간, 1992, 2010(불어완역))
* *Le Livre de Jonas*. Paris: Cahiers Bibliques de Foi et Vie, 1952.
  ⋯⋯▸ 『요나의 심판과 구원』, 신기호 옮김(대장간, 2010)
* *L'homme et l'argent* (Nova et vetera). Neuchâtel: Delachaux & Niestlé, 1954.
  ⋯⋯▸ 『하나님이냐 돈이냐』, 양명수 옮김(대장간. 1991, 2011)
* *La technique ou l'enjeu du siècle*. Paris: Armand Colin, 1954. Paris: Économica, 1990.
  ⋯⋯▸ (E)*The Technological Society*. Trans. John Wilkinson. New York: Knopf, 1964.
* *Histoire des institutions*. Paris: Presses Universitaires de France, plusieurs éditions (dates données pour les premières éditions);. Tomes 1-2, L'Antiquité (1955); Tome 3, Le Moyen Age (1956); Tome 4, Les XVIe-XVIIIe siècle (1956); Tome 5, Le XIXe siècle (1789-1914) (1956).
  ⋯⋯▸ (『제도의 역사』, 대장간, 출간 예정)
* *Propagandes*. Paris: A. Colin, 1962. Paris: Économica, 1990
  ⋯⋯▸ 『선전』(대장간, 2012년 출간 예정)
* *Fausse présence au monde moderne*. Paris: Les Bergers et Les Mages, 1963.
  ⋯⋯▸ (대장간, 2011년 출간 예정)
* *Le vouloir et le faire: Recherches éthiques pour les chrétiens*: Introduction (première partie). Geneva: Labor et Fides, 1964.
  ⋯⋯▸ 『원함과 행함』(솔로몬, 2008)
* *L'illusion politique*. Paris: Robert Laffont, 1965. Rev. ed.: Paris: Librairie Générale Française, 1977.
  ⋯⋯▸ 『정치적 착각』, 하태환 옮김(대장간, 2011)
* *Exégèse des nouveaux lieux communs*. Paris: Calmann-Lévy, 1966. Paris: La Table Ronde, 1994. [reproduction de la couverture].
  ⋯⋯▸ (대장간, 2011년 출간 예정)
* *Politique de Dieu, politiques de l'homme*. Paris: Éditions Universitaires, 1966.
  ⋯⋯▸ 『하나님의 정치 인간의 정치』, 김은경 옮김(대장간 출간 예정)
* *Histoire de la propagande*. Paris: Presses Universitaires de France, 1967, 1976.
* *Métamorphose du bourgeois*. Paris: Calmann-Lévy, 1967. Paris: La Table Ronde, 1998. [reproduction de la couverture]
  ⋯⋯▸ (대장간, 출간 예정)
* *Autopsie de la révolution*. Paris: Calmann-Lévy, 1969.
  ⋯⋯▸ 『혁명의 해부』, 황종대 옮김(대장간, 출간 예정)
* *Contre les violents*. Paris: Centurion, 1972.
  ⋯⋯▸ 『폭력에 맞섬』, 이창헌 옮김(대장간, 2011년 출간 예정)
* *Sans feu ni lieu: Signification biblique de la Grande Ville*. Paris: Gallimard, 1975.
  ⋯⋯▸ 『머리 둘 곳 없던 예수-대도시의 성서적 의미』, 황종대역(대장간, 출간 예정).
* *L'impossible prière*. Paris: Centurion, 1971, 1977.
  ⋯⋯▸ 『불가능한 기도』, 신기호 옮김(대장간, 2011 출간 예정)
* *Jeunesse délinquante: Une expérience en province*. Avec Yves Charrier. Paris: Mercure de France, 1971.
* *De la révolution aux révoltes*. Paris: Calmann-Lévy, 1972.
* *L'espérance oubliée, Paris*: Gallimard, 1972.
  ⋯⋯▸ 『잊혀진 소망』, 이상민 옮김(대장간, 2009)
* *Éthique de la liberté,*. 2 vols. Geneva: Labor et Fides, I:1973, II:1974.

···▸ (대장간, 출간 예정)
* *Les nouveaux possédés Paris*: Arthème Fayard, 1973.
  ···▸ (E)*The New Demons*. Trans. C. Edward Hopkin. New York: Seabury, 1975. London: Mowbrays, 1975. .
  ···▸ (대장간, 출간 예정)
* *L'Apocalypse: Architecture en mouvement*. [Paris:] Desclée 1975.
  ···▸ (E)*Apocalypse: The Book of Revelation*. Trans. George W. Schreiner. New York: Seabury, 1977.
  ···▸ (대장간, 출간 예정)
* *Trahison de l'Occident*. Paris: Calmann-Lévy, 1975.
  ···▸ (E)*The Betrayal of the West*. Trans. Matthew J. O'Connell. New York: Seabury,1978.
* *Le système technicien*. Paris: Calmann-Lévy, 1977.
  ···▸ 『기술 체계』, 이상민 옮김(대장간, 출간 예정)
* *L'idéologie marxiste chrétienne*. Paris: Centurion, 1979.
  ···▸ 『기독교와 마르크스주의』, 곽노경 옮김(대장간, 2011)
* *L'empire du non-sens*: L'art et la société technicienne. Paris: Press Universitaires de France, 1980.
  ···▸ 『무의미의 제국』,(대장간, 2012 출간 예정)
* *La foi au prix du doute: "Encore quarante jours.."* . Paris: Hachette, 1980.
  ···▸ 『의심을 거친 신앙』, 임형권 옮김 (대장간 출간 예정)
* *La Parole humiliée*. Paris: Seuil, 1981.
  ···▸ 『말의 굴욕』(가제), 한국자끄엘륄협회 공역(대장간, 2011년 출간예정)
* *Changer de révolution: L'inéluctable prolétariat*. Paris: Seuil, 1982.
  ···▸ 『혁명의 변질』(가제) 하태환 옮김(대장간, 출간 예정)
* *Les combats de la liberté*. (Tome 3, L'Ethique de la Liberté) Geneva: Labor et Fides, 1984. Paris: Centurion, 1984.
  ···▸ 『자유의 투쟁』(솔로몬, 2009)
* *La subversion du christianisme*. Paris: Seuil, 1984, 1994. [réédition en 2001, La Table Ronde]
  ···▸ 『뒤틀려진 기독교』(대장간, 1990, 2012년 불역 완역판 출간 예정)
* *Conférence sur l'Apocalypse de Jean*. Nantes: AREFPPI, 1985.
* *Un chrétien pour Israël*. Monaco: Éditions du Rocher, 1986.
  ···▸ 『이스라엘을 위한 그리스도인』(대장간, 출간 예정)
* *Ce que je crois*. Paris: Grasset and Fasquelle, 1987.
  ···▸ 『내가 믿는 것』 대장간 출간 예정)
* *La raison d'être: Médutation sur l'Ecclésiaste*. Paris: Seuil, 1987
  ···▸ 『존재의 이유』(규장, 2005)
* *Anarchie et christianisme*. Lyon: Atelier de Création Libertaire, 1988. Paris: La Table Ronde, 1998
  ···▸ 『무정부주의와 기독교』, 이창헌 옮김(대장간, 2011)
* *Le bluff technologique*. Paris: Hachette, 1988.
  ···▸ (E)*The Technological Bluff*. Trans. Geoffrey W. Bromiley. Grand Rapids: Eerdmans, 1990.
  ···▸ 『기술의 허세』(대장간, 출간 예정)
* *Ce Dieu injuste..?: Théologie chrétienne pour le peuple d'Israël*. Paris: Arléa, 1991, 1999.
  ···▸ 『하나님은 불의한가?』, 이상민 옮김(대장간, 2010)
* *Si tu es le Fils de Dieu: Souffrances et tentations de Jésus*. Paris: Centurion, 1991.
  ···▸ 『네가 하나님의 아들이라면』, 김은경 옮김(대장간, 2010)
* *Déviances et déviants dans notre societé intolérante*. Toulouse: Érés, 1992.
* *Silences: Poèmes*. Bordeaux: Opales, 1995.
  ···▸ (대장간, 출간 예정)
* *Oratorio: Les quatre cavaliers de l'Apocalypse*. Bordeaux: Opales, 1997.

- ⋯▸ (E)*Sources and Trajectories: Eight Early Articles by Jacques Ellul that Set the Stage*. Trans. and ed. Marva J. Dawn. Grand Rapids: Eerdmans, 1997.
- *Islam et judéo-christianisme*. Paris: Presses universitaires de France, 2004.
  ⋯▸ 『이슬람과 기독교』, 이상민 옮김(대장간, 2009)
- *La pensée marxiste*: Cours professé à l' Institut d' études politiques de Bordeaux de 1947 à 1979 Edited by Michel Hourcade, Jean-Pierre Jézéuel and Gérard Paul. Paris: La Table Ronde, 2003.
- *Les successeurs de Marx*: Cours professé à l' Institut d' études politiques de Bordeaux Edited by Michel Hourcade, Jean-Pierre Jézéquel and Gérard Paul. Paris: La Table Ronde, 2007. ⋯▸ (대장간, 출간 예정)

기타 연구서

- 『세계적으로 사고하고 지역적으로 행동하라』(*Perspectives on Our Age*: Jacques Ellul Speaks on His Life and Work.), 빌렘 반더버그, 김재현, 신광은 옮김(대장간, 1902, 2010)
- 『자끄 엘륄 -대화의 사상』(*Jacques Ellul, une pensée en dialogue Genève*), 프레데릭 호농(Fréderic Rognon)저, 임형권 옮김(대장간, 2011)
- *A temps et à contretemps: Entretiens avec Madeleine Garrigou-Lagrange*. Paris: Centurion, 1981.
- *In Season, Out of Season: An Introduction to the Thought of Jacques Ellul*: Interviews by Madeleine Garrigou-Lagrange. Trans. Lani K. Niles. San Francisco: Harper and Row, 1982.
- *L'homme à lui-même: Correspondance*. Avec Didier Nordon. Paris: Félin, 1992.
- *Entretiens avec Jacques Ellul*. Patrick Chastenet. Paris: Table Ronde, 1994

대장간 『자끄 엘륄 총서』는 중역(영어번역)으로 인한 오류를 가능한 줄이려고, 프랑스어에서 직접 번역을 하거나, 영역을 하더라도 원서 대조 감수를 원칙으로 하고 있습니다.
이 일은 한국자끄엘륄협회의 협력으로 이루어지고 있으며, 총서를 통해서 엘륄의 사상이 굴절되거나 왜곡되지 않고 그의 삶처럼 철저하고 급진적으로 전해지길 바라는 마음 가득합니다.